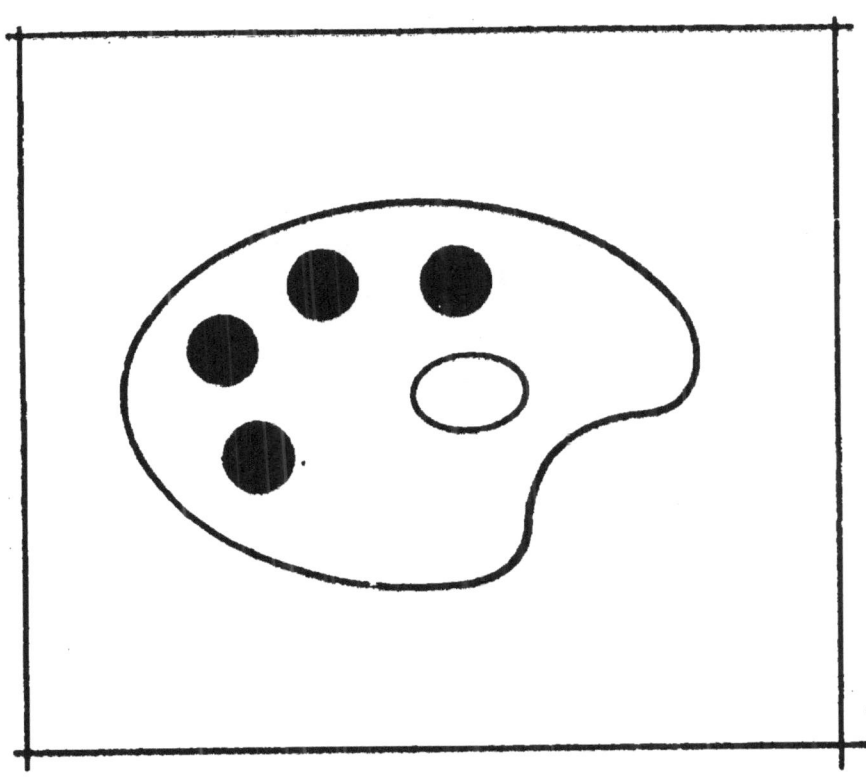

(Conserver « Couverture »)

15497

LE THÉÂTRE DES MARIONNETTES DE MAURICE SAND

dessiné d'après nature par lui-même

CALMANN LÉVY
ÉDITEUR

M Sand 1876

LE THÉATRE
DES
MARIONNETTES

CALMANN LÉVY, ÉDITEUR

DU MÊME AUTEUR

Format in-8°

RAOUL DE LA CHASTRE. . . . . 1 vol.

Format grand in-18

L'AUGUSTA. . . . . 1 vol.
MADEMOISELLE AZOTE. . . . . 1 —
MISS MARY. . . . . 1 —
SIX MILLE LIEUES A TOUTE VAPEUR . . . . . . 1 —

IMPRIMERIE CHAIX, RUE BERGÈRE, 20, PARIS. — 5078-10-9.

LE THÉATRE

DES

MARIONNETTES

PAR

MAURICE SAND

PARIS
CALMANN LÉVY, ÉDITEUR
ANCIENNE MAISON MICHEL LÉVY FRÈRES
3, RUE AUBER, 3
—
1890
Droits de reproduction et de traduction réservés.

LE FLAGEOLET

Comédie en un acte, joué pour la première fois à Nohant, en avril 1863.

PERSONNAGES

CHANDELLE, armateur.
FRITURIN, aubergiste.
ARTHUR GRABOYOS.
BIDET, facteur de la poste aux lettres.

UN COMMISSIONNAIRE.
DOROTHÉE, fille de Friturin.

La scène se passe de nos jours, à Jeu-Maloches (Indre).

UNE COUR D'AUBERGE.

A gauche, corps de logis, avec une porte et une fenêtre au rez-de-chaussée. Une plate-bande de fleurs. Devant, à droite, une porte donnant accès dans l'auberge. Au-dessus est écrit : *Entrée de l'hôtel*. En face, mur et grille avec une enseigne : *Hôtel du Veau qui désire teter*. Ville au fond.

SCÈNE PREMIÈRE

ARTHUR, en domestique, devant la porte de l'auberge, cirant des souliers.

Dire que depuis quinze jours que j'ai trouvé le moyen d'entrer comme garçon d'auberge chez M. Friturin, propriétaire de l'*Hôtel du Veau qui désire teter*, je n'ai pas encore ciré les bottes d'un seul voyageur ! Ah! ce n'est pas très passager la ville de Jeu-Maloches. Croyez bien que ces chaussures-là n'appartiennent pas à d'autres qu'aux maîtres de la maison : celles du patron, celles de sa fille, mam'zelle Dorothée, un pied mignon. (Il baise les souliers.) Ça sent le vinaigre !... C'est là qu'elle respire. (Montrant la fenêtre, au rez-de-chaussée, à gauche.) Ce matin, son père est parti en course, profitons de son absence pour aller jouer un air de flageolet. (Il tire un flageolet de sa poche.) Sous la fenêtre de celle que j'aime. Mais il est méfiant le patron !... Il a déjà remarqué mes pas au milieu de sa plate-bande, dépistons-le. (Il met les chaussures de Fritarin.) Les patafs du patron lui-même! Quels pieds! (Il va vers la fenêtre en marchant sur les plates-bandes.) Ah! j'ai cassé les giroflées, mais avec une ficelle et un tuteur, ça ne se verra pas!

Il joue l'air : *Je suis Lindor.* La fenêtre s'ouvre. Dorothée paraît en peignoir.

SCÈNE II

ARTHUR, DOROTHÉE, puis BIDET.

DOROTHÉE.

Arthur! Quelle imprudence, si mon père te voyait...

ARTHUR.

Bah! il est loin...

DOROTHÉE.

Mais s'il t'entendait?

ARTHUR.

Je ne suis pas le seul à jouer de cet instrument dans le monde.

BIDET, au fond, s'arrête et écoute.

(A part,) Un rendez-vous... Je m'en doutais!...

Il se cache.

ARTHUR.

D'ailleurs, ton père ne va jamais au théâtre de l'endroit et ne peut pas deviner que moi, Arthur Graboyos, premier flageolet au théâtre de Jeu-Maloches, j'ai abandonné mes appointements et renoncé momentanément à la carrière musicale pour te voir tous les jours à chaque instant, car je n'aspire qu'au moment d'être ton époux.

DOROTHÉE.

Hélas! je le désire aussi, tu le sais bien; mais mon père est intraitable, il ne veut pas entendre parler d'un artiste.

ARTHUR.

Mais je ne suis plus artiste, puisque j'ai endossé le tablier de garçon d'auberge par amour pour toi. Et puis, je serai riche un jour, si l'oncle que j'ai en Amérique en revient jamais et s'il a fait fortune.

DOROTHÉE.

J'ai entendu du bruit de ce côté-là. On vient!... Sauve-toi!...

Arthur, regagnant l'auberge, quitte ses souliers et les cire avec frénésie.

SCÈNE III

BIDET, ARTHUR.

BIDET, à part.

Oui, oui, fais semblant de cirer!... Si je pouvais l'éloigner, toi, mon rival... (Haut.) Jeune homme! (Lui remettant une lettre.) Portez cette lettre à M. Friturin, très pressée... j'attends la réponse...

ARTHUR, cessant son travail.

C'est que le patron n'est pas là, facteur.

BIDET.

Pardon, il vient de rentrer...

ARTHUR.

Par derrière, donc... Je ne l'ai pas vu...

Il sort.

Bidet va à la fenêtre de Dorothée, frappe au contrevent.

DOROTHÉE.

Qu'est-ce que tu veux encore? (Elle ouvre.) Ah! c'est vous, facteur!

BIDET.

Oui, mademoiselle, c'est moi!...

DOROTHÉE.

Vous vous permettez...

BIDET.

Je me permets de vous dire que j'ai des vues honnêtes sur vous, que vous ne voulez pas comprendre. On est facteur, mais ça n'empêche pas les mouvements du cœur...

DOROTHÉE.

Je ne peux pas vous écouter.

BIDET.

Vous écoutez bien ce galopin de Graboyos, malgré la défense de votre père. Oh! j'ai découvert votre secret et je claque tout si vous ne consentez pas à être madame Bidet.

DOROTHÉE.

Ce n'est pas un nom propre, c'est un nom de cheval.

BIDET.

Rien de surprenant, mon père était postillon et mon nom sera le vôtre.

DOROTHÉE.

Jamais!

Elle lui ferme la fenêtre au nez.

BIDET, à part.

C'est ce que nous verrons.

Il sort.

SCÈNE IV
FRITURIN, ARTHUR.

FRITURIN.

Mais je n'ai pas de réponse à donner, puisque c'est une réponse que j'attendais. Est-il bête, ce piéton!

ARTHUR.

Une réponse à quoi donc, patron?

FRITURIN.

A une demande en mariage.

ARTHUR.

Vous allez vous remarier?

FRITURIN.

Mais non, pas moi... ma fille. Je demandais à voir le jeune homme et on me l'envoie...

ARTHUR, regardant autour de lui.

Où donc?

FRITURIN.

Dans cette lettre...

ARTHUR, à part.

Ah! il y a des projets de mariage. (Haut.) Et comment est-il fait, le prétendu de mademoiselle?

FRITURIN cherche dans sa poche et en tire une carte.

Tu vas en juger. Tiens, regarde!

ARTHUR.

C'est un nègre... il est tout noir.

FRITURIN.

C'est l'effet de la photographie.

ARTHUR.

Il n'a pas de jambes, c'est un cul-de-jatte.

FRITURIN.

Imbécile ! Il n'a pas de jambes parce qu'il est fait à mi-corps. (A part.) J'aurais souhaité voir ses pieds. Peut-être aurais-je reconnu à sa chaussure si c'est lui qui s'avise de pénétrer dans mon enclos.

ARTHUR.

Est-ce que vous l'avez montré à mademoiselle Dorothée ?

FRITURIN.

Pas encore.

ARTHUR.

A votre place je ne le lui ferais pas voir.

FRITURIN.

Pourquoi ?

ARTHUR.

Parce qu'elle le 'rouvera trop petit.

FRITURIN.

Le crois-tu donc de la taille de sa photographie ? Ah ! quel naïf ! tu ne comprends donc pas qu'il est vu à distance et que l'objectif, le verre grossissant...

ARTHUR.

S'il est encore grossi, qu'est-ce que c'est que ce gendre-là ?

FRITURIN.

Ce gendre-là, c'est un gaillard qui possédera un jour une bonne vingtaine de mille francs en biens-fonds et avec ce que je laisserai à ma fille...

ARTHUR.

C'est toujours pas des voyageurs...

FRITURIN.

Ah çà ! est-ce que... tu te permettrais de critiquer mon hôtel ?...

SCÈNE QUATRIÈME.

ARTHUR.

Non, patron! (Regardant la photographie.) Vous ne trouvez pas que ça me ressemblerait un peu, en petit... si j'étais nègre?

FRITURIN.

Je ne trouve pas. Il est très bien, ce jeune homme... tandis que toi...

ARTHUR.

Je ne vous plais pas, patron?

FRITURIN.

Non, tu n'es pas beau.

ARTHUR, à part.

Sa fille n'est pas de son avis, heureusement.

FRITURIN, regardant par terre.

Voilà de nouvelles pistes. (Il suit la piste.) Elles s'arrêtent juste sous la fenêtre de Dorothée, toute fraîche encore, la piste, et ma fille aussi. (Regardant Arthur.) Ce ne serait pas cet animal-là par hasard qui se permettrait...

ARTHUR, à part.

Il flaire mes pas... (Haut.) Qu'est-ce que vous regardez donc là-bas? Est-ce que les capucines ont levé?

FRITURIN.

Non, pas encore. Va donc faire ton service, balaye pas trop cependant... ça fait de la poussière.

ARTHUR.

Oui, patron! (A part.) Cherche, va! (Il prend un balai et balaie.) Je vais les effacer autant que possible!...

FRITURIN.

Va donc balayer plus loin. (Il tire un mètre de sa poche et mesure les empreintes.) Trente-cinq centimètres de la pointe au talon... un talon de botte... Arthur ne porte que des chaussons de lisière... ce n'est pas lui ! Et puis la dimension... je ne connais que moi qui aie un si beau pied dans tout Jeu-Maloches. Quel est l'intrus qui ose venir casser mes giroflées et flétrir l'honneur de ma maison ?... Ces pistes semblent partir de l'auberge... oh ! oh ! en voici d'autres... des semelles à clous. (Il mesure.) Trente-trois !... Avec des cors faciles à deviner... Les pas se croisent... ils viennent de la rue... ils piétinent sur place, puis ils retournent !... Je vais interroger Dorothée elle-même.

Il sort à gauche.

SCÈNE V

CHANDELLE, un Commissionnaire, portant une énorme malle, ARTHUR.

CHANDELLE, un guide à la main.

L'hôtel du Veau qui désire teter... recommandable par la promptitude du service, la propreté, les bons soins, prix modérés.

ARTHUR, stupéfait ; à part.

Un voyageur ! Il doit se tromper ! (Haut.) Monsieur désire quelque chose ?

CHANDELLE.

Oui, une chambre...

ARTHUR.

Par ici, monsieur ; mais votre malle ne passera pas dans les portes.

CHANDELLE, au commissionnaire.

Posez-la ici. Voici votre pourboire ! (Le commissionnaire salue et sort.) — (A Arthur.) Le maître d'hôtel est bien un nommé Friturin.

SCÈNE SIXIÈME.

ARTHUR.

Oui, monsieur.

CHANDELLE.

Il a dû recevoir une lettre de moi ce matin?

ARTHUR, à part.

C'est le demandeur en mariage. (Haut.) Oui, monsieur.

CHANDELLE.

Bien, ne le dérangez pas. Voici la clef de ma malle; vous déballerez tout ce qu'elle contient et vous me l'apporterez où est ma chambre.

ARTHUR.

Par ici.

Ils sortent.

SCÈNE VI

FRITURIN, venant de la gauche; BIDET, au fond.

FRITURIN.

Impossible de rien savoir!...

BIDET, à part.

Il est seul, c'est le moment de lui parler de ma demande. (Haut.) Monsieur Friturin...

FRITURIN.

Ah! c'est vous, piéton. (Regardant les souliers du facteur.) Vous avez des souliers ferrés... avec des cors...

BIDET.

Forcément, dans mon emploi...

FRITURIN.

Qu'est-ce que vous mesurez?

LE FACTEUR.

Je n'en sais rien.

1.

FRITURIN, avec son mètre.

Voulez-vous permettre? Donnez-moi le pied. Allons! Haut le pied!

LE FACTEUR, à part.

Qu'est-ce qu'il a ce matin? (Haut.) Si ça vous amuse, faites.

FRITURIN.

Oui, ça m'amuse beaucoup! (Il mesure.) Trente-trois, des clous, des cors, c'est bien ça! (A part.) J'en tiens déjà un! (Haut.) Ah! farceur, vous vous permettez de briser mes fleurs et d'en conter à ma fille!...

BIDET.

Je l'avoue, monsieur Friturin; mais je suis prêt à réparer le tort que j'ai pu porter à la réputation de mademoiselle Dorothée.

FRITURIN.

Je crois bien! De simple facteur devenir aubergiste avec une belle clientèle.

BIDET, railleur.

Oh! la clientèle...

FRITURIN.

Prétendez-vous mécaniser mon hôtel! Tenez, voilà une malle, direz-vous encore que je n'ai jamais de voyageurs...

BIDET.

Une malle! C'est ma foi vrai! (A part.) Elle est à lui, c'est de la réclame. (Haut.) Enfin, monsieur Friturin, j'espère que ma demande vous agrée.

FRITURIN.

J'en suis désolé, facteur, mais votre demande vient trop tard. J'ai une proposition antérieure qui me convient mieux.

SCÈNE SIXIÈME.

BIDET.

Je sais, monsieur l'aubergiste, je sais...

FRITURIN.

Qu'est-ce que vous savez ?

BIDET.

J'avoue que je n'y croyais pas...

FRITURIN.

A quoi ? Expliquez-vous donc, vous connaissez mon futur gendre ?

BIDET.

Votre domestique, oui.

FRITURIN.

Mon domestique n'a rien à voir là dedans...

BIDET.

Je vous demande pardon, et je suis à même de vous prouver que vous nourrissez un serpent dans votre sein, et que votre domestique n'est autre que M. Arthur Graboyos, flûtiste au théâtre de Jeu-Maloches, qui va tous les matins sous la fenêtre de votre fille jouer du flageolet.

FRITURIN.

Jouer du flageolet... C'était donc lui ! Je me demandais aussi quel était le fifre qui habitait dans mon voisinage.

BIDET.

C'est lui : un galopin sans le sou, qui passe les nuits dans les branches de votre arbre à jouer du flageolet. Je vous avertis de le flanquer à la porte... s'il n'est pas déjà trop tard.

FRITURIN, à part.

J'en tiens un autre !... (Haut.) C'est lui qui piétine aussi mon honneur !... Mais non ! Vous me trompez, facteur, il ne mesure pas trente-cinq, il n'a pas de talons !...

BIDET, allant prendre les chaussures de Friturin et les lui présentant.

Et ça ?

FRITURIN.

Ça, c'est à moi !

BIDET.

C'est à vous et à lui aussi.

FRITURIN.

Comment ! il oserait abuser de mes pieds ? (Il place un de ses souliers sur une des pistes.) C'est irréfutable. O perversité humaine !

BIDET.

Êtes-vous convaincu ?

FRITURIN.

Oui.

BIDET.

Et acceptez-vous ma demande ?

FRITURIN.

Vous repasserez... je veux réfléchir !

BIDET.

C'est trop juste...

Il sort.

SCÈNE VII

FRITURIN, ARTHUR.

ARTHUR, ouvrant la malle.

(A part.) Un bon type de voyageur, qui me dit de lui monter tout ce qu'il y a dans sa malle... une provision d'épices pour la noce... Le fait est que... (Il déballe et éternue.) ça sent le poivre !

SCÈNE SEPTIÈME.

FRITURIN.

A tes souhaits!

ARTHUR.

Merci, patron.

FRITURIN, à part.

Je vas t'en donner du patron, tout à l'heure... (Haut.) Où donc as-tu mis mes souliers?

ARTHUR.

Ils sont là, patron.

Il les lui donne.

FRITURIN, à part.

Il y en a un encore tout crotté. (Haut, avec ironie.) Je ne t'ai jamais rien donné... je veux te faire cadeau de mes souliers s'ils te vont... mets-les donc.

ARTHUR, méfiant; à part.

Est-ce qu'il serait assez malin pour avoir découvert... (Haut.) (Il ôte ses chaussons.) Ils seront beaucoup trop grands pour moi.

FRITURIN.

Garde tes chaussons, ils seront justes. D'ailleurs, ce n'est pas la première fois que tu les portes.

ARTHUR.

Jamais... je ne me permettrais pas.

FRITURIN.

Infâme menteur!... Je sais tout!

ARTHUR, à part.

Eh bien, voilà du propre! (Haut.) Si vous savez tout... pardonnez-nous et mariez-nous...

FRITURIN.

Ah! tu en conviens... Arthur Graboyos. Eh bien, sache que jamais un flûteur n'entrera dans ma famille! En attendant, rends-moi mes souliers!

ARTHUR, ôtant les souliers.

Les voilà, vos souliers! puisque vous reprenez ce que vous donnez!

FRITURIN.

Tu ne les mérites pas! Se servir des pieds d'un père pour séduire sa fille, c'est le comble de l'ignominie. Je te défends de jamais remettre les savates dans mes souliers pour piétiner ma fille et déshonorer mes giroflées... Non! Je me trompe. Enfin, tu comprends...

ARTHUR.

Ah! vous êtes un père irrité, je le vois; mais c'est votre faute.

FRITURIN.

C'est moi qui ai tort, à présent.

ARTHUR.

Oui! J'aime Dorothée... elle m'aime, nous nous aimons, nous voulons nous marier et cela sera malgré vous... Nous attendrons votre mort, s'il le faut. Vous n'avez pas la prétention d'être éternel, je pense!

FRITURIN.

Je veux vivre cent sept ans pour vous faire enrager. Quant à Dorothée, tu ne l'auras jamais. Sors de chez moi!

ARTHUR.

Votre maison est une auberge; j'ai le droit d'y rester, si cela me plaît.

FRITURIN.

En y faisant de la consommation; je ne dis pas, mais tu n'as pas le sou.

ARTHUR.

J'ai un oncle en Amérique, je serai riche un jour.

SCÈNE SEPTIÈME.

FRITURIN.

Je connais cette blague-là, je ne coupe pas dedans J'en ai eu trois oncles d'Amérique qui sont tous morts sur la paille.

ARTHUR.

Payez-moi mes gages... Vous me devez quinze jours...

FRITURIN.

Quinze jours de flageolet... Ne me rappelle pas tes turpitudes ou malheur à toi !

Il brandit les souliers qu'il tient et le menace.

ARTHUR, fièrement.

Frappez, si vous l'osez ! Mes gages ?

FRITURIN, lui allongeant un coup de pied au derrière.

Voici un acompte ! Ça m'a fait du bien.

ARTHUR.

Pas moi ! Je vous tiens quitte du reste.

FRITURIN.

Passe devant !

ARTHUR.

C'est que... je n'en veux plus !

FRITURIN.

Passe ou je recommence. (Il le frappe.) Tiens !

ARTHUR.

C'est bien ! Je sais ce qu'il me reste à faire...

Il prend son flageolet et sort en jouant : *Partant pour la Syrie.*

SCÈNE VIII

FRITURIN.

Qu'est-ce qu'il lui reste à faire? Me faire assigner pour coups et blessures? M'envoyer un huissier pour me faire payer ses gages?... Enlever ma fille, peut-être!... Si je l'appelais pour l'en avertir?... Non! Elle y consentirait peut-être... Mon Dieu! que je suis perplexe! Si je les mariais?... Pour en finir?... Non, jamais ce Graboyos ne me qualifiera de beau-père! C'est que Dorothée, si tout ça s'ébruite en ville, ne va plus être facile à placer... Et ce M. Chandelle qui devait venir me parler de son neveu... Il ne se presse pas, lui! C'est mon dernier espoir. Après, je ne vois plus que le facteur... un ambitieux avec de très modestes appointements... (Regardant à terre.) Encore une nouvelle piste!... (Il mesure.) Vingt-huit! pied ordinaire... (Il suit la piste.) Celui-là se dirige vers l'hôtel... Oh! oh! ils sont deux! l'un vient, l'autre s'en va, mal chaussé celui-là!... Ah! mais, c'est donc tout un régiment!... Alors, je n'ai plus que l'embarras du choix! Je vais consulter mon notaire.

Il sort.

SCÈNE IX

ARTHUR, déguisé en cuisinier, une lettre à la main.

J'ai trouvé un moyen ingénieux de me glisser auprès de ma bien-aimée... J'ai mis une perruque, rasé mes moustaches, pris la veste et le bonnet de cuisine du père Friturin. Il s'agit d'attendre la nuit et d'avertir Dorothée de mes projets. Comment lui faire tenir ma lettre?... Ma foi! sur sa fenêtre!... (Il pose la lettre.) On vient! Où me cacher? (Voyant la malle de Chandelle.) Ah!

SCÈNE DIXIÈME. 17

cette malle! c'est le ciel qui me l'envoie... Elle ne ferme pas!... (Il fourre.) Elle est énorme!...

Il se met dans la malle.

SCÈNE X

BIDET, ARTHUR, dans la malle.

BIDET.

M. Friturin doit avoir assez réfléchi... (Il va vers la fenêtre de Dorothée et regarde.) Elle est là! (Voyant la lettre d'Arthur.) un billet doux... et pas affranchi... Ah! on floue l'administration des postes!

Il s'en empare.

ARTHUR, levant le couvercle et sortant sa tête.

Laissez ça!... cette lettre est de moi.

BIDET, à part.

Un marmiton! Encore un rival!

ARTHUR.

Laissez donc cette lettre! Elle est à moi.

BIDET.

Vous ne vous appelez pas mademoiselle Friturin, je suppose... Vous êtes en contravention... (Il appuie sur le couvercle et l'enferme.) Restez là! je reviendrai après ma tournée vous assigner en faux colportage!... (A part.) J'espère bien qu'il va étouffer là-dedans!

SCÈNE XI

FRITURIN, BIDET, ARTHUR, dans la malle.

FRITURIN.

Que voulez-vous encore, facteur?

BIDET.

Je voudrais bien vous demander le résultat de vos réflexions; mais, en y réfléchissant aussi, je commence à trouver que nous sommes trop nombreux.

FRITURIN.

Que voulez-vous dire?

BIDET.

Cette lettre d'amour vous en apprendra plus long que tout ce que je soupçonne.

FRITURIN, prenant la lettre.

Donnez!

BIDET.

Elle n'est pas affranchie, c'est trente centimes.

FRITURIN, rendant la lettre.

Je la refuse.

BIDET.

Trop tard! Vous l'avez prise.

FRITURIN, prenant la lettre.

Je vous les devrai... (A part.) toute ma vie. (Haut.) Bonjour!...

LE FACTEUR.

Au revoir, monsieur Friturin.

Il sort.

SCÈNE XII

FRITURIN, lisant, puis DOROTHÉE; ARTHUR, dans la malle.

FRITURIN.

« Puisque ton père me défend... (A part.) Tiens, ce n'est pas pour moi... (Il se radresse.) Mademoiselle Dorothée Friturin... ma fille! Quel est le polisson qui se

SCÈNE DOUZIÈME.

permet de la tutoyer?... (il lit.) Signé: ton Arthur!... (A part.) son Arthur!... Encore lui! toujours lui! Galopin! Voyons! qu'est-ce qu'il dit? (Il lit, Dorothée entre et écoute.) « Puisque ton père me défend l'entrée de sa gargote!... (A part.) Gargote! Impertinent!... (Il lit.) ...et qu'il faut pour ton bonheur et le mien que nous nous mariions, je te propose un enlèvement. (A part.) C'est le seul moyen; j'y avais déjà songé... (Il lit.) Je p'nétrerai près de toi sous un déguisement fallacieux... (A part.) Fallacieux!... qu'est-ce que ça veut dire?... C'est un ordre, un costume étranger. (Il lit.) ...afin d'échapper à la vigilance paternelle. Le cœur ne trompe pas, et toi seule sauras bien me reconnaître la nuit venue; nous fuirons ensemble. Ton Arthur. »

DOROTHÉE, à part.

Oh! oui...

FRITURIN.

On croit me tromper... mais... je veillerai jour et nuit... je vais charger ma vieille carabine, et malheur à toi, Graboyos!... (voyant Dorothée.) Qu'est-ce que tu fais là?

DOROTHÉE.

J'allais sortir... faire les provisions.

FRITURIN.

Je te défends de sortir, d'approcher de qui que ce soit... sans ma permission.

DOROTHÉE.

Alors nous allons mourir de faim. Je vous préviens qu'il n'y a rien pour déjeuner.

FRITURIN.

J'irai moi-même... rentre chez toi. Pas de réplique!

Il sort.

SCÈNE XIII

ARTHUR, dans la malle; DOROTHÉE, puis CHANDELLE.

DOROTHÉE.

Ah! mon père s'empare de mes lettres, il viole le secret de mes amours, c'est bien mal... Si je n'étais pas arrivée à temps, je n'aurais pas su... qu'Arthur pénétrerait ici sous un déguisement... (Voyant Chandelle sur la porte de l'auberge.) C'est probablement lui! Oui, il me semble reconnaître ses traits sous cette perruque... Comme il est bien grimé!... On dirait son père ou son oncle ou quelqu'un des siens. (Elle rappelle.) Psitt! Psitt!

CHANDELLE, étonné.

Hein?

DOROTHÉE.

Le cœur ne trompe pas... Je te reconnais bien... Viens donc ici! Mon père m'a enfermée, mais par la fenêtre, nous pourrons causer.

CHANDELLE, à part.

Je ne m'attendais pas à une aventure de balcon.

Il va vers la fenêtre.

DOROTHÉE.

As-tu bien réfléchi à ce que tu me proposes?... C'est bien effrayant pour moi. Un mariage honnête, je comprends ça; mais être enlevée en l'air comme un Nadar, j'en ai le vertige.

CHANDELLE.

N'êtes-vous pas mademoiselle Friturin?

DOROTHÉE.

Inutile de feindre, nous sommes seuls, embrasse-moi, tutoie-moi, n'aie pas peur.

SCÈNE TREIZIÈME.

CHANDELLE, l'embrassant.

Je veux bien ! Eh bien, qu'en penses-tu ?

DOROTHÉE.

Que tu es parfait ! Dis donc, mon père a surpris ta lettre...

CHANDELLE.

Tu veux dire que ma lettre l'a surpris.

DOROTHÉE.

Il est furieux !

CHANDELLE.

Je lui avais pourtant présenté ma demande bien poliment... et j'espère que le garçon ne te déplaira pas...

DOROTHÉE.

Le garçon ! Quel garçon ?... Un garçon d'auberge pour te remplacer...

CHANDELLE.

Je ne comprends plus !

DOROTHÉE.

Ni moi non plus... Vous n'êtes donc pas Arthur ?

CHANDELLE.

Arthur ? C'est le nom de mon neveu... Vous êtes pourtant au courant de l'affaire ?

DOROTHÉE.

Non !

CHANDELLE.

Votre père est par trop discret... Il faut que vous sachiez... car vous êtes une des parties intéressées. Il s'agit d'un mariage pour vous avec mon neveu Arthur Chandelle.

DOROTHÉE.

Arthur Chandelle !... jamais ! J'ai donné mon cœur à Graboyos.

CHANDELLE.
Graboyos, connais pas !

SCÈNE XIV
FRITURIN, LES PRÉCÉDENTS.

FRITURIN, à part.
C'est lui ! Il cause avec ma fille ! Ils s'entendent... (A Dorothée.) Est-ce ainsi que tu m'obéis ? Je t'ai défendu de parler avec qui que ce soit. (A Chandelle.) Et toi, espèce de galopin, tu t'es rasé la moustache, mais on ne me trompe pas. Tu t'es mis en fallacieux...

CHANDELLE, à part.
C'est un fou ! Ne le contrarions pas... J'ai bien fait de vouloir connaître la famille avant de m'avancer davantage. (Haut.) Oui, mon cher monsieur Friturin... tout ce que vous voudrez...

FRITURIN, furieux.
Inutile de changer ton organe.

CHANDELLE, à part.
Il commence à m'ennuyer.

FRITURIN.
Je t'avais interdit l'entrée de mon hôtel, tu n'en tiens pas compte... Sors d'ici avant que je me mette en colère. (Il le prend par une oreille.) A la porte !

CHANDELLE, se rebiffant ; à part.
Ah ! mais... Il m'ennuie tout à fait ! (Il lui donne un croc en jambe.) Laissez-moi donc tranquille, idiot.

FRITURIN, par terre.
Ah ! tu veux m'assassiner ?... (Il se relève et tire son couteau de cuisine de sa gaine.) Eh bien, tu vas mourir !... Fais ta prière !...

SCÈNE QUINZIÈME.

CHANDELLE, tirant un revolver de sa poche et ajustant Friturin.

Ne bougez pas ou je fais feu !

On entend un air de flageolet jouant la *Marseillaise*.

DOROTHÉE.

Cette flûte ! C'est lui ! Arthur !

FRITURIN, rengainant son couteau.

Mais alors, vous n'êtes pas ce Graboyos détestable... Monsieur, je vous prie d'excuser un mouvement de vivacité. (à part.) J'étais sur le chemin du bagne... sans cette flûte !

CHANDELLE, à part.

Ils sont gentils, les bons soins pour les voyageurs, au Veau qui désire... Fiez-vous donc aux guides !

ARTHUR, dans sa malle.

Ouvrez ! au nom de la loi !

FRITURIN.

Mais qui donc invoque la justice ? (A Bidet qui entre.) Est-ce vous, facteur ?

SCÈNE XV

BIDET, LES PRÉCÉDENTS.

BIDET.

Non ! Mais j'aurais pu le faire... C'est assez d'un crime...

FRITURIN.

Un crime !

DOROTHÉE.

Un crime !

CHANDELLE, à part.

Ce fou aura déjà tué quelqu'un.

BIDET, ouvrant la malle.

Voyez! un cadavre! celui d'un aide marmiton... il palpite encore, mais il n'en vaut guère mieux. Il y a là meurtre avec préméditation... (Bas, à Friturin.) Je me tairai si vous consentez à me donner la main de votre fille.

FRITURIN.

Mais, je ne suis pas coupable... je ne connais pas ce gâte-sauce...

DOROTHÉE.

Je le reconnais, moi! c'est Arthur!

ARTHUR, éternuant.

Trop de poivre!

Il s'assied sur le bord de la malle.

CHANDELLE.

Il en sera resté!... Dites-moi, qu'avez-vous fait de ma provision d'épices?

ARTHUR.

Monsieur, j'allais vous la porter quand j'ai été mis à la porte par mon patron.

CHANDELLE.

Et que faisiez-vous dans ma malle?

ARTHUR.

J'attendais la nuit pour... mais, qu'est-ce que ça vous fait? Quant à vous, facteur, qui m'y avez enfermé par un sentiment de jalousie féroce et sous un prétexte fallacieux...

FRITURIN, à part.

Fallacieux! j'y suis, c'était la malle.

ARTHUR.

Son intention était de m'étouffer dedans. Heureusement que j'ai de bons poumons. Facteur! je porterai plainte.

SCÈNE QUINZIÈME.

BIDET.

Vous me ferez perdre ma place; mais quand j'aurai l'hôtel avec mademoiselle Dorothée, je m'en moquerai.

FRITURIN.

Piéton! vous êtes tout simplement une canaille... vous n'aurez pas ma fille. Regardez bien ma porte et n'en franchissez plus jamais le seuil.

BIDET.

C'est comme ça? Eh bien, je poserai votre correspondance dans le ruisseau!...

FRITURIN.

Comme vous ne m'apportez que des lettres non affranchies... vous pouvez les garder pour vous. Bien le bonjour.

BIDET.

Salut!...

Il sort.

FRITURIN, s'approchant d'Arthur et regardant sa veste.

Mais, dites donc, c'est ma veste et mon bonnet...

ARTHUR.

Je ne le nie pas... le temps me pressait...

FRITURIN.

C'est ça, tu prends mes souliers, mon bonnet, mes habits... ma fille... Veux-tu aussi ma maison... et moi avec?

DOROTHÉE, à son père.

Alors, vous consentez à ce que Arthur soit mon époux?

FRITURIN.

Un instant, j'ai promis ta main à M. Arthur Chandelle et j'attends son oncle...

CHANDELLE.

Mais Chandelle, c'est moi!

ARTHUR, bondissant.

Vous! mon oncle?...

FRITURIN.

Son oncle?...

DOROTHÉE.

Son oncle?

ARTHUR.

Mais oui... mon oncle d'Amérique, dont j'attends la succession.

CHANDELLE.

Rien ne presse! (Regardant Arthur.) Mais oui, c'est bien mon neveu... je le reconnais à présent... mais pourquoi t'appelles-tu Graboyos quand ton vrai nom est Chandelle?

ARTHUR.

Parce que vous m'avez laissé sans le sou pour aller au Nicaragua faire fortune... je le suppose, du moins...

CHANDELLE.

Avec raison.

ARTHUR.

Je crevais de faim, et comme Chandelle eût prêté au ridicule dans les arts j'ai choisi celui de Graboyos, un nom espagnol.

CHANDELLE.

Tu aurais pu en trouver un mieux.

FRITURIN, méfiant.

Tout ça n'est pas clair... Et cette photographie que vous m'avez envoyée en me demandant ma fille?... (Il montre la photographie.) Elle ne ressemble pas du tout à cet Arthur-là!...

CHANDELLE, regardant la photographie.

Je crois bien! c'est la mienne!... je me suis trompé...

SCÈNE QUINZIÈME.

FRITURIN.
Tout s'explique!

CHANDELLE.
Je rapporte quelques capitaux et je fais une dot de quarante mille francs à mon neveu, Arthur Chandelle, dit Graboyos. (A Friturin.) Accordez-donc! que ça finisse.

FRITURIN, à Chandelle.
Vous le voulez?

CHANDELLE.
Oui.

FRITURIN, à Dorothée.
Et toi?

DOROTHÉE.
Oh! oui, papa. (A Arthur.) Et vous?...

ARTHUR.
Vous êtes bien bon de me le demander.

FRITURIN, à part.
Il n'y a que moi qui ne le veuille pas... (A sa fille.) Dorothée! embrasse ton oncle!... j'accorde!... (A part.) j'avais juré que ce Graboyos n'entrerait jamais dans ma famille... mais devant la majorité, je cède, comme tant d'autres!

Rideau.

NOUS DINONS CHEZ LE COLONEL

Pièce militaire salée, en trois tableaux, jouée pour la première fois à Nohant, le 27 janvier 1867

Premier tableau.
L'invitation à dîner.
Deuxième tableau.
La retraite aux flambeaux.
Troisième tableau.
Le réveil, sans tambours ni trompettes.

PERSONNAGES DE LA PIÈCE

LE CAPITAINE VACHARD.
LE CAPITAINE CHICLAIR.
LE COLONEL VERTÉBRAL.
STANISLAS, garçon de café.
UN SAPEUR (loquace).
UN TAMBOUR (muet).
MADAME PETENVERT (veuve).
MADEMOISELLE EUPHÉMIE, célibataire.
GERTRUDE, bonne à tout faire.
BOQUILLON, brosseur.

La scène se passe à Orléans, en 1867.

UNE PLACE.

D'un côté, la maison de madame Petenvert ; de l'autre, l'estaminet de mademoiselle Euphémie. Portes vitrées, devanture avec des caisses de fusains et d'orangers. Ville au fond. Il fait jour.

SCÈNE PREMIÈRE

MADAME PETENVERT sortant de chez elle ; GERTRUDE, sa bonne, la suivant ; puis MADEMOISELLE EUPHÉMIE, venant par l'estaminet.

GERTRUDE.

Madame va à la messe ? Madame a-t-elle son bréviaire ?

MADAME PETENVERT.

Oui. Je te recommande de bien brosser les effets du capitaine Vachard.

EUPHÉMIE, sortant du café.

Bonjour, madame Petenvert, vous allez bien ?

MADAME PETENVERT.

Ah ! bonjour, chère demoiselle Euphémie.

EUPHÉMIE.

Vous allez à l'église ?... Et moi j'y vais aussi.

MADAME PETENVERT.

Alors, ma toute belle, nous y vaisons ensemble, si vous le permettez.

EUPHÉMIE.

Je suis trop honorée. (Allant à son café.) Stanislas, je vous recommande de servir le petit déjeuner du capitaine Chiclair, dès qu'il s'éveillera.

MADAME PETENVERT.

Il va bien, M. Chiclair ? Il est très aimable.

EUPHÉMIE.

Je vous remercie, et le capitaine Vachard ? Vous le logez depuis trois mois, je crois.

MADAME PETENVERT, soupirant.

C'est un homme très comme il faut. Sa position est bien un peu précaire, vous savez, la solde d'un capitaine, c'est pas grand'chose ; mais ses manières sont si engageantes que je ne sais ce qui me retient de consentir à me remarier. Je ferai bien de prendre conseil de mon confesseur, l'abbé Ramolot, un digne prêtre, un bon directeur de conscience. Ah ! ma chère enfant ! qu'il est touchant ! quelle parole ! La grâce l'a touché !

PREMIER TABLEAU.

EUPHÉMIE.

Il est onctueux, on me l'a dit.

MADAME PETENVERT.

Vous devriez le consulter plus souvent. Vous négligez un peu la sacristie.

EUPHÉMIE.

Oh! moi, chère madame, je ne prendrais conseil que de mon cœur, si le capitaine Chiclair me parlait mariage; mais il n'en parle pas! Ah! ces hommes! ces capitaines (On sonne la messe à la cathédrale.), tous des libertins! Qu'est bon qu'à tromper ces pauvres femmes, qu'est trop bonnes.

MADAME PETENVERT.

Venez, ma bonne Euphémie, nous serons en retard, et le père Ramolot pourrait le remarquer. Gertrude, n'oubliez pas mes recommandations!...

Elles sortent par le fond.

SCÈNE II

GERTRUDE, qui est restée sur la porte.

GERTRUDE.

Sont-elles assez toquées avec leurs capitaines: M. Vachard, par-ci; et l'autre, M. Chiclair, par-là. Si ça ne fait pas suer de voir madame Petenvert faire sa mijaurée! Je ferais bien de prendre conseil de mon confesseur! Oh! là là! la veuve d'un marchand de cirage en détail. Comme si tout n'était pas consenti depuis!

VACHARD, chez madame Petenvert, à la fenêtre.

Gertrude! mes bottes d'ordonnance! ma pipe! et le *Moniteur de l'Armée.*

GERTRUDE.

Je vas vous envoyer votre brosseur, j'ose pas entrer chez vous quand vous n'êtes pas en tenue.

VACHARD, à part.

Ça me flatte! (haut.) En attendant, apporte-moi mon chocolat au rhum et envoie-moi mon brosseur avec une brosse.

GERTRUDE.

Du chocolat? (à part.) Il n'y en a plus! j'en vas chercher chez l'épicemar! Ah! monsieur Boquillon! allez donc brosser votre capitaine!

Elle sort par le fond.

BOQUILLON, brosseur.

J'y vas! j'y vole!

Il entre dans la maison.

SCÈNE III.

CHICLAIR, chez Euphémie, se montrant à la fenêtre.

Garçon! mes bottes, ma pipe et l'*Annuaire de l'Armée!*... Il n'y a donc personne?

STANISLAS, à la cantonade.

Voilà, capitaine, voilà!

CHICLAIR.

Mon caleçon! Où est Euphémie? Je ne peux pas enfiler mon caleçon par-dessus mes bottes!

STANISLAS.

Voilà, capitaine, il était chez mademoiselle Euphémie, elle y remettait des boutons.

CHICLAIR, à Vachard.

Bonjour, mon cher, ça va bien ce matin? Vous avez la pituite?

VACHARD.

Le matin seulement! C'est nerveux!

Ils entrent en scène. — Ils sont tous deux en manches de chemise.

CHICLAIR.
Avez-vous passé une bonne nuit ?
VACHARD.
Parfaite, mon cher, vous aussi, je suppose?
CHICLAIR.
Moi z'aussi ! Mademoiselle Euphémie, une femme charmante qui n'a qu'un défaut, celui d'égarer les caleçons.
VACHARD.
On n'est pas parfaite !... Moi, j'ai supprimé ce vêtement superflu.
CHICLAIR.
Dites donc, capitaine, vous avez là des bretelles qui ne sont pas d'ordonnance.
VACHARD.
Les bretelles n'entrent pas dans l'ordonnance ; c'est madame Petenvert qui me les a brodées pour ma fête.
CHICLAIR.
La Saint-Joseph ! le patron des hommes mariés. Vos bretelles sont jaunes ; c'est une invite !
VACHARD.
Les vôtres sont vertes, couleur de l'espérance.
CHICLAIR.
Dites donc, vous êtes un heureux coquin !...
VACHARD.
Je l'avoue parfaitement... Madame Petenvert... une charmante hôtesse qui loge les militaires ; pension à bon marché. Elle voudrait que je l'épousasse !

Confidences dans l'oreille.

CHICLAIR.
C'est comme Euphémie... Délicat ! mon cher... Elle est bien d'Orléans, où nous sommes en garnison.

VACHARD.

Le pays de Jeanne d'Arc, parfaitement !

CHICLAIR.

Comme Euphémie !

Confidences. — Ils rient.

VACHARD.

Pas possible ! (Ils rient.) A-t-elle sauvé la France ?

CHICLAIR.

C'est de la fantaisie historique. Elle n'était pas de l'armée... Moi je ne connais que l'*Annuaire* et je n'y vois pas de généra Jeanne d'Arc.

VACHARD.

D'Orléans ?

CHICLAIR.

Le soldat du drapeau tricolore !

VACHARD.

Dites donc, on les a cassés.

CHICLAIR.

Mesure arbitraire.

VACHARD.

Sans doute, c'est du parti pris.

CHICLAIR.

Le *Moniteur de l'Armée* s'en est ému.

VACHARD.

Dites-donc, capitaine, je viens de lire dans le *Moniteur de l'Armée* que le petit Pochon a permuté au 3e hussards.

CHICLAIR.

Pochignon ? Vous voulez dire...

VACHARD.

Pochignon ? Non, Pochon, un petit blond avec un nez...

CHICLAIR.

Un nez? à Marseille, Bouches-du-Rhône.

VACHARD.

Ah! c'est un calembour?... Parfait!

CHICLAIR.

Alors, c'est Lambert, un gros...

VACHARD.

C'est Kalbach, un myope?

CHICLAIR.

Je le croyais Alsacien.

VACHARD.

C'est possible, l'un n'empêche pas l'autre. Comprenez-vous qu'on permute dans la cavalerie?

CHICLAIR.

On nous fait bien monter à cheval, nous autres capitaines!

VACHARD.

Oui, à présent on désorganise l'armée... avec les idées nouvelles!...

CHICLAIR.

Les soldats ne manquent pas; mais le troupier, il n'y en a plus! Ne me parlez pas des volontaires, des réservistes, des vingt-huit jours, des pointus, fils de famille, pas militaires du tout!

VACHARD.

L'armée, aujourd'hui, c'est une garde nationale!!! Comme les tambours, un ministre les supprime, un autre les rétablit... moi, je suis pour le tambour.

CHICLAIR.

Avec le clairon..

VACHARD.

Parfaitement, tambours et clairons avec la musique militaire...

CHICLAIR.

Pour l'infanterie!

VACHARD.

La fanfare pour la cavalerie, j'accorde!

CHICLAIR.

L'infanterie a toujours eu le premier pas.

VACHARD.

La cavalerie a pourtant son bon côté.

CHICLAIR.

Et l'artillerie, le génie, aussi... mais l'infanterie l'emportera toujours, c'est le pivot des batailles!!

VACHARD.

Voulez-vous mon opinion? Ce n'est pas un civil qui peut sauver la situation, il nous faudrait un général!... un sabre! la discipline, mon cher! il n'y a que ça!!!

CHICLAIR.

Je ne dis pas... mais l'armée n'a pas le droit de parler politique... Si nous prenions deux vertes pour tuer le ver?

VACHARD.

Parfaitement!

CHICLAIR.

Entrons chez Euphémie?...

Ils vont vers le café.

VACHARD.

Voilà de jolis ifs! en caisse!

CHICLAIR.

En caisse? tambour! Ce sont des fusains.

VACHARD.

Des orangers? des fuchsias? des azalées?...

CHICLAIR.

Ce sont des épinards de mer!

VACHARD.

Je les prendrai plutôt pour des pommes d'amour.

CHICLAIR.

Ça me rappelle Euphémie.

VACHARD.

Comprends pas...

CHICLAIR.

Rien d'étonnant!

VACHARD.

Vous parlez de détonation.

CHICLAIR.

Si nous faisions un billard? je vous joue la consommation en quinze points.

VACHARD.

Parfaitement! (Ils entrent à l'estaminet.) Garçon! les billes deux perroquets... nos queues!... ma pipe.. (On entend rouler les billes. Carambolages.) Un... deux... trois.. — Vou n'allez pas caramboler longtemps comme ça. — Quatre — Assez! — Fausse queue! à vous. — Collé sou bande. — Voilà le 101e aux places à quatre sous. Mettez du blanc!...

SCÈNE IV

UN SAPEUR, venant par le fond; STANISLAS.

STANISLAS, sur la porte du café.

Que cherchez-vous, militaire?

LE SAPEUR.

Le capitaine Chiclair! une invitation du colonel pour un déjeuner dinatoire avec lui, à la place, sur le coup de midi.

STANISLAS.

C'est ici! au café Euphémie, où il loge.

LE SAPEUR.

Et j'en ai l'une subséquente pour le capitaine Vachard.

STANISLAS.

C'est en face, au 22, les deux cocottes au loto, chez madame Petenvert; mais, à cette heure, il se fait brosser au billard ici, chez nous... Entrez!

LE SAPEUR, à part.

Subséquemment que je vais leur-z-y remettre les susdites!... (Il entre dans l'estaminet. Haut.) Pardon, excuse, mes supérieurs! c'est de la part du colonel. — Parfaitement.

Le sapeur s'en va.

SCÈNE V

VACHARD, sur la porte du café.

Un homme charmant, le colonel! Dites donc, mon cher, il n'est que temps de nous mettre en tenue! (Il passe et entre chez lui. Dans la coulisse.) Gertrude!.. pas de Gertrude!... Boquillon! mon brosseur!... ma tunique! mon sabre! tu n'as pas astiqué mes boutons ce matin! je te colle deux jours de salle de police! comme tu en as déjà trois cent soixante-trois, ça te fera trois cent soixante-cinq, inscris ça, tu les feras en bloc quand tu auras ton congé!...

Un temps, afin d'habiller les deux capitaines.

CHICLAIR.

Stanislas! nom d'un pétard! mes bottes sont mal cirées... vous les cirez à la bièrrre!... mon sabrrre!... mes épaulettes!...

Les deux capitaines rentrent en scène.

CHICLAIR.

Vous êtes prêt? il ne vous manque rien?

VACHARD.

Pardon! vingt-cinq mille livres de rente.

CHICLAIR.

C'est comme à moi! allons en route et au trot... cadéro...

VACHARD.

Je ne m'appelle pas Cadéro...

CHICLAIR.

Je le sais bien... c'est un calembour!

VACHARD.

Ah! au trot cadéro! parce que je dois monter à cheval.

CHICLAIR.

Vous y êtes! un cavalier au trot qu'a des rots.

VACHARD.

Je ne comprends pas. Est-ce une personnalité?

CHICLAIR.

Prenez-le comme vous voudrez. C'est à prendre ou à laisser.

VACHARD.

Je le laisse.

SCÈNE VI

MADAME PETENVERT, EUPHÉMIE, revenant de l'église et arrêtant les capitaines.

LES DEUX FEMMES.

Où allez-vous?

LES DEUX CAPITAINES.

Nous dinons chez le colonel!!!

Ils sortent.

MADAME PÉTENVERT.

J'avais tout préparé, des huîtres, du chablis... j'en suis pour mes frais!...

EUPHÉMIE.

C'est comme moi! Oh! le monstre!

MADAME PÉTENVERT.

C'est la faute à Gertrude, elle aurait pu me prévenir... (A Gertrude qui revient.) D'où venez-vous, effrontée?

GERTRUDE.

Je viens de chercher du chocolat au rhum pour le capitaine, ça n'a pas été aisé à trouver.

MADAME PÉTENVERT.

C'est un prétexte pour courir par la ville!

GERTRUDE.

Madame me fâche... Si madame n'est pas contente?...

MADAME PÉTENVERT.

Assez! venez!

Elles rentrent chez elles.

SCÈNE VII

EUPHÉMIE, STANISLAS.

EUPHÉMIE.

Stanislas!! garçon!!! Pourquoi n'êtes-vous pas venu me dire que le capitaine ne déjeunait pas?

STANISLAS.

Je n'en savais rien... et puis, d'ailleurs, j'en ai assez de votre capitaine! Mademoiselle Euphémie, il est temps que je me déclare. Si je reste chez vous à servir le client... c'est par amour... J'ai du bien... dans mon pays et je le mets à vos pieds... je vous offre mon cœur et ma fortune... mais plus de capitaine !!!

EUPHÉMIE.

Oh ! infamie ! quelle horreur ! vous me dites des impuretés !... Garçon ! je resterai fidèle à mon capitaine, prenez votre balai et nettoyez le devant de mon estaminet. Une fois n'est pas coutume, arrosez mes épinards de mer, lavez le trottoir !... Entendez-vous ! plus un mot ou je vous chasse ! quelle audace ! quel galopin !

Elle rentre chez elle.

STANISLAS, puis GERTRUDE.

Alors ! je ne respecterai plus rien ! je débinerai la boutique... En v'là une marchande d'eau chaude ! C'est moi qui la fais ! quelle boîte ! Oui, je vas te balayer ton trottoir, et les arroser les épinards !...

Il prend un balai, renverse les caisses, les transporte devant la maison Petenvert.

GERTRUDE.

Qu'est-ce que vous faites, monsieur Stanislas ?

STANISLAS.

J'arrose, je balaie ! je suis furieux ! je casse tout ! oh ! non ! je ne resterai pas dans sa boîte !!!

GERTRUDE.

Vous ferez bien, Moi j'ai rendu mon tablier à la Petenvert !...

STANISLAS.

Si je rendais mon balai à l'Euphémie ?

GERTRUDE.

Vous auriez raison... Des filles qui logent des capitaines au mois; c'est pas des maisons honnêtes !...

STANISLAS.

Je m'en vas!... (À la porte du café.) L'Euphémie, tu peux chercher un autre garçon!... v'là le balai, v'là le torchon!... Gertrude, vous êtes belle fille, vous avez des économies, je vous offre...

GERTRUDE.

Quoi?

STANISLAS.

Une partie et à dîner dans les fortifications.

GERTRUDE.

Je veux bien; mais je vas appeler le brosseur.

STANISLAS.

Qui? Boquillon? je n'ai pas besoin de lui!

GERTRUDE.

Je ne découche jamais sans lui.

STANISLAS.

En ce cas! Zut! zut, zut!...

BOQUILLON, arrivant.

Zut! toi-même, espèce de larbin!

Ils se fâchent, se bottent, Gertrude se sauve. — Pile sur laquelle le ribon boisse; coups de balai; seau de fer-blanc; pile; on ne voit plus que des jambes en l'air.

Deuxième Tableau.
Même décors.

SCÈNE PREMIÈRE
Un tambour passe et bat la retraite.

SCÈNE II
VACHARD et **CHICLAIR**, ivres tous les deux.

VACHARD.
Le colonel, un homme charmant qui fait bien les choses !

CHICLAIR.
Quelles heures peuvent-ils être ? Je n'y vois goutte.
Dix heures sonnent au loin.

VACHARD.
Dix heures ! ça ne peut être que dix heures du soir ! Dites donc, mon cher, est-ce assez peu éclairé ! adorable, le colonel !

CHICLAIR.
Il nous a bien reçus. Après le café, le pousse-café, le gloria, le petit verre, la rincette, la surrincette ! la bière, le punch au rhum et pour faire couler tout ça, une salade d'oranges et un homard avec une absinthe panachée... et des cigares !...

VACHARD.
Des *infectados* et des *crapulados première qualita*, venant des îles Manillas et Havanas.
Il rote.

CHICLAIR.
A vos souhaits !...

VACHARD.
Parfaitement ! c'est mon homard qui ne passe pas.

CHICLAIR.

Le mien est dans mes bottes ; mais la salade d'oranges est récalcitrante. Elle se place mal.

VACHARD.

Bonne nuit! dormez bien!...

CHICLAIR.

Et vous aussi! heureux mortel!

VACHARD, se cogne dans les ifs.

Ah! les épinards de mer!... Dites donc, mon cher, j'allais en faire une bonne.

CHICLAIR.

Quelle bonne? Gertrude?

VACHARD.

Mais non! c'est les orangers, les ifs... j'allais entrer chez vous, mon cher! à l'estaminet.

CHICLAIR.

Pas de bêtises, hein? Dites donc, vous êtes un peu ému.

VACHARD.

J'ai mon plumet, je l'avoue; mais vous êtes pochard.

CHICLAIR.

Pochon? le petit myope qui a permuté!

VACHARD.

Ça m'est égal! Bonsoir!...

Ils entrent l'un chez l'autre.

Rideau, cinq minutes d'entr'acte.

Troisième Tableau.
Il fait jour. — Mêmes décors.

SCÈNE PREMIERE

EUPHÉMIE, MADAME PETENVERT, sortant de chez elles.

EUPHÉMIE.

Bonjour, chère madame, avez-vous passé une bonne nuit?

MADAME PETENVERT.

Pas trop, et vous?

EUPHÉMIE.

Oh! moi non plus. Toute la nuit, il a fallu jouer de la seringue avec le capitaine, et mon garçon de café qui a décampé. Ah! quel embarras! pas d'eau chaude! des lavements froids.

MADAME PETENVERT.

Moi, je ne sais pas ce que le mien a mangé; mais je ne l'ai jamais vu si malade. Ça sent encore l'oranger chez moi, et je déteste cette odeur.

SCÈNE II

CHICLAIR, à la fenêtre de madame Petenvert.

Garçon! mes bottes! le *Moniteur*, ma pipe!

VACHARD, à la fenêtre d'Euphémie.

La bonne, un chocolat au rhum, ma pipe et l'*Annuaire*!...

MADAME PETENVERT, à part.

Ah! ciel! quelle méprise!

EUPHÉMIE.

Ah! mon Dieu! c'était l'autre!

Elles s'enfuient.

VACHARD, sur la porte du café.

Qu'est-ce que vous faites chez moi?

CHICLAIR, sur la porte de madame Petenvert.

Et vous, chez moi?

VACHARD.

Vous avez souillé ma couche.

CHICLAIR.

Et vous avez déshonoré mes pantoufles!

VACHARD.

Je l'avoue, j'ai été malade toute la nuit. Un fleuve qui remonte vers sa source.

CHICLAIR.

Vous ne respectez rien!

VACHARD.

Vous avez mon foulard sur la tête!

CHICLAIR.

Et vous, mon bonnet de coton.

VACHARD.

Ça ne se passera pas comme ça...

CHICLAIR.

Non, morbleu! Nous sommes militaires!... L'honneur avant tout. Au sabre!... Arrivez et au premier sang!...

SCÈNE III

VACHARD.

Où sont vos témoins? — Je n'en ai pas!

CHICLAIR.

Ni moi non plus! — Prenons ces dames!...

EUPHÉMIE et MADAME PETENVET, se jetant entre eux.

Arrêtez! — Écoutez-nous! Soyez juste et généreux.

TROISIÈME TABLEAU.

VACHARD.

Laissez-nous! Cette trahison veut du sang.

EUPHÉMIE.

Non, vous ne vous battrez pas!... Vous êtes trop malades! Allez vous coucher. — Non!

Elles s'évanouissent.

VACHARD.

C'est vrai, que j'ai été malade toute la nuit...

CHICLAIR.

Moi, la salade d'oranges n'a pas passé par le bon chemin.

VACHARD.

Alors, madame Petenvert?...

CHICLAIR.

Elle n'a pas à se vanter!!!

VACHARD.

Mademoiselle Euphémie non plus; mais ça ne fait rien, cette méprise veut du sang!

CHICLAIR.

Jouons-la au domino!

VACHARD.

Vous êtes encore pochard!... Allons, en garde!

Ils croisent le fer, se retournent et sabrent les ifs.

SCÈNE IV

LE COLONEL, LES PRÉCÉDENTS.

LE COLONEL.

Qu'est-ce que c'est? morbleu!

TOUS.

Le colonel Vertebral!

Les femmes se prosternent.

LE COLONEL, d'un ton de commandement.

Relevez-vous!... Expliquez-vous!... Il faut qu'un pareil

scandale finisse! Voilà plus de trois mois que vous logez l'un chez l'autre!

CHICLAIR.

Mon colonel, cette nuit seulement, une méprise dont vous êtes cause. Vous nous avez trop bien traités hier, et les fumées du vin... le homard... la salade d'oranges... rien n'a voulu passer — les orangers, les ifs! Et nous nous sommes trompés de porte... C'est sans y voir...

LE COLONEL.

Trompe d'éléphant! Je vous défends de recommencer. C'est d'un mauvais exemple pour l'armée! Serrez la colonne! Guides à droite!!! Reconnaissez vos hôtesses réciproques, et que, dans une heure, elles soient vos épouses légitimes.

VACHARD.

Une heure! vous êtes trop bon, colonel!

LE COLONEL.

Vous hésitez!... Je vous colle aux arrêts pour un mois. Et vous, mesdames... (A part.) Belles gaillardes, de la croupe et de l'avant-main. Approchez-vous!!! Je vous flanque en fourrière pendant ce temps-là. Suivez-moi à la place!!! Voici mes bras... Venez! je vous offre à déjeuner et à dîner pour un mois. Embrassez-moi, sur ma croix!

VACHARD, railleur.

Un homme charmant, le colonel!

CHICLAIR.

Il n'a qu'un défaut, il est trop bon!!!

Rideau.

LA CLÉMENCE DE TITUS

Pièce antique imitée d'Aristophane et de Plaute, en deux actes, en vers mêlés de prose, avec un prologue, jouée pour la première fois à Noaist, le 20 novembre 1867.

PERSONNAGES

CÉSAR TITUS, imperator.
MAMILLARUS, sénateur.
CAMULOGÈNE, riche Gaulois.
TITYRE, jeune berger d'Arcadie.
PELLICULUS, tonsor impérial.
LYCOPHON, pirate, marchand d'esclaves.
FLAGELLANTUS, majordomus du sénateur.
Un Centurion, épistolaire impérial.
Deux Licteurs.
Deux Esclaves.
Le Coryphée.
Le Chœur antique.
MAMILLARA, matrone romaine.
LYCORIS, citharistre d'Arcadie.

L'action se passe à Tusculum, près de Rome.

SCÈNE PREMIÈRE

Au lever du rideau qui laisse voir le second rideau de manœuvre le coryphée entre en scène.

Il est, vous le savez, au théâtre un usage
Qui nous vient des anciens et que je crois fort sage,
Car j'aime les anciens. Nourri de leurs auteurs,
Je veux faire revivre et leurs goûts et leurs mœurs
Sur la scène moderne. Or donc! c'est la coutume
Pendant que chaque acteur endosse son costume,
Le chœur antique expose en un simple discours
A quel fin tend la pièce, à quel but elle court.

C'est ainsi qu'en parlant à la foule accourue,
À ses lèvres le chœur la retient suspendue
Et sans efforts, avant qu'on ait vu les acteurs,
Captive l'attention de tous les spectateurs.
On dit que l'art est mort, je n'en crois rien, mesdames,
Conservons-lui quand même un culte dans nos âmes,
Du théâtre des Grecs ressuscitons l'essor
Et l'on ne dira plus : l'art se meurt, l'art est mort !
Revenons à l'antique, tant pis pour le profane
Qui ne saura goûter les vers d'Aristophane.
Notre prose est puisée aux rives de Lemnos
Et la musique vient des flancs du mont Athos.
Nous vous donnons ce soir une œuvre magnifique
Qui respire l'amour de la chose publique
Et des plus douces mœurs. C'est très beau ! Taisez-vous
Et ne vous mouchez plus. Je frappe les trois coups.

Il frappe trois coups avec son thyrse et sort.

SCÈNE II

Le rideau de manœuvre se lève et laisse voir un deuxième rideau représentant un intérieur de palais romain. — Deux personnages vêtus de blanc, couronnés de feuillages, sont en scène. — Au lever du premier rideau de manœuvre, ils s'avancent sur le proscénium, de chaque côté du coryphée.

PREMIER CHORISTE.

Nous sommes le chœur antique et nous venons, ô public, te mettre au courant de la situation, ainsi que vient de dire le coryphée.

Sous le règne de l'imperator César Titus, vivaient dans les montagnes de l'Arcadie le berger Tityre et la bergère Lycoris. Ils s'aimaient dès la plus tendre enfance, quand un jour néfaste, aux ides de février, Lycoris menant paître ses brebis, innocentes comme elle, au pied du mont Ménale, s'aventura seule et trop loin vers le rivage.

Lycophon le Phénicien, écumeur de mer et ravisseur

de jeunes filles, enleva la pauvrette sur son bon navire de Phénicie et l'amena pour la vendre, sous les portiques du Colisée, à Pelliculus le tonsor, c'est-à-dire le coiffeur assermenté de l'empereur et du Sénat. Ce merlan impérial n'a pas le moyen d'acheter des esclaves pour son compte ; mais il les repasse à Titus César, imperator, qui, le jour où se déroule l'action à laquelle vous voulez bien vous intéresser, a promis de venir souper chez son ami Mamillarus.

DEUXIÈME CHORISTE.

Si vous voulez, Amicus, raconter la pièce, il est inutile de la jouer.

PREMIER CHORISTE.

C'est juste ! je suis un peu bavard ; mais c'est dans mon emploi. Il t'importe pourtant, ô public, de savoir que nous sommes à Tusculum, tout près de Rome, la cité des Césars, chez Mamillarus, ancien préfet de Grèce, aujourd'hui sénateur, qui n'est plus de la première jeunesse et vit avec d'autant plus de bonne intelligence avec son épouse Mamillara, matrone encore verte, et son hôte et ami Camulogène, Gaulois de naissance, qui a fait sa fortune dans le commerce des olives et des savons de Marseille, la ville des Phocéens. Flagellantus est le majordome conducteur des esclaves du sénateur ; c'est un homme dur, sans entrailles, qui n'adresse pas une parole à un esclave sans l'accompagner d'un coup de lanière.

DEUXIÈME CHORISTE.

Allons-nous-en, ou nous allons tomber dans la conférence.

PREMIER CHORISTE.

Oui, partons, c'est, je crois, le plus sage.

Ils sortent.

SCÈNE III

Le deuxième rideau de manœuvre se lève et laisse voir le décor. — Le théâtre représente les jardins de la villa de Mamillarus, à Tusculum. — Escaliers, rampes, balustrade. — A droite, des colonnes. — Au fond, la mer.

CHŒUR D'ESCLAVES, qui ratissent les allées de la villa, sous les ordres de Flagellantus.

Ils chantent.

Nous sommes à Tusculum
Chez un bourgeois de Rome. *(Bis.)*
Ratissons avec ardeur
Les allées de notre seigneur,
Mamillarus, le sénateur !

FLAGELLANTUS, frappant de son fouet à plusieurs lanières.

On le sait ! Le chœur antique l'a déjà dit. Assez chanté, vils esclaves.

Les esclaves sortent en chantant.

Le travail, c'est la santé ;
Ratisser, c'est le bonheur ;
L'esclavage, c'est le malheur !

SCÈNE IV

LYCOPHON, FLAGELLANTUS, puis LYCORIS.

LYCOPHON.

Salut, joie et bonheur à Flagellantus, l'affranchi et conducteur d'esclaves !

FLAGELLANTUS.

Que veux-tu ?

LYCOPHON.

Je suis Lycophon, le pirate, et je souhaite de parler à ton maître.

ACTE PREMIER.

FLAGELLANTUS.

Mon maître déjeune avec son ami Camulogène, le riche armateur gaulois. En attendant l'empereur Titus, qui a promis de venir souper, ils dégustent des yeux de paon à la sauce d'Éthiopie, à la sauce noire, et, quand ils mangent, on ne les dérange pas.

LYCOPHON.

Et le sénateur a sans doute, pour le récréer pendant son repas, de jolies joueuses de luth, de belles sonneuses de crotales.

FLAGELLANTUS.

Point, mon ami, point. Ces seigneurs ne veulent pas de distractions. Ils sont tout à ce qu'ils mangent et à ce qu'ils boivent.

LYCOPHON.

Je reviendrai quand ils auront fini.

FLAGELLATUS.

Alors, ne revenez pas avant l'heure du souper.

LYCOPHON.

Puisqu'il en est ainsi, je vais livrer ma marchandise à l'imperator César Titus lui-même, que j'ai vu dans la boutique de son tonsor Pelliculus, en train de se faire couper les cheveux à la mode qu'il vient de donner au peuple romain. Il cherche justement une joueuse de harpe à quatre cordes, une tétracordiste pour le distraire pendant qu'il se fait friser.

FLAGELLANTUS.

Eh quelle marchandise vends-tu ?

LYCOPHON.

Je te l'ai dit, une cithariste. Ton maître aime-t-il la musique ?

FLAGELLANTUS.

Cela dépend des airs qu'on lui joue.

LYCOPHON.

Quand il aura entendu Lycoris, la jeune Grecque d'Arcadie, pincer du tétracorde, il n'en voudra plus d'autres. Lycoris aux yeux de gazelle, Lycoris dont la pudibonde tunique est pure de tout attouchement...

FLAGELLANTUS.

Et combien veux-tu de cette vierge de Corinthe?

LYCOPHON.

Mille sesterces. Est-ce trop?

FLAGELLANTUS.

Non, si elle les vaut. Amène-la.

LYCOPHON, remonte la scène et ramène Lycoris.

La voici!

FLAGELLANTUS.

Elle est assez bien; mais un peu jeune. Lycophon, tu rabattras bien quelque chose sur le prix.

LYCOPHON.

Pas un drachme, pas un as!

FLAGELLANTUS.

Tu es dur, comme un Phénicien. (à Lycoris.) Jeune fille, joue-nous quelque chose sur le mode ionien.

LYCORIS, récite en s'accompagnant du tétracorde.

La Grèce est mon pays, Corinthe me vit naître;
Je voyais l'Hellespont du bord de ma fenêtre,
Et Tityre m'aimait. — Nous vivions tous les deux
Comme des tourtereaux. — Nous étions bien heureux
O champs de l'Arcadie! ô terre bien-aimée!
Je ne reverrai plus ta rive parfumée,
Tes plaines z'où le thym sait donner au mouton
Un goût de-présalé, où le miel est si bon!
O mes petits agneaux! ô mon petit Tityre!
Lycophon m'emmena, triste, sur son navire,
Et les flots ont porté jusqu'ici ma douleur!

ACTE PREMIER.

FLAGELLANTUS.

Console-toi, jeune Corinthienne, ton fiancé est sans doute mort, mais mon maitre t'en tiendra lieu. Il est le meilleur du monde. Désormais tu lui appartiens. Lycophon, viens avec moi que je te donne les mille sesterces; car tu penses bien que je ne les ai pas sur moi. Jeune fille, suis-nous.

Ils sortent.

SCÈNE V

PELLICULUS.

Je suis Pelliculus, le tonsor des César. J'ai tout entendu de derrière le vélarium de la matrone Mamillara. Ce Lycophon est un misérable, je suis en marché avec lui pour cette citharise et il la vend, sans m'avertir, au majordomus du sénateur. Oh! ce pirate mérite d'être puni. Par le Styx! cela ne se passera pas ainsi. Mais voici Mamillarus, le sénateur en personne, avec son ami Camulogène. Ils paraissent avoir largement festiné. Allons réclamer cette Lycoris auprès de ce Lycophon avant que ceux-ci l'aient vue.

Il sort.

SCÈNE VI

MAMILLARUS, CAMULOGÈNE, *ivres.*

MAMILLARUS.

Si tu veux bien m'en croire, ami Camulogène
Ne parlons pas en vers, à moins que ça n'te gêne.

CAMULOGÈNE.

Soit, nous ne sommes pas poètes, mon bon Mamillarus, et la langue vulgaire qui ne rime pas en us, nous est plus familière que celle de Virgile, dont j'apprécie les strophes, et le goût et le style.

MAMILLARUS.

Tais-toi, tu rimes encore.

CAMULOGÈNE.

Par Junon Lavandière, qui préside aux savons de Marseille ! je crois que ce sont les murènes nourries avec de la chair d'enfants de quatre ans qui en sont a cause et me portent à rimailler.

MAMILLARUS.

Elles étaient délicieuses! Avoue que j'ai un bon cuisinier.

CAMULOGÈNE.

Ton *cuoceus* a du bon, mais il s'entend mieux aux étines de truie farcies au miel du mont Hymette.

MAMILLARUS.

Et les rognons de centaure, qu'en dis-tu?

CAMULOGÈNE.

Oh! les rognons de centaure, très réussis ; mais rien ne vaut les langues de sirènes au beurre de crocodile. Elles me reviennent tout à fait. (Bas à l'oreille.) Où est le vomitorium ?

MAMILLARUS.

A gauche. Tu te prépares?

CAMULOGÈNE.

Oui, je vais faire un trou, car il faut faire honneur au souper que tu donnes ce soir à César.

Il sort en titubant.

MAMILLARUS.

Moi, ce qui ne passe pas, ce sont les pieds de faune farcis à la moelle de chimère. Une douce sieste m'aidera à faire la digestion (il s'endort sur la balustrade.) Et que Morphée me verse ses pavots.

SCÈNE VII

TITYRE, MAMILLARUS, endormi.

En nageant, j'ai gagné le rivage de Rome,
Les vagues et les rochers ont meurtri mes genoux.

Mais que vois-je? ô génies tutélaires de ma vieille Arcadie! un cadavre? Portons-lui secours. Mais il remue encore.

Mamillarus pousse un soupir.

TITYRE.

Par Jupiter tonnant et détonnant! votre haleine est fétide!...

MAMILLARUS.

Ce n'est rien! mon état n'est pas grave. Mais que veux-tu pour me réveiller dans mon premier sommeil? Qui es-tu? Parle sans détours.

TITYRE.

La Grèce est mon pays, Corinthe m'a vu naître;
Je voyais l'Hellespont du bord de ma fenêtre,
Et j'aimais Lycoris. — Nous vivions tous les deux
Comme des tourtereaux. — Nous étions bien heureux.
O champs de l'Arcadie! ô terre bien-aimée!
Je ne reverrai plus ta rive parfumée.
A peine Lycophon avait mis sur son bord
Ma chère Lycoris que, méprisant la mort,
Je sautai dans la mer et suivis le navire;
Je nageai quatre jours sans manger et sans rire,
Et les flots ont porté jusqu'ici mon amour!

MAMILLARUS.

Je ne suis pas au courant, ça viendra sans doute, plus tard. Pour le moment, rends-moi un service, aide-moi à gagner le cacatorium sénatorial. Je suis tellement ivre, le petit vin tusculan et les rognons de centaure me travaillent si bien que si tu ne me viens en aide, je ne réponds pas de ce qui peut arriver.

LA CLÉMENCE DE TITUS.

TITYRE.

O puissances tutélaires! je n'étais pas venu pour ça! [mais] je veux vous confondre par ma grandeur d'âme.

MAMILLARUS.

Soit! généreux jeune homme! Dépêchons-nous!

TITYRE.

Où est-ce, seigneur?

MAMILLARUS.

A droite!

Ils sortent.

SCÈNE VIII

MAMILLARA, PELLICULUS.

MAMILLARA, *s'éventant avec colère*.

Ah! quelle chaleur! *qué calor!* j'étouffe de colère! [Tu] prétends être le tonsor des César; mais tu n'es en [vé]rité qu'un tondeur de chiens. Comment, tu me laisses [av]ec des échelles dans le cou, des bolbos sur le nez et [u]ne foultitude de poils follets sur les bras. Si tu ne [sa]is pas ton métier, va l'apprendre, merlan impérial!

PELLICULUS.

Calmez-vous, matrone Mamillara!

MAMILLARA.

Je ne veux pas me calmer! La chaleur de la saison [n']entre pour rien dans mes reproches. Je ne souffrirai [p]as davantage tes services, et si tu ne me trouves un [é]pilateur plus adroit et plus jeune que toi, je te ferai [je]ter aux lamproies! oui, aux lamproies!

PELLICULUS.

Par le Styx! j'aime les lamproies, c'est un met dé[le]ctable; mais je n'aimerais pas à leur servir de pâture.

MAMILLARA.

Arrange-toi donc comme tu voudras. Cherche-toi un remplaçant, et au plus tôt. J'ai ce soir César à souper et je ne veux pas paraître devant lui avec des mèches folles. Je ressemble à une Gorgone.

PELLICULUS.

J'ai votre affaire! un jeune grec d'Arcadie qui épile et coiffe fort bien.

MAMILLARA.

J'aime les Grecs. Comment nommes-tu le tien?

PELLICULUS.

Tityre, Corinthe l'a vu naître.

MAMILLARA.

Corinthe? Tityre?

PELLICULUS.

Il voyait l'Hellespont du bord de sa fenêtre.

MAMILLARA.

L'Hellespont? ô mystère! amène-le-moi vite, viens!

Ils sortent.

SCÈNE IX

TITYRE et LYCORIS, *entrant chacun de leur côté.*

TITYRE.

Par la déesse qu'on adore à Paphos, c'est Lycoris!

LYCORIS.

Par Adonis qu'on adore à Cythère, c'est Tityre!
(Ensemble.) Oui, c'est toi, c'est moi, mon bonheur est extrême!

Ils se jettent dans les bras l'un de l'autre.

ENSEMBLE

La Grèce est not' pays, Corinthe nous vit naître;
Nous voyions l'Hellespont du bord de notre fenêtre.
O champs de l'Arcadie, où le miel est si bon!
O nos petits agneaux! ô nos jolis moutons!

LYCORIS.

C'est assez chanté les rives de l'Hellespont. Il faut agir. La ville de Corinthe n'est pas si éloignée que nous ne puissions la gagner à la nage. C'est l'affaire de six jours. Auras-tu ce courage?

TITYRE.

Partons. Mieux vaut la mort que l'esclavage!

Ils vont pour sortir.

SCÈNE X

LYCOPHON, FLAGELLANTUS, puis PELLICULUS.

FLAGELLANTUS.

Où courez-vous, jeunes insensés?

TITYRE.

A Corinthe.

FLAGELLANTUS.

Non licet omnibus adire Corinthem... (A Lycoris.) ce qui veut dire, si vous ne comprenez pas le latin, qu'il n'est pas permis à tout le monde d'aller à Corinthe. Jeune fille! tu vas me suivre.

Il emmène Lycoris et sort.

TITYRE.

Et pourquoi cet homme emmène-t-il ma Lycoris?

LYCOPHON.

Parce que je la lui ai vendue.

TITYRE.

Reprends-la. Je te l'achète.

LYCOPHON.

Je ne puis la revendre une troisième fois, à moins de cent mille sesterces.

TITYRE.

Je n'ai qu'un drachme et encore il n'est pas de poids.

LYCOPHON.

Alors, retire-toi.

TITYRE.

Je ne quitterai pas ma Lycoris et, au lieu d'un esclave, tu en auras deux.

LYCOPHON.

Soit! mais encore que sais-tu faire?

TITYRE.

Je sais garder les moutons et jouer de la flûte de Pan.

LYCOPHON.

Ah! tu joues de la flûte! mais alors, par le Styx! c'est Pluton qui t'envoie. Pelliculus, le tonsor impérial, cherche une flûteuse pour César; tu es jeune. En rasant le poil fou qui ombrage ta lèvre tu peux passer pour une fille. D'ailleurs, Titus ne hait pas les artistes en flûte. Justement, voici le raseur. Approche, ô Pellicullus!

PELLICULUS.

Que me veux-tu, vil trafiquant de chair humaine? pirate sans conscience qui vend deux fois sa marchandise.

LYCOPHON.

La cithariste Lycoris ne pouvait convenir à l'empereur, tandis que le flûteur Tityre fera complètement son affaire.

PELLICULUS.

Et qui te dit que je le destine à César? (A Tityre.) Jeune Corinthien, sais-tu épiler?

TITYRE.

Peut-être. Je n'ai jamais essayé.

PELLICULUS.

Il y a commencement à tout ! (à Lycophon.) Combien veux-tu de cet apprenti tonsor ?

LYCOPHON.

Vingt mille sesterces. Et encore, c'est parce que c'est toi ! J'en demanderais cent mille à un autre.

PELLICULUS.

Par le chien Cerbère ! tu seras puni de tes forfaits ! Tityre, voilà l'homme qui t'enleva la Lycoris, c'est le forban Lycophon ! Venge-toi de lui. Empare-toi de ce misérable. Je vais te montrer à épiler.

LYCOPHON.

Par les foudres de Jupiter Ammon, n'approchez pas !

PELLICULUS.

Tityre ! tiens-le bien ! Tu vas voir !

TITYRE.

Ah ! tu es Lycophon ? Que les Parques apprêtent leurs ciseaux !

Il s'empare de Lycophon et le renverse sur l'avant-scène.

PELLICULUS, se jetant sur Lycophon.

Par les dieux Cabires ! Il n'est pas permis, ailleurs qu'en Phénicie, d'avoir une chevelure semblable et une coupe de barbe pareille ! Jeune homme, regarde bien le coup de brosse que je vais lui donner !...

Il arrache les cheveux et la barbe de Lycophon.

LYCOPHON, hurlant.

Pluton ! Proserpine ! Divinités du Styx ! venez à mon secours.

PELLICULUS.

Ils sont sourds à ta voix.

Il l'épile.

ACTE PREMIER

LYCOPHON.

Mais, je suis complètement chauve! Et la vie me quitte avec mes cheveux!

Il s'évanouit.

PELLICULUS.

Tu as bien vu, Tityre, comment je m'y suis pris?

TITYRE.

Oui, maître!

PELLICULUS.

Alors, tu saurais épiler aussi bien que moi!

TITYRE.

Oui, maître.

PELLICULUS.

Bien! alors, suis-moi chez la matrone Mamillara qui me demande un jeune épileur. Viens et ne l'épargne pas plus que je n'ai épargné ce Lycophon. (A part.) Ah! elle veut me faire jeter aux lamproies! Nous rirons bien quand elle n'aura plus un cheveu sur le crâne. — Ah! la vengeance est douce au cœur d'un perruquier! — Emportons ce détritus humain!

Ils emportent Lycophon inanimé et sortent.
Rideau.

FIN DU PREMIER ACTE

On frappe tout de suite les trois coups. — Baisser le deuxième rideau de manœuvre, les arcades.

ENTR'ACTE

Le rideau se relève et laisse voir le deuxième rideau de manœuvre. — Des arcades romaines. — Le chœur antique entre.

PREMIER CHORISTE.

C'est encore nous, le chœur antique. Et nous venons te demander, ô public, si tu as bien compris l'intrigue de la pièce et si les acteurs doivent continuer.

DEUXIÈME CHORISTE.

Crois-tu donc, Amicus, le public si simple qu'il n'ait pas goûté le premier acte?

PREMIER CHORISTE.

S'il en est ainsi, par Thespis! allons-nous-en! Mais je dois vous avertir, ô spectateurs, que nous sommes toujours à Tusculum, et qu'il ne s'est pas passé une journée depuis le baisser du rideau ; que Lycophon, pour peu qu'il vous intéresse, n'est pas bien et que ses nautoniers le remportent à Tyr, sa patrie, où l'on fabrique la pourpre des Césars. Quant à celui-ci, on l'attend toujours à souper.

DEUXIÈME CHORISTE.

Viens donc! Tu ennuies tout le monde et moi-même.

Ils sortent.

ACTE II

Lever le rideau des arcades. — Même décor qu'au premier acte.

SCÈNE PREMIÈRE

MAMILLARUS, LYCORIS, puis FLAGELLANTUS.

MAMILLARUS.

Que faisais-tu là, jeune fille, dans le retrait destiné aux sénateurs seuls?

LYCORIS.

Je ne faisais rien, seigneur. Je pinçais du tétracorde pour me distraire de ma captivité.

MAMILLARUS.

C'est fort bien, mais qui es-tu?

LYCORIS, s'accompagnant sur la cithare.

La Grèce est mon pays, Corinthe m'a vue naître;
Je voyais l'Hellespont du bord de ma fenêtre.
Et Tityre m'aimait. Nous vivions tous les deux
Comme des tourtereaux. Nous étions bien heureux.
O champs de l'Arcadie! ô terre bien-aimée!
Je ne reverrai plus ta rive parfumée,
Tes plaines d'où le thym sait donner au mouton
Un goût de présalé, où le miel est si bon.
O mes petits agneaux! ô mon petit Tityre!
Lycophon m'emmena, triste, sur son navire,
Et les flots ont porté jusqu'ici ma douleur.
Si ma tristesse est grande, plus grand est mon malheur.

MAMILLARUS.

Oui, j'ai déjà entendu ça; mais qui donc s'est permis de t'emprisonner dans le cacatorium?

4.

LYCORIS.

Flagellantus, le chef de tes esclaves, qui m'a achetée de l'infâme Lycophon, au prix de mille sesterces.

MAMILLARUS.

Tu vaux davantage; mais voici venir Flagellantus. Je veux qu'il m'explique pourquoi il cache des vierges dans mes cabinets particuliers. Retire-toi et va m'attendre au triclinium. Il y a encore des rognons de centaure, sauce pédestre. Je te les recommande. Tu peux t'en réfecter l'estomac.

LYCORIS.

J'obéis, seigneur.

Elle sort.

MAMILLARUS.

Approche, Flagellantus!

FLAGELLANTUS.

Seigneur, vous avez vu la jeune citharisle d'Arcadie que j'ai achetée pour vous.

MAMILLARUS.

Oui. Et combien l'as-tu payée?

FLAGELLANTUS.

Cinquante mille sesterces. Une occasion...

MAMILLARUS.

Tu mens. Tu ne l'as payée que mille sesterces. Tu veux trop gagner sur moi. Va toucher quarante-neuf mille coups de bâton. Quand tu les auras reçus, tu viendras me retrouver afin que je te livre aux esclaves qui prendront plaisir à se venger des coups d'étrivières dont tu es si généreux à leur égard. Va, tu n'es qu'un imposteur et un voleur!

FLAGELLANTUS.

O ingratitude des maîtres!

Il sort.

SCÈNE II

MAMILLARA, suivi de TITYRE, MAMILLARUS.

MAMILLARA.
Ce jeune homme coiffe avec un soin, une délicatesse que je vous recommande.

MAMILLARUS.
Osez-vous bien vous vanter de pareilles turpitudes! D'abord, je suis chauve et n'ai nul besoin d'épilator. Allez cacher votre honte au fond de votre gynécée.

MAMILLARA.
Ce n'est pas ce que vous pensez, seigneur. Ce jeune merlan nous est attaché par les liens du sang.

MAMILLARUS.
Lui! je ne le connais pas. (A Tityre.) Qui es-tu?

TITYRE.
C'est moi, seigneur, c'est moi qui vous portai tantôt au Senato cacatorio populo que romano.

MAMILLARUS.
Oui, je m'en souviens, que ne le disais-tu plus tôt? Et tu prétends être de ma famille?

TITYRE.
Je ne prétends à rien, si ce n'est à vous plaire.

MAMILLARUS.
Tu ne me déplais pas, tu m'as sauvé de la honte d'avilir ma toge de sénateur.

MAMILLARA.
Oh! c'est un noble cœur de jeune homme.

MAMILLARUS.

Taisez-vous! ne me donnez pas à soupçonner des choses qui font frémir mes derniers cheveux.

MAMILLARA.

Ne faites pas trembler le peu qui vous reste de votre chevelure de jeunesse. Souvenez-vous de certain voyage en Arcadie où vous aviez été prendre des bains d'Hellespont. C'était à Mégare, si je ne m'égare. Moi-même j'avais, pour ma santé, été prendre les eaux de Sycione ; nous nous connûmes alors, j'avais vingt ans et l'enfant qui naquit, fruit de nos chastes baisers, disparut en votre absence; car vous quittâtes la Grèce où vous étiez préfet. Vous m'épousâtes, depuis, quand je revins vous trouver à Rome, et ne vous en veux plus. Dis-moi, Mamillarus, dis-moi, t'en souviens-tu ?

MAMILLARUS.

Parfaitement ; mais je ne vois pas quel rapport il peut y avoir entre nous et cet apprenti barbier?

MAMILLARA.

Laissez-moi achever. — Cet enfant fut enlevé par les bergers du mont Ménale qui l'élevèrent dans la montagne et en firent un pâtre d'Arcadie. Cet enfant, c'est lui! C'est le jeune tonsor! c'est Tityre. Je l'ai bien reconnu à la lentille qu'il porte comme moi sur la joue gauche.

TITYRE, *s'agenouillant devant Mamillara.*

Oh! ma mère! (*Se tournant vers Mamillarus.*) Oh! mon père!
La Grèce est mon pays, Corinthe m'a vu naître,
Je voyais l'Hellespont du bord de ma fenêtre,
Lycoris m'aimait et j'aimais Lycoris.

MAMILLARA.

Assez, je connais le reste! ô mon fils!

SCÈNE III

L'ÉPISTOLAIRE IMPÉRIAL, puis CAMULOGÈNE;
LES PRÉCÉDENTS.

Seigneur, c'est une lettre
Qu'entre vos blanches mains on m'a dit de remettre.

MAMILLARUS.

Qui es-tu?

L'ÉPISTOLAIRE.

L'épistolaire impérial; j'arrive de Corinthe et je ne sens plus mes pieds, tant je suis fatigué.

MAMILLARUS.

Facteur, tu es bien heureux.

L'ÉPISTOLAIRE.

Êtes-vous Camulogène?

MAMILLLARUS.

Point ; mais le voici lui-même.

L'ÉPISTOLAIRE, à Camulogène qui entre.

Seigneur, c'est une lettre,
Qu'entre vos blanches mains, on m'a dit de remettre.
Elle arrive de Grèce... Et c'est trois sous romains.

CAMULOGÈNE, prenant la lettre.

En effet, le timbre est de Corinthe; mais si tu l'apportes ainsi déployée depuis les rives de l'Hellespont, tout le monde a pu en prendre connaissance.

L'ÉPISTOLAIRE.

Personne n'y sait lire. Et si c'est un secret, il sera bien gardé.

A peine je sortais d'la poste de Trézène
J'étais dessus mon char, mes facteurs fatigués
Imitaient mon silence autour de moi rangés,
Ma main sur mes chevaux laissaient flotter les rênes.

LA CLÉMENCE DE TITUS.

MAMILLARUS.

Mais c'est le récit de Théramène que tu nous rantes là.

L'ÉPISTOLAIRE.

La Grèce est mon pays, Corinthe m'a vu naître. Mais ne voyais pas l'Hellespont du bord de ma fenêtre; iabitais sur le derrière.

CAMULOGÈNE.

C'est elle, c'est ma fille!

MAMILLARUS.

Quoi? cette lettre?

CAMULOGÈNE.

Mais non, Lycoris.

MAMILLARUS.

Tu as donc été, toi aussi en Arcadie?

CAMULOGÈNE.

Peut-être; mais si on te le demande tu diras que tu en sais rien.

TITYRE.

Par Vénus qu'on adore à Cythère, ma Lycoris serait i fille!

CAMULOGÈNE.

Ta Lycoris? Aurais-tu osé lever les yeux sur elle?

TITYRE.

Je l'a osé, Seigneur. Écoutez not'histoire.
  La Grèce est not'pays, Corinthe nous vit naître.
  Nous voyions l'Hellespont du bord de nos fenêtres.

CAMULOGÈNE.

Assez! tu vas te taire!

MAMILLARUS.

Pas de scène de famille devant le monde, tout ça 'est pas bien clair. Venez, Épistolaire, allons nous xpliquer au triclinium, en attendant César qui tarde ien à venir.

Ils sortent.

SCÈNE IV

DEUX LICTEURS, *récitant d'un ton grave, ou chantant à volonté sur l'air des Gendarmes.*

PREMIER LICTEUR.

Ne jamais changer de cothurnes,
C'est bien pénible, en vérité.
Il faudrait l'eau de plusieurs urnes
Afin de nettoyer nos pieds.
C'est défendu de quitter son hache
Quand on précède l'empereur.
Être inodore, et puis sans tache
C'est ce qui fait le vrai licteur!

DEUXIÈME LICTEUR.

Quand César est dans sa litière,
Faut pas s'écarter un instant.
On doit avaler sa poussière
Et ses miasmes pas odorants;
Mais quand on remplit bien sa tâche,
Faut pas tenir compte des odeurs.
Être inodore et puis sans tache,
C'est ce qui fait le vrai licteur!

PREMIER LICTEUR.

Quand Titus se rend à Cythère,
Nous le suivons discrètement.
Nous mettons nos faisceaux derrière
Et le laissons passer devant.
Par Bacchus! qu'il tousse ou qu'il crache,
Nous sommes toujours pleins de pudeur.
Être inodore, et puis sans tache...
Mais voici venir l'empereur!

Annonçons sa venue chez son ami le sénateur.

SCÈNE V

TITUS, LYCORIS, LES LICTEURS, au fond.

TITUS.

Je suis peut-être un peu en retard ; mais les affaires de l'État, les grâces à signer, ça n'en finit pas. C'est un métier bien difficile de protéger la veuve et l'orphelin, la campagne et la ville de l'opprobre et de l'iniquité.

LYCORIS, entrant.

Ah ! l'empereur ! c'est lui ! César, sauve-moi !

Elle tombe à ses pieds.

TITUS.

De quoi s'agit-il ? Parle ! Va, ne te gêne pas, je ne suis pas fier. Explique-toi sans crainte, tu es jeune et belle ! Qu'est-ce que tu vends ?

LYCORIS.

Rien. Je pince du tétracorde. Rends-moi mon Tityre !

TITUS.

Tityre tu patulæ recubans sub tegmine fagi. Je connais mes poètes. Donne-moi des nouvelles d'Alexis et de ce *formosum* de Corydon.

LYCORIS.

Ce n'est ni d'Alexis ni de Corydon, que je ne connais pas, dont je veux vous parler c'est de Tityre. Écoutez notre histoire :

La Grèce est mon pays, Corinthe me vit naître ;
Je voyais l'Hellespont du bord de ma fenêtre,
Et Tityre m'aimait. Nous vivions tous les deux
Comme des tourtereaux ; nous étions bien heureux.

O champs de l'Arcadie! ô terre bien-aimée!
Je ne reverrai plus ta rive parfumée,
Tes plaines z-où le thym sait donner au mouton
Un goût de présalé, où le miel est si bon!
O mes petits agneaux! ô mon petit Tityre!
Lycophon m'emmena, triste, sur son navire,
Et les flots ont porté jusqu'ici ma douleur!

TITUS.

Assez, jeune fille, ta tristesse me navre (Il lui essuie les yeux.) Console-toi, je compatis à ton infortune. Nous chercherons Tityre ensemble. Ne me quitte plus. Je te prends sous ma protection, et si nous ne trouvons pas Tityre, je te ferai un sort. Je ne suis pas fier, va!

LYCORIS.

Oh! César, tu es grand, noble, généreux et pas fier surtout: car je ne suis qu'une misérable esclave, vendue à prix réduit, et tu daignes me parler, me protéger et m'aider à retrouver celui que j'aime.

TITUS.

Que veux-tu? Je suis comme ça!

TITUS, chantant sur l'air de *Lodoiska*.

Y en a qu'ont d'la vanité,
   Moi, je n'en ai guère,
Mais j'ai beaucoup de bonté.
   — V'là mon caractère

Quand je n'peux pas aux passants
   Payer un p'tit verre,
J'trouve que j'ai perdu mon temps,
   — V'là mon caractère

Je protège la beauté;
   Mais toujours en père
Et jamais par volupté.
   — V'là mon caractère!

SCÈNE VI

TITYRE, LES PRÉCÉDENTS.

TITYRE.

Lycoris, tu es libre. Tout est expliqué. Mamillarus me reconnait pour son fils et Camulogène t'adopte comme étant sa fille.

TITUS.

Alors! je n'ai plus à faire que les frais de la noce?

TITYRE.

Quel est celui-là? Encore un père?

LYCORIS.

Oui, le père du peuple, César.

Mamillarus, Mamillara, Camulogène, les Licteurs, Pelliculus, tous entrent.

TOUS.

Ave Cæsar, populus senatusque te salutant.

TITUS.

Merci, amis, merci! Livrez-vous à la joie. Lycoris a retrouvé son Tityre et *vice versâ. Panem et Circenses!*

MAMILLARUS.

Si tu tardes tant, ô César, les rognons de centaure vont refroidir.

TITUS.

Passons au triclinium, les rognons de centaure réchauffés n'ont jamais rien valu.

PELLICULUS.

Arrête, ô César!

TITUS.

Quoi, encore?

PELLICULUS.

Tu as une mèche de cheveux qui dépasse.

ACTE DEUXIÈME.

TITUS.

Coupe-la, je t'en fais cadeau.

LYCORIS.

Oh! César, donne-la-moi!

TITUS.

Elle est à toi. Je ne suis pas fier, va!
Laisse-moi pour l'instant m'adresser au public.
Je suis, je le sais bien, un empereur très chic,
Un vrai beurre de prince, une meringue d'homme,
Un sucre de César, une merveille en somme;
Mais vous êtes aussi de très honnêtes gens,
Des spectateurs exquis et pas trop exigeants.
Si vous vouliez, bravant la morale sévère,
Nous irions tous en chœur licher un petit verre
Chez le tabernarus qui détaille aux passants
Du falerne excellent et doux, chez qui je prends
Un potage parfois et parfois mon absinthe.
Vous n'avez pas le sou? Tant pis! Venez sans crainte
Je ne méprise pas ceux qui n'ont pas de quoi.
J'ai l'œil dans la taverne. Je ne suis pas fier, moi!
Si d'hasard, vous étiez un tas de rien qui vaille
Ça m'est encore égal. J'aime assez la canaille.
Elle a pour s'amuser plus d'esprit que ma cour.
Seigneurs! Vivent le vin, les danses et l'amour!
N'allez pas vous gêner et faire des manières;
J'aime les bons vivants, c'est dans mon caractère.
J'aime les jupons courts, courts comme mes cheveux
Ces fleurs de mon parterre! Riez, dansez, je veux
De vos petits pieds blancs suivre la folle danse
Et vider quelques coupes en suivant la cadence :
Je suis un rigolo, mesdames! Eh bien, quoi?
Je me moque de tout. Je ne suis pas fier, moi!

Au rideau. — Baisser le premier rideau, baisser le troisième rideau et relever le premier rideau; il n'y a plus personne en scène.

LE CORYPHÉE, entrant.

Seigneurs, messieurs, citoyens, belles et jeunes Corinthiennes, la pièce que nous avons eu l'honneur de représenter devant vous est de M. Balandard, qui a bien voulu se charger de remplir lui-même, le rôle si délicat de César. Les vers sont presque tous de notre bien-aimé poète, Armandus Sylvestris *(tenui musam meditaris avena). Plaudite, Cives!!!* Ce qui veut dire : Applaudissez, citoyens !

Au *velarium,* c'est-à-dire au rideau.

FUNESTE OUBLI
FATALE BAIGNOIRE

Comédie en un acte, jouée pour la première fois à Nohant,
le 20 décembre 1868.

PERSONNAGES

GRATIN.
DUSIFFLET, notaire.
JEAN, jardinier.
HORACE LEDRU, sergent.

ONÉSIME, neveu de Dusifflet.
MADAME GRATIN.
FLORE, sa fille.

La scène se passe à la campagne, aux environs de Paris.

UN JARDIN.

A droite, un pavillon avec perron et tendine au-dessus d'une fenêtre praticable.
A gauche, une charmille, chaises et table de jardin.

SCÈNE PREMIÈRE

JEAN, un râteau à la main.

Si ça ne fait pas pitié de voir la villa, les jardins avec serres chaudes et froides de feu mon patron, M. Labouture, horticulteur de première classe, plusieurs fois médaillé aux expositions de Londres, de Paris et autres cités non moins florissantes, être devenus la propriété d'un cousin éloigné du défunt horticulteur, un Gratin qui a été mis un beau jour à la porte avec un coup de pied quelque part! Il a tout, et je suis pourtant resté dans la maison et, comme le chien attaché à la niche qui l'a vu naître, moi, Jean Lafarcinade, c'est mon nom, je reste attaché à la chaîne des Gratins, non par amitié, mais par habitude... L'habitude, une seconde nature. Il y a un mois à peine, ces Gratins, mari, femme et fille, végétaient au fond d'une boutique de marchand de pruneaux ; aujourd'hui, faute de testament de mon maître défunt, ils se targuent de la loi et héritent de quatre ou cinq cent mille francs. C'est une douce surprise pour de petits épiciers de province qui vivotaient avec une douzaine de cent francs, de se réveiller un matin avec vingt-cinq mille livres de rente, que la fortune aveugle leur verse sur le crâne. Ils en tirent vanité tout autant que s'ils les avaient gagnés. O feu Labouture ! du haut du ciel, ta demeure dernière, tu dois te dire : « C'était bien la peine de travailler toute ta vie ! de planter, semer, tailler, de s'être fait une réputation dans les oignons à fleurs pour voir un jour tes collections potagères et horticoles tomber dans les mains indignes de ces crétins... Gratins, veux-je dire ! Ah ! c'est une fichue affaire de mourir ! » Et pourtant, quand j'y songe, je me dis qu'il a dû téter, c'est à dire tester en faveur de quelqu'un. On n'a rien retrouvé ; mais c'est pas clair. Je m'étonne qu'il ne m'ait rien laissé... pas plus qu'à son filleul, Horace Ledru, qu'il aimait pourtant beaucoup... autant qu'un fils... et avec motif, dit-on. Où est-il, le fusilier Ledru parti depuis cinq ans et cueillant les lauriers de la gloire en Afrique ou en Chine ? Je lui ai écrit plusieurs fois, jamais de réponse. Peut-être que, militaire, il a vécu ce que vivent les roses !...

SCÈNE II

GRATIN, en robe de chambre ; JEAN.

GRATIN, sur le perron.

Eh bien, Jean !

SCÈNE TROISIÈME.

JEAN, à part.

C'est le Gratin père. (Haut.) Monsieur demande quelque chose ?

GRATIN, descendant.

Comment ! et mon bain ?

JEAN, à part.

Un bain ? Voilà du nouveau ! (Haut.) Je ne savais pas, monsieur !

GRATIN.

Vous ne saviez pas ?... Madame Gratin ne vous a donc rien dit ?

JEAN.

Non, monsieur.

GRATIN.

Elle ne pense plus à rien... quelle tête de linotte et c'est elle qui me l'a conseillé pour mes boutons.

JEAN.

Monsieur bourgeonne... avec le printemps.

GRATIN.

C'est bon, gardez vos remarques frivoles pour vous... préparez-moi un bain, là... (Il montre la fenêtre au rez-de-chaussée.) puisqu'il y a une salle de bain, c'est pour s'en servir...

JEAN.

Je veux bien, monsieur.

GRATIN, à part.

Il ne manquerait plus qu'il ne le veuille pas. (Haut.) Allez donc, flaneur !...

JEAN.

Oui, monsieur, j'y vais...

Il sort.

SCÈNE III

GRATIN.

Il me porte sur les nerfs, cet animal-là !... mais il m'est utile pour me mettre au courant de la maison.

Quand j'y serai, au courant, je le flanquerai dehors avec une satisfaction... Il me parle toujours de son feu Labouture... Il faisait ci... il faisait ça... Labouture s'y prenait mieux que vous... Il est comme ma femme, qui fait toujours des comparaisons à mon détriment, en faveur de son premier mari. Il était gentil, mon prédécesseur, M. Rabichon, un gaillard qui ne lui a rien laissé, si ce n'est une fille, Flore, que j'ai dû prendre en prenant sa mère. Heureusement que cette petite succession aussi avantageuse qu'inattendue nous a tous remis à flot. J'ai même pardonné à mon cousin Labouture sa manière un peu vive de me renvoyer de chez lui avec mes demandes d'argent... j'abusais, je dois l'avouer aujourd'hui... La mort efface tout... Pour le moment, je vise le conseil municipal, en attendant celui d'arrondissement... Les fonctions civiles sont accessibles à tous aujourd'hui, et, à cinquante-cinq ans, on a de la marge... Ah! voici M. Dusifflet, notaire, et son neveu, Onésime.

SCÈNE IV

GRATIN, DUSIFFLET, ONÉSIME, puis MADAME GRATIN et FLORE.

DUSIFFLET.

Bonjour à l'heureux successeur de Labouture!...

GRATIN, saluant.

Votre serviteur, mon cher monsieur Dusifflet.

DUSIFFLET.

Madame votre épouse va bien?

GRATIN.

Oh! très bien! très bien! Depuis que nous nageons dans les pactoles de feu Labouture, elle ne songe plus

SCÈNE QUATRIÈME.

qu'à sa toilette... tous les jours des dentelles, des robes, des bijoux, des tralala, des courses, des visites aux environs.

DUSIFFLET.

Dame! écoutez donc... madame Gratin est encore jeune, elle n'a pas renoncé à plaire... A trente-cinq ans...

GRATIN.

Quand on a une fille à marier... il ne faut plus songer à soi.

DUSIFFLET.

Oui, mademoiselle Flore, une bien jolie personne... qui conviendrait parfaitement à mon neveu...

GRATIN.

Adressez-vous à ma femme.

DUSIFFLET.

Ah! voici ces dames...

MADAME GRATIN, en toilette exagérée.

Bonjour, messieurs...

DUSIFFLET.

Belle dame!... un printemps...

MADAME GRATIN, gracieuse.

Toujours aimable, monsieur Dusifflet... (Bas, montrant Onésime.) C'est là votre neveu?

DUSIFFLET, bas à Onésime.

Salue donc!

ONÉSIME, à madame Gratin.

Mademoiselle! (A Flore.) Madame!

DUSIFFLET, à madame Gratin.

Il est troublé... mais on peut se tromper.

FLORE, saluant.

Monsieur!

FUNESTE OUBLI.

MADAME GRATIN, bas, à sa fille.

Tiens-toi donc droite en saluant; tu as l'air d'une bossue... Messieurs, vous restez déjeuner avec nous... vous nous donnez votre journée, n'est-ce pas?

DUSIFFLET.

Vous êtes vraiment trop aimable... je ne sais si...

MADAME GRATIN.

Mais oui, c'est convenu. (Bas.) Nous avons à causer tous les deux. Votre neveu me plaît à première vue... Il est riche, n'est-ce pas?

DUSIFFLET.

Il est à son aise.

MADAME GRATIN.

C'est que ma fille est un très beau parti depuis la mort du cousin Labouture... Vous êtes bien sûr qu'il n'y a pas eu de testament; vous devez le savoir vous qui étiez son notaire...

DUSIFFLET, embarrassé.

Sans doute... je le saurais...

MADAME GRATIN.

C'est que vous comprenez, mon petit, que s'il y avait un héritier, nous serions flambées, ma fille et moi. Flore perdrait sa dot et votre neveu n'en voudrait plus.

DUSIFFLET.

Tout ça est très facile à comprendre... tranquillisez-vous donc, chère madame, vous savez bien que je suis assez votre ami pour ne jamais vous prendre en traître...

MADAME GRATIN, à part.

Des phrases... Il me cache quelque chose, mais je sais par où le prendre... je vais le confesser... (Haut.) Je crois que nous ferions bien de laisser ces enfants faire connaissance.

SCÈNE CINQUIÈME.

DUSIFFLET, à part.

Diantre! il n'est pas fort, mon neveu, quand il est tout seul.

MADAME GRATIN.

Donnez-moi le bras, nous ferons un tour de parc... (A Gratin.) Mon ami, vous devriez aller prendre votre bain, vous ne serez jamais prêt pour le déjeuner.

GRATIN.

Vous laissez Flore avec ce jeune homme que vous ne connaissez pas?... vous ne craignez rien.

MADAME GRATIN.

Je ne m'éloigne pas. Et, d'ailleurs, il n'y a rien à craindre, c'est comme si le mariage était fait.

GRATIN.

Après tout, ça m'est égal... elle n'est pas ma fille!

Il remonte.

DUSIFFLET.

Vous nous quittez.

GRATIN.

Je vais prendre mon bain.

MADAME GRATIN, entraînant Dusifflet.

Vous n'allez pas le retenir, j'espère... Vous dites donc qu'il n'y a jamais eu de testament...

Ils sortent par le fond.

SCÈNE V
FLORE, ONÉSIME.

FLORE, assise, effeuillant une fleur.

Tiens! on nous laisse en tête à tête.

ONÉSIME, debout, le chapeau à la main, très loin de Flore, à part.

Je ne sais pas quoi lui dire?... je suis très troublé... c'est qu'elle est belle fille!... quand on pense qu'elle sera ma femme... ça me fait peur!

FLORE, à part.

Et dire que ce monsieur-là sera mon mari... il n'est pas beau ! comme il a l'air timide... Pauvre garçon !... Si je ne l'aide pas, il va se figer. (Haut.) Il fait bien beau !

ONÉSIME.

Oui, mademoiselle.

FLORE.

Il n'y a pas longtemps que vous êtes sorti du collège ?

ONÉSIME.

Oh ! il y a déjà plus de deux ans, et vous ?

FLORE.

Je n'ai jamais été au collège.

ONÉSIME.

Je le pense bien. Je veux dire en pension.

FLORE.

En classe, oui... c'est de l'histoire ancienne. Trouvez-vous ma robe jolie ?...

ONÉSIME.

Je ne sais pas ; je ne connais rien à la toilette des emmes...

FLORE, à part.

Un innocent ! (Haut.) Les regardez-vous seulement ?

ONÉSIME.

Qui ?

FLORE.

Les femmes !

ONÉSIME.

Oh ! oui, bien quelquefois... dans la rue.

FLORE.

Vous habitez la campagne ?

ONÉSIME.

Oui, mademoiselle, tout près de la ville.

SCÈNE CINQUIÈME.

FLORE.

Et qu'est-ce que vous faites?...

ONÉSIME.

Oh! pas grand'chose.

FLORE.

Vous chassez?

ONÉSIME.

Non!

FLORE.

Vous pêchez?

ONÉSIME.

Oui, quelquefois... des grenouilles...

FLORE.

Des grenouilles?...

ONÉSIME.

C'est très amusant... avec un petit morceau de drap rouge et une épingle... et puis la grenouille... c'est parfait... les pattes en fricassée de poulet...

FLORE.

Vous avez une belle propriété?...

ONÉSIME.

Assez grande, mais je m'y ennuie tout seul.

FLORE.

Il ne faut pas vivre tout seul. (A part.) Je lui tends assez la perche!...

ONÉSIME.

Et le moyen?

FLORE, à part.

Imbécile! (Haut.) Je ne sais pas, moi!

ONÉSIME.

Ni moi non plus.

FLORE.

Voulez-vous que je vous indique un moyen?

ONÉSIME.

Oui.

FLORE.

Mariez-vous, vous vous ennuierez à deux.

ONÉSIME, à part.

Comme elle m'a regardé... Elle est bien hardie.

FLORE, à part.

Il est en mie de pain. (Haut.) A quoi pensez-vous?

ONÉSIME.

Je pense que mon oncle cause bien longtemps avec madame Gratin.

FLORE, se levant; à part.

Est-il bête!... (Haut.) Offrez-moi le bras, nous les rejoindrons...

ONÉSIME, à part.

Le bras!... Oh! est-elle hardie!

Ils sortent.

SCÈNE VI

GRATIN, ouvrant la fenêtre; il est dans sa baignoire, mais en peignoir.

On étouffe dans cette petite salle de bains!... Je n'ai pas perdu un mot de ce doux tête-à-tête. Pas fort, le jeune homme... Flore ferait bien toutes les avances, elle est comme sa mère... Pourquoi ce jeune niais pense-t-il que son oncle cause bien longtemps avec ma femme? Le fait est que ce notaire me semble être beaucoup mieux avec elle qu'avec moi... Si j'allais savoir pourquoi ils se promènent tant! Mais je n'ai rien pour sortir de mon bain... Cette double cruche de Jean a emporté mes habits... Et j'ai beau sonner... (Il sonne.) Je ne puis pourtant pas aller m'assurer de la conduite ou de l'inconduite de madame Gratin dans la tenue de notre premier père... Je n'ai même pas de figuier à la portée de ma main... Ce bain devient glacé... (Il appelle.) Jean! Madame Gratin! je grelotte!... mes habits!... de l'eau chaude au moins! je passe à l'état de glaçon... Ah! je comprends la congélation à cette heure!... je me raidis... plus moyen d'articuler mes membres, je m'évanouis... C'est ma mort qu'ils veulent... je comprends tout, à présent!... un complot contre mes jours! Funeste oubli de ce jardinier! Fatale baignoire! elle sera ma tombe. Si je pouvais réagir... la réaction! Oh! comme je la comprends! je ne suis qu'une banquise, le pôle Nord est un rien du tout auprès de moi... Au secours!

SCÈNE VII

LEDRU, en uniforme; GRATIN.

LEDRU.
Mon parrain qui demande du secours? Me voilà!

GRATIN, agitant un bras par la fenêtre.
Qui que tu sois, sors-moi de là, je bois ma goutte! Sauve-moi de cette baignoire fatale!

LEDRU, à la fenêtre.
Oui, mon parrain. (A part.) Comme il est changé!

GRATIN.
Généreux inconnu, bats-moi! ramène-moi le sang à la peau! Frappe, frappe! Ne m'écoute pas si je crie!...

LEDRU, à part.
Ce n'est pas mon parrain... un ami que je ne connais pas.

GRATIN.
Venez vite! Flanquez-moi une dégelée.

LEDRU.
S'il ne faut que cela pour vous faire plaisir...

Il enjambe la fenêtre, entre et referme les contre-vents.

SCÈNE VIII

JEAN, une lettre à la main.

Une lettre adressée à feu mon maître!... C'est peut-être un testament en ma faveur... (Lisant.) « Mon cher parrain, je serai le dimanche 6 courant, à dix heures du matin, sauf erreur ou omission, auprès de vous et j'aurai celui de vous la serrer sur mon cœur afin de passer six mois de congé en votre honorable compagnie pour laquelle j'ai quitté la mienne à la 3e légère. Votre serviteur, filleul et sergent : LEDRU, pour la vie. (Parlé.) C'est aujourd'hui, il est dix heures passé! En voilà un pauvre garçon qui sera désappointé de ne plus trouver son parrain!...

LA VOIX DE GRATIN, dans la coulisse.

Assez! ça va mieux! Assez! ça suffit!

JEAN.

Qu'est-ce qui se passe? C'est la voix de M. Gratin... Est-ce qu'on l'assassine?...

LA VOIX DE GRATIN.

Assez! assez! je suis dégelé!

JEAN.

Dégelé!... Ah! je l'ai oublié dans son bain.

Il sort à droite.

SCÈNE IX

DUSIFFLET, MADAME GRATIN, FLORE, ONÉSIME.

MADAME GRATIN, à Flore.

Eh bien, qu'est-ce qu'il t'a dit?

SCÈNE NEUVIÈME.

FLORE.

Rien qui vaille. Il est par trop timide.

MADAME GRATIN, à part.

Ce n'est pas comme son oncle, mais je le tiens... (haut.) Monsieur Dusifflet, voulez-vous faire une partie de billard en attendant le déjeuner?... Je pense que Gratin n'a pas fini de prendre son bain.

DUSIFFLET.

Cultivez-vous le carambolage, belle dame?

MADAME GRATIN.

Un peu, à la campagne, les jours de pluie, ça procure de l'exercice sur place... Monsieur Onésime, jouez-vous au billard?

ONÉSIME.

Je n'ai jamais essayé.

DUSIFFLET.

Il y a un commencement à tout. Mademoiselle Flore le montrera.

FLORE.

Oh! moi, je n'aime pas à piétiner autour d'un billard, une queue à la main... Je ne comprends rien à vos billes en tête, coulés, effets en dessous, rétros, coups secs, bloqué, collé sous bande, un tas de mots, des bêtises, je crois, qui font rire des joueurs sans procédés en vous regardant d'un air plus ou moins malin; je préfère la danse, la valse...

MADAME GRATIN.

J'aime bien ça aussi, pincer un léger quadrille agité... Mais ce n'est pas l'heure de polker, jouons à quelque chose en attendant l'heure du déjeuner...

DUSIFFLET.

Bah! Allons donc au billard, nous ferons une poule carrée... ou un caporal des comptoirs...

MADAME GRATIN.

Qu'est-ce que c'est?

DUSIFFLET.

Ça se joue avec une quille. Venez, je vous montrerai le jeu.. (Bas, à son neveu.) Offre donc ton bras à la demoiselle, remue-toi donc, tu as l'air atrophié.

Il offre son bras à madame Gratin.

MADAME GRATIN.

Vous me le montrerez?...

DUSIFFLET.

Le petit caporal?

MADAME GRATIN.

Non, le testament...

DUSIFFLET.

Mais il n'y en a pas, je vous dis...

Ils sortent à droite.

ONÉSIME.

Mademoiselle... Mon bras...

FLORE.

Merci, j'ai déjà dit que le billard m'assommait, mais je ne vous retiens pas...

ONÉSIME, à part.

C'est peut-être pour que je la laisse tranquille... J'aime autant ça... Il y a une mare au bout du jardin, avec des grenouilles, j'ai ma canne à pêche, je vais aller m'amuser...

Il sort.

SCÈNE X

FLORE, LEDRU.

FLORE.

En voilà un futur que je n'hésite pas à qualifier de cornichon! Maman dit qu'il est très riche, mais j'en aimerais mieux un autre.

SCÈNE DIXIÈME.

LEDRU, venant de la maison; à part.

Mon parrain a, je le vois, quelques invités en ce moment... Mais où est-il fourré? (voyant Flore.) Ah! la bonne !... jolie fille, ma foi ! Bonjour, mignonne !

FLORE, à part.

Mignonne? ce militaire est familier... c'est un beau garçon ! (Haut.) Bonjour, militaire...

LEDRU, à part.

Elle a l'air de connaître son monde. (Haut.) Pour vous servir, ma jeune beauté.

FLORE, riant; à part.

Sa jeune beauté ! (Haut.) Que désirez-vous?

LEDRU.

Comment vous appelez-vous?

FLORE.

Flore.

LEDRU.

La déesse des fleurs... moi, Horace, pas Coclès du tout, car j'ai deux bons yeux pour voir toutes les beautés qui vous perfectionnent.

FLORE, à part.

Pas trop bête, ça ! (Haut.) Monsieur Horace...

LEDRU.

Ne m'appelez donc pas monsieur, je suis sergent.

FLORE.

Eh bien, monsieur le sergent.

LEDRU.

C'est la même faute! Dites Horace tout court, c'est plus gentil; je suis de la maison et je suis content de la trouver habitée par une aussi jolie fille! Je m'en donne pour un quart d'heure d'être amoureux de vos yeux, de votre petit bec rose et du reste..

FLORE.

Taisez-vous donc!

LA VOIX DE MADAME GRATIN, de la coulisse.

Flore! viens-tu?

FLORE.

Oui, maman, dans un instant.

LEDRU.

Vous avez votre mère ici?

FLORE.

Ça vous paraît singulier?

LEDRU.

Mais non, ça m'est égal, ô la plus jolie des bobonnes!

FLORE, riant.

Bobonne! Vous me croyez femme de chambre?

LEDRU.

Et je te retiens pour faire la mienne. (Il la prend par la taille.) Dis, veux-tu?...

FLORE, riant.

Quelle plaisanterie! laissez donc!

LEDRU.

J'ai six mois à passer ici...

FLORE.

Vous allez donc rester six mois ici en billet de logement?

LEDRU.

Tu ne comprends pas, petite... mais je t'expliquerai ça plus tard... En attendant, tu vas me faire déjeuner... car je suis ici comme chez moi...

FLORE, stupéfaite.

Comme chez vous?

LEDRU.

Oui, nous déjeunerons même ensemble, car je ne suppose pas que mon parrain ait assez mauvais goût pour te laisser manger à la cuisine...

SCÈNE ONZIÈME.

FLORE, à part.

Je n'y suis plus du tout ! (Haut.) Qui êtes-vous donc ?

LEDRU, l'embrassant.

Ton amoureux, si tu veux !

FLORE.

Cessez de me tutoyer, et répondez-moi directement... Je suis la fille de la maison.

LEDRU.

Vous seriez ma sœur en ce cas... car on prétend qu'il est plus que mon parrain.

FLORE.

Mon papa serait le vôtre?

LEDRU.

Ah çà ! il s'est donc marié en mon absence...

FLORE.

Mais oui, il y a trois ans...

LEDRU.

Ah ! le vieux sournois ne m'en a pas fait part. Après ça, la lettre court peut-être après moi dans les déserts de l'Afrique. Chère petite sœur, faut que je t'embrasse.

Il l'embrasse.

FLORE.

Mais, mon frère... est-ce convenable ?

LEDRU.

Tout ce qu'il y a de plus... naturel.

FLORE.

Si tu m'en réponds...

LEDRU.

J'aimerais mieux que nous ne soyons pas parents... je te l'avoue ; mais ça vaut encore mieux que de n'être rien l'un pour l'autre. Laisse-moi récidiver !

Il l'embrasse encore.

SCÈNE XI

MADAME GRATIN, FLORE, LEDRU,
puis GRATIN.

MADAME GRATIN, les surprenant.
Eh bien! eh bien! que signifie?

FLORE.
Maman! c'est mon frère!

MADAME GRATIN.
Ton frère?

LEDRU.
Oui, madame, à ce qu'il paraît.

MADAME GRATIN.
Je n'ai jamais eu de fils.

FLORE.
Mais papa?

MADAME GRATIN, à part.
Lui! Oh! le monstre! Il m'avait caché cette paternité! (haut.) En tout cas, Flore ne peut être votre sœur...

LEDRU.
Puisque nous avons le même père...

MADAME GRATIN.
Mais elle n'est pas la fille de mon mari.

LEDRU.
Et vous l'avouez hautement?... Après tout, j'aime mieux ça. (A Flore.) Cette parenté me gênait, car je ressentais pour toi un tout autre sentiment bien plus tendre.

MADAME GRATIN.
Taisez-vous, monsieur. Ma fille n'est pas libre.

LEDRU.
Elle est mariée?...

SCÈNE ONZIÈME.

FLORE, vivement.

Non, pas encore...

MADAME GRATIN.

C'est comme si elle l'était... J'ai promis sa main à Onésime Dusifflet.

LEDRU.

Je ne connais pas... mais cela ne sera pas... Flore, dites un mot et je coupe en deux celui qui prétend vous enlever à mon amour. Vous ne répondez pas?... Qui ne dit mot consent... c'est une affaire entendue...

MADAME GRATIN.

Mais je ne veux pas que vous coupiez en deux ou en trois Onésime; c'est un charmant garçon.

LEDRU.

S'il vous plait, gardez-le pour vous! Et accordez-moi la main de Flore.

GRATIN, entrant; à part.

Il demande la main de Flore en récompense du service qu'il m'a rendu.

LEDRU, à part.

Ah! le noyé. (haut.) Eh bien, nous voilà sur pied, mon petit père?

GRATIN.

Oui, grâce à toi mon garçon. (À part.) Quelle tripotée j'ai reçue!...

MADAME GRATIN, à part.

Son petit père, son garçon! Plus de doute! (Haut, à Gratin.) Monsieur, vous m'avez indignement trompé!...

GRATIN.

Moi, jamais, j'en suis incapable!... Et si quelqu'un de nous deux trompe l'autre, ce n'est pas moi.

MADAME GRATIN, furieuse.

Qu'osez-vous prétendre? Qu'avez-vous à me reprocher, quand j'ai là sous les yeux (Montrant Ledru.) la preuve vivante de vos inconséquences...

GRATIN.

Ce militaire?...

MADAME GRATIN.

Je sais tout, il est votre fils!

GRATIN.

Mon fils?

LEDRU.

Vous vous avancez beaucoup, madame Labouture... Je ne connais pas monsieur... et je ne comprends pas en quoi il peut vous tromper...

MADAME GRATIN.

Pourquoi m'appelez-vous madame Labouture?... c'est mon nom de demoiselle, mais j'ai épousé en premières noces M. Robichon, ferblantier, et en secondes pour mon malheur, cet animal de Gratin, ici présent.

LEDRU.

L'homme à la baignoire s'appelle Gratin, un cousin au quarante-cinquième degré, que mon parrain a mis à la porte avec un coup de pied...

GRATIN.

Oui, inutile de rappeler la chose; alors vous êtes le filleul de feu Labouture?

LEDRU.

Feu... qu'est-ce que vous dites? Mon parrain... serait mort!... sans que je n'en aie rien su. (A Flore.) Voyons, ma petite mignonne, est-ce vrai?

FLORE.

C'est bien vrai!

SCÈNE ONZIÈME.

LEDRU, allant s'asseoir sur un banc à gauche, et la tête dans ses mains.

Ah! mon pauvre brave homme de parrain!... Quel malheur!... Ce que c'est que d'être soldat!... Après cinq ans d'absence, on revient au logis le cœur gai, croyant trouver tout à la même place, chacun debout et v'lan... le malheur vous frappe, comme un boulet!...

FLORE, allant vers lui.

Pauvre jeune homme! comme il a du chagrin!...

MADAME GRATIN.

Je comprends ça, surtout quand un parrain bien-aimé ne vous laisse pas un sou. Viens donc, Flore!

FLORE, impatientée.

Tout à l'heure!

MADAME GRATIN.

Ah çà! mais tu ne vas pas rester là!...

FLORE.

Je veux le consoler.

MADAME GRATIN.

Je m'y oppose!

LEDRU, prenant les mains de Flore.

Allez, mademoiselle, écoutez votre maman. Excusez tout ce que j'ai pu vous dire de peu convenable, je ne savais pas... Je me croyais chez moi... pardonnez-moi...

FLORE.

Je vous pardonne de grand cœur. (A part.) Pauvre garçon!

GRATIN.

Allez donc, Flore, c'est ridicule! j'ai d'ailleurs à parler à monsieur...

FLORE.

Je m'en vais, mon père... (A part.) Mais je reviendrai.

MADAME GRATIN, bas à Gratin.

Il existe un testament... je l'ai vu, mais je ne sais pas ce qu'il y a dedans. Il en a peut-être un autre sur lui. Sonde-le adroitement.

GRATIN.

Oui ! laisse-moi faire...

Madame Gratin et Flore sortent.

SCÈNE XII

GRATIN, LEDRU, puis JEAN.

GRATIN.

Jeune militaire, je compatis à votre douleur, croyez-le bien ; mais enfin, que voulez-vous ? nous sommes tous mortels. Je ne comprends pas que vous n'ayez pas été prévenu lors de l'ouverture de la succession de feu Labouture, mais je vous avertis, jeune homme, que je suis en règle avec la loi. Il n'y a pas eu de testament... j'étais son plus proche parent... car vous n'êtes qu'un filleul.. et ça ne compte pas...

LEDRU.

Non, un filleul ne compte pas. Aussi vous n'avez rien à craindre de ma part.

GRATIN.

Vous êtes gentil, très gentil, vous m'avez sauvé la vie qui plus est, je veux faire quelque chose pour vous... mon cher monsieur... Comment vous appelez-vous ?

LEDRU.

Horace Ledru, sergent.

GRATIN.

Mon cher Ledru, sergent, restez donc déjeuner avec nous sans cérémonie. Je vous présenterai aux Dusifflet.

LEDRU.

Le prétendu de Flore?

GRATIN.

A ce propos, mon gaillard, quand je suis arrivé vous demandiez sa main à ma femme?

LEDRU.

Et je la demande encore...

GRATIN, à part.

Un moyen de rattraper l'héritage du parrain. (haut.) Écoutez donc, c'est très délicat. Nous nous sommes engagés, c'est-à-dire ma femme, car c'est elle qui hérite étant une Labouture... Moi, je suis le chef de la communauté, c'est vrai; mais je ne compte pas beaucoup. C'est ma moitié qui porte culottes à la maison.

LEDRU.

Rattrapez votre pantalon et dégagez-vous.

GRATIN.

Moi, j'y consens; mais ma femme. Ah! tu ne la connais pas ma femme! Tiens! laisse-moi te tutoyer... Veux-tu?

LEDRU.

Marche, si ça t'amuse...

GRATIN.

Eh bien, ma femme c'est une de ces natures de feu, un salpêtre, un volcan de trente-six ans! qui m'en fait voir de toutes les couleurs.

LEDRU.

Passez, passez, allez au fait!

GRATIN.

Oui; au fait! Eh bien, c'est Flore que tu me demandes... Si tu n'as que les économies de sergent pour entrer en ménage... Il est vrai qu'elle sera riche un jour... Enfin ce n'est pas à moi de te faire des observations. Je te dois la vie, tu es un second père pour moi. C'est bien le moins que tu sois mon fils.

LEDRU, à part.

Quelle vieille guimbarde d'homme. (haut.) Alors, vous consentez?

GRATIN.

Moi, oui; mais je ne te réponds pas de madame Gratin...

LEDRU.

Puisque vous dites qu'elle est un volcan, elle doit comprendre l'amour.

GRATIN.

Elle ne le comprend que trop!

JEAN, sur la porte de la villa.

Monsieur! le déjeuner est servi!

LEDRU.

Ah! bonjour, mon brave Jean! tu es encore ici, toi?

JEAN.

Comme vous voyez! Vous savez le malheur qui vous frappe?

LEDRU.

Oui.

JEAN, bas.

Je veux vous parler...

LEDRU, de même.

Parle!

JEAN, même jeu.

Pas devant lui!... (A Gratin.) Monsieur, je n'ai pas monté de vin.

GRATIN.

Et pourquoi?

JEAN.

Pour une bonne raison : vous avez toujours les clefs de la cave dans votre poche... Ce n'est pas feu Labouture qui aurait pris des précautions aussi soupçonneuses vis-à-vis de moi !

GRATIN.

Ah! toujours son feu Labouture!... (A Ledru.) Aimes-tu le vin blanc ? ça égaye... Il faut chasser les idées noires... passe à table, je remonte à l'instant.

Il sort.

SCÈNE XIII.

JEAN, LEDRU.

JEAN.

Pourquoi qu'il vous tutoie ?

LEDRU.

Je lui ai demandé la main de sa fille, c'est peut-être pour ça.

JEAN.

Et il vous l'a accordée?

LEDRU.

Oui. Flore me plait et je ne lui suis pas indifférent, j'ai compris ça.

JEAN.

Ne vous pressez pas. Vous êtes ici chez vous... flanquez-moi tous ces Gratin et ces Dusifflet dehors... Gardez la fille si elle vous convient, mais comme femme de chambre et pas autrement.

LEDRU.

Tu déraisonnes, un filleul n'hérite pas d'un parrain.

JEAN.

Non, mais un fils adoptif, ça hérite très bien...

LEDRU.

Explique-toi.

JEAN.

Tout à l'heure, devant tout le monde, afin que personne n'en ignore, et par-devant notaire...

LEDRU.

Où as-tu un notaire?

JEAN.

Le notaire... c'est Dusifflet, pour le moment à table devant une douzaine de ses amies, et attendant le vin de Crétin père. Ah! nous allons bien nous amuser... (Il danse et chante.) « C'est pas toujours les mêmes qu'auront l'assiette au beurre... » Laissez-moi rire, il y a assez longtemps que je pleure... Ah! ah! ah!... très malin ce Dusifflet, mais Jean Lafarcinade très malin aussi... et madame Gratin, tout à fait idiote...

LEDRU.

Qu'as-tu fait de si malin?...

JEAN.

Vous allez le savoir d'ici peu!... En voilà déjà un...

Dusifflet paraît sur le perron, il a l'air de chercher.

SCÈNE XIV

LES MÊMES, DUSIFFLET, puis GRATIN, MADAME GRATIN, FLORE, ONÉSIME.

JEAN, à Dusifflet.

Monsieur cherche quelque chose!

DUSIFFLET.

Oui... un papier que j'ai laissé tomber...

JEAN.

Pas vous, mais madame Gratin.

SCÈNE TREIZIÈME.

DUSIFFLET.

Qu'importe!

JEAN.

Il importe, c'est une lettre?...

DUSIFFLET, inquiet.

A peu près... vous l'avez trouvée.

JEAN.

Oui, monsieur.

DUSIFFLET, de plus en plus inquiet.

Vous l'avez lue?

JEAN.

Je ne sais pas lire. (A part.) C'est pas vrai!...

DUSIFFLET, respirant; à part.

Ouf! (Haut.) Rendez-la-moi...

JEAN.

Oh! non...

DUSIFFLET.

Comment? oh! non...

JEAN.

Je dis : Oh! non; oh! non.

DUSIFFLET, le prenant au collet.

Auriez-vous la prétention de vous approprier mes papiers? (En fureur.) Rendez-moi ça... voleur!...

LEDRU, s'interposant.

Doucement, monsieur! doucement! pas de gros mots, pas de gestes!

GRATIN, tenant des bouteilles à la main.

Qu'est-ce qu'il y a?

JEAN, à part.

Et de deux!

MADAME GRATIN, sortant de la maison.

Quel tapage! on se bat donc chez moi?

JEAN, à part.

Et de trois!

FLORE, allant vers Ledru.

Une altercation?...

JEAN, à part.

Et de quatre!

ONÉSIME, sa ligne à la main.

C'est la voix de mon oncle!

JEAN, à part.

Cinq! nous sommes au complet...

DUSIFFLET, à Jean.

Donnez cette lettre et cessons cette mauvaise plaisanterie...

JEAN.

Elle ne fait que commencer!

DUSIFFLET.

Brigand! tu veux donc...

JEAN.

Je veux que vous en donniez lecture vous-même, tout haut. Vous le devez comme notaire et officier ministériel.

DUSIFFLET, le serrant de près.

Donne, je la lirai!

JEAN, méfiant.

Commencez par me lâcher...

DUSIFFLET, le lâchant.

Animal! brute!

Il va s'asseoir.

JEAN.

C'est bien! Soyez calme! Asseyez-vous!

GRATIN.

Jean!... m'expliquerez-vous le motif?...

SCÈNE TREIZIÈME.

JEAN.

Tout de suite! monsieur.

MADAME GRATIN.

Enfin, de quoi s'agit-il?

JEAN, lui offrant un siège.

Vous aussi, madame, donnez-vous la peine : ce que M. Dusifflet va vous apprendre, va vous faire flageoler.

FLORE, s'asseyant.

Où veut-il en venir?

JEAN, d'un ton de commandement.

Formez le cercle! comme on dit dans l'armée! (Tirant une lettre de sa poche.) Voilà!... (A Dusifflet.) Monsieur le notaire, veuillez en donner connaissance à la compagnie. (Bas.) Ne sautez rien... je la sais par cœur...

DUSIFFLET.

Tu ne sais pas lire, imbécile!

JEAN.

Imbécile! J'ai dit ça pour me ficher de tous. Lisez!

DUSIFFLET, à part.

Quelle situation pour un notaire! Si je m'en allais..
Il fait mine de tourner les talons.

LEDRU, le prenant par le bras.

Rasseyez-vous donc!

DUSIFFLET, se frottant le bras ; à part.

Quelle poigne! Une poigne de gendarme!... Allons ! je m'exécute! (Haut, il lit d'une voix tremblante.) Confié aux soins de Gaspard Dusifflet, mon notaire...

JEAN, à part.

C'était en bonnes mains...

DUSIFFLET.

C'est signé : « Thomas Labouture ».

MADAME GRATIN, à part.

C'est le testament qu'il m'a remis il y a un instant

et qui est tombé de ma poche. Oh! quelles absurdes poches on fait aujourd'hui?

GRATIN, inquiet.

Lisez donc! nom d'un petit bonhomme!

DUSIFFLET, lisant.

« Ceci est mon testament! »

GRATIN.

Ah! quelle tuile!

MADAME GRATIN, à part.

C'est bien ça que j'ai perdu!

LEDRU.

Tiens!

FLORE.

Voyons!

ONÉSIME.

Hein?

DUSIFFLET.

Silence! (lisant.) « Je lègue tous mes biens, meubles, immeubles, collections horticoles, argent monnayé, rentes sur l'État, enfin tout ce que je possède à mon filleul Horace Ledru, lequel j'ai, par acte notarié et aux termes de la loi, adopté pour mon fils et auquel j'enjoins d'ajouter à son nom celui de Labouture. »

FLORE, se levant et allant vers Ledru.

Mon cœur me le disait.

MADAME GRATIN, à Ledru.

Ce cher cousin!

GRATIN.

C'est indigne! c'est un faux testament.

DUSIFFLET.

Silence, il y a d'autres legs.

GRATIN.

Ah!.. Voyons!

SCÈNE TREIZIÈME.

DUSIFFLET, lisant.

« Je lègue une somme de dix mille francs à Jean Lafarcinade, mon premier jardinier, pour le remercier de ses bons soins envers mes oignons comme envers moi-même. »

JEAN, les yeux au ciel.

O patron !... j'accepte !

DUSIFFLET.

Silence donc ! On n'entend que vous ! (Lisant.) « Je lègue à mademoiselle Flore Robichon, qui s'est toujours montrée plutôt bien que mal à mon égard, une rente viagère de douze cents francs que lui servira mon fils, afin que le jour où elle aura assez de ses père et mère, elle puisse vivre honnêtement sans le secours de personne. »

FLORE.

C'était un brave homme!

DUSIFFLET.

Silence ! (Lisant.) « Je lègue à ma cousine Eudoxie Gratin, veuve Robichon, née Labouture, dont je n'ai eu qu'à me louer ma vie durant, pour le jour de sa fête et en souvenir de notre bonne intelligence, un fagot d'épines. »

JEAN.

Je me charge de vous le porter...

DUSIFFLET.

Taisez-vous ! (Lisant.) « Je lègue à Polycarpe Gratin... »

GRATIN.

Ah ! voyons, qu'est-ce qu'il me laisse ?

DUSIFFLET.

Silence! (Lisant.) « La botte qu'il a eu l'honneur de recevoir quelque part quand je l'ai mis à la porte... de chez moi. »

JEAN.

Je l'ai mise de côté, monsieur Gratin.

GRATIN.

Gardez-la ! (A part.) Il n'était pas besoin de rappeler ce fait. (Haut.) Notaire, continuez.

DUSIFFLET.

« Fait à la villa Labouture, le 15 octobre 1868. Signé : THOMAS LABOUTURE, horticulteur de première classe. » (A Onésime.) Prends ton chapeau et partons...

GRATIN, à part.

Si j'allais me précipiter la tête la première dans ma baignoire glacée... dans sa baignoire, veux-je dire...

ONÉSIME, à madame Gratin.

Je ne voudrais pourtant pas m'en aller sans vous présenter mes compliments de condoléance.

MADAME GRATIN, haussant les épaules.

Farceur !

ONÉSIME, à part.

C'est la première fois qu'on m'appelle ainsi.

Il sort.

DUSIFFLET, saluant.

Mesdames, messieurs, je me retire.

JEAN, l'arrêtant.

Donnez le papier, donnez, joli notaire... je suis intéressé à ce qu'il reste intact...

DUSIFFLET, le lui remettant.

Oh ! je ne tiens pas à votre clientèle.

JEAN.

Vous faites bien de prendre les devants. — Serviteur !

DUSIFFLET.

Je vous repincerai, jardinier !...

JEAN.

Filez doux, notaire, ou je dis à M. Gratin comment vous perdez les testaments au carambolage...

DUSIFFLET.

Taisez-vous, malheureux !...

Il sort.

SCÈNE XIV
GRATIN, MADAME GRATIN, LEDRU, FLORE.

GRATIN, à part.

Quelle dégringolade !... il y a peut-être encore moyen de se raccrocher... (A madame Gratin.) Eudoxie !

MADAME GRATIN.

Soutiens-moi !... je vais me trouver mal...

GRATIN.

Tout à l'heure... nous n'avons pas le temps... Dis donc, j'ai promis la main de Flore à l'héritier de la couronne.

MADAME GRATIN.

Tu as fait cela ?

GRATIN.

Je l'ai fait, et sans ta permission.

MADAME GRATIN.

Tu grandis dans mon estime !... J'approuve. (A part.) Brusquons la situation. (Haut, à sa fille.) Flore !

FLORE.

Maman !

MADAME GRATIN.

Allons faire nos malles.

FLORE.

Oh ! pas encore, maman.

LEDRU, à madame Gratin.

Après déjeuner, cousine... rien ne presse, nous avons à causer.

GRATIN, à Ledru.

Vous nous invitez !... Tu nous invites ?...

FLORE.

Oui, papa, nous vous invitons...

MADAME GRATIN.

Eh bien, et moi ?...

LEDRU.

Mais vous aussi, cousine, si vous êtes bien sage. .

MADAME GRATIN, le regardant du coin de l'œil; à part.

Il a une bonne façon ce garçon-là (haut.) Tout dépend de ce que vous entendez par sage ?... Est-ce de faire votre volonté à tous deux ?

LEDRU.

Vous avez deviné, belle-mère !

JEAN, à Ledru.

Vous vous engratinez ?...

LEDRU.

Flore m'eût accepté quand j'étais pauvre. La richesse ne m'a pas fait changer de sentiment pour elle.

JEAN.

Au fait ! la conciliation vaut mieux ; mais vous me flanquerez papa et maman Gratin dehors, ou je refuse mon consentement. (A Gratin.) Monsieur ! rendez-moi les clefs, toutes les clefs...

GRATIN, les lui donnant.

Les voici, potentat !

JEAN.

Le déjeuner doit être froid ! A table !

Rideau.

JOUETS ET MYSTÈRES

Fantaisie en un acte, jouée pour la première fois, à NOHANT,
le 18 juin 1871.

PERSONNAGES

ANSELME.
HANS, marchand de jouet.
MARDOCHÉE, vieux juif.
PAYKUL.
ANGRAMANYOU, génie.
WILHELMINE, fille de Hanz.
LA BARONNE.

CHARLOTTE, sa fille.
DOROTHÉE, servante.
LUNARIA, reine des poupées.
Compagnes de Lunaria.
Esprit et Génies sous diverses formes.

La scène se passe à Nuremberg, vers 1780.

La boutique d'un marchand de jouets, à Nuremberg. — Au premier plan, à gauche du spectateur, une vitrine avec jouets en étalage. — Au fond, la devanture vitrée avec porte au milieu; de chaque côté, une vitrine avec jouets. — A droite du spectateur, un escalier tournant montant au premier étage. Devant l'escalier, une table servie, avec deux couverts et deux chaises. Jouets pendus à la muraille. — Au fond, derrière la devanture de la boutique, la silhouette de la ville de Nuremberg sur un ciel de nuit claire.

SCÈNE PREMIÈRE

Au lever du rideau, HANS et WILHELMINE sont au fond de la boutique; ANSELME, au premier plan près de la table, mettant le couvert; puis DOROTHÉE.

ANSELME.

C'était bien la peine d'avoir étudié deux ans à l'Université d'Heidelberg, pour venir ici à Nuremberg, chez M. Hanz, marchand de jouets, remplir les fonctions de commis de boutique et de serviteur! Il faut bien que ce soient l'attraction magnétique et l'amitié que j'éprouve pour mademoiselle Wilhelmine, la fille du patron, qui m'aient attiré et retenu ici. Elle a de si jolis yeux bleus en amande et de si beaux cheveux blonds! Quand elle me regarde pour me donner un ordre, le cœur me bat si fort et le sang me bourdonne tellement dans les oreilles, que je n'entends pas un mot de ce qu'elle dit. Quand je ne la vois pas, je trouve un tas de jolies choses à lui dire. Dès qu'elle paraît, tout s'envole. Elle me fait peur et plaisir tout à la fois. Oh! je n'oserai jamais lui dire que moi, le docteur Anselme, je me suis fait garçon de boutique et son serviteur!

DOROTHÉE, apportant le potage.

Voilà la soupe à la bière! Eh bien, Anselme, qu'est-ce que vous faites là? toujours à rêvasser! au lieu d'avertir le patron et mademoiselle? On dirait que vous n'osez pas leur parler... (A part.) Il est gentil tout plein; mais il est niais! Ah! qu'il est niais! (Elle va au fond.) Maître Hans, votre souper est servi.

Elle sort.

SCÈNE II

HANS et WILHELMINE, venant s'asseoir.

HANS.

Anselme! mon garçon, voulez-vous tenir le comptoir pendant le souper?

ANSELME.

Oui, monsieur Hans, avec plaisir.

HANS.

Ne m'appelez donc pas toujours monsieur; je ne suis pas un bourgeois, mais bien un artisan, autrefois

SCÈNE DEUXIÈME.

ouvrier en jouets, aujourd'hui marchand, commerçant ; appelez-moi maître Hans... je ne suis pas fier, et s'il n'y avait pas tant de clientèle à contenter à la veille de Noël, je vous dirais : Asseyez-vous là et mangez avec nous.

ANSELME.

Oh ! maître Hans, je sais que je ne dois pas...

WILHELMINE.

Dimanche, nous fermerons le magasin, et nous irons nous promener à la campagne. Vous viendrez avec nous, Anselme, et nous dînerons tous ensemble à l'auberge de la « Pipe couronnée ».

ANSELME.

Oh ! mademoiselle !... c'est trop d'honneur. Je ne sais... (A part.) Je ne trouve rien à lui dire... je suis comme paralysé...

Il va au fond.

HANS.

C'est un bon jeune homme que cet Anselme.

WILHELMINE.

Depuis deux mois qu'il est ici, il a toujours montré un caractère doux et soumis.

HANS.

Et puis, il est instruit ; il parle poliment à la clientèle. Donne-moi encore de la soupe... Bien... Et comme il n'est pas vilain garçon, les mamans et les petites filles s'adressent plus volontiers à lui qu'à moi, un vieux laid.

WILHELMINE.

Il me paraît bien timide !

HANS.

C'est de son âge.

SCÈNE III

LA BARONNE et CHARLOTTE, entrant.

LA BARONNE.

Bonsoir, monsieur Anselme ; avez-vous quelque jouet nouveau pour ma petite fille? Charlotte, regarde si quelque chose te plaît.

CHARLOTTE.

Ah! maman, je veux bien tout ce qu'il y a ici.

LA BARONNE.

Tout, c'est trop! Monsieur Anselme, choisissez-moi quelque chose; vous avez du goût...

ANSELME.

Madame, je ne sais trop : un ménage... une belle poupée à ressorts...

CHARLOTTE.

J'en ai déjà quinze; je voudrais... un chasseur, pour le marier avec ma grande poupée.

ANSELME, lui présentant un jouet.

Voilà, ma petite demoiselle...

CHARLOTTE.

Il n'est pas joli, ce monsieur-là, il n'est pas à la mode, il n'a pas de queue.

ANSELME.

Il l'a perdue à la bataille.

LA BARONNE.

Charlotte! mieux vaut ce petit militaire; il est joli, il ressemble à M. Anselme.

SCÈNE QUATRIÈME.

ANSELME.

Ah! madame, il est mieux que moi.

LA BARONNE.

Combien?

ANSELME.

Six thalers.

LA BARONNE.

Les voici! Ce jouet m'embarrasserait; je vous le laisse. Apportez-le chez moi, ce soir.

WILHELMINE.

Anselme! venez donc; donnez-moi une assiette.

ANSELME.

Oui, mademoiselle.

WILHELMINE.

Qu'est-ce que cette dame vous disait?

ANSELME.

De lui porter un militaire en bois à domicile.

WILHELMINE.

Vous n'êtes point ici pour faire les courses. (A la baronne.) Madame, je vous enverrai le paquet par ma cuisinière.

LA BARONNE.

Je l'emporterai bien moi-même. Bonsoir!

Elle prend le jouet et sort.

SCÈNE IV

LE FILS DU CONSEILLER PAYKUL, entrant.

PAYKUL.

Enchanté, monsieur Hans, de vous rencontrer...

HANS, se levant.
Ah! c'est M. Paykul, le fils du conseiller.

ANSELME, à part.
Encore ce jeune mirliflor! Il vient bien souvent depuis quelque temps.

PAYKUL.
Mademoiselle Wilhelmine, vous m'avez manifesté l'autre jour le désir d'aller à la comédie, et je me suis procuré des billets d'entrée pour ce soir.

WILHELMINE.
Ah! vous êtes bien aimable, monsieur Paykul!

PAYKUL.
Mademoiselle, du moment que vous êtes contente, je suis payé de mes peines.

ANSELME, à part.
Voilà ce que je ne saurai jamais dire. C'est égal, il m'ennuie, ce monsieur.

WILHELMINE.
Alors, nous irons ce soir... Mon papa, dépêchons-nous de souper.

HANS.
Oui, dépêchons-nous, pour ne pas faire attendre M. Paykul.

PAYKUL.
Je vous laisse, et j'aurai l'honneur de revenir vous prendre avec ma voiture.

HANS.
Vous êtes trop aimable, nous irons bien à pied.

PAYKUL.
Non pas! non pas! à tout à l'heure.

Il sort.

SCÈNE V

LES MÊMES, moins PAYKUL.

HANS, se rasseyant.

Wilhelmine, as-tu encore de la soupe ?

WILHELMINE.

Non, mon père. (Appelant.) Dorothée !

DOROTHÉE, apportant un plat.

Me voici, mademoiselle.

HANS.

Qu'apportez-vous là, jeune cuisinière ?

DOROTHÉE.

De la choucroute avec des saucisses de Francfor faites chez le charcutier du coin.

HANS.

C'est parfait !

DOROTHÉE.

Vous n'avez guère laissé de soupe.

HANZ.

C'est ta faute ; il ne fallait pas la faire si bonne. Tu en feras d'autre pour toi et Anselme.

Elle sort.

SCÈNE VI

MARDOCHÉE, entrant par le fond avec un panier.

MARDOCHÉE, avec un accent juif prononcé.

Voulez-vous des petites poupées, de jolies petites poupées ?

7.

ANSELME.

Nous en avons déjà...

MARDOCHÉE.

Vous n'en avez pas de si jolies ; voyez-les ! Achetez mes petites poupées !

ANSELME.

Elles sont très bien, je ne dis pas le contraire ; mais je ne suis pas le patron.

MARDOCHÉE.

Et où est-il, le patron ? Ah ! le voilà ! Bonsoir, monsieur Hans, achetez mes petites poupées.

HANS.

Ah ! c'est vous, père Mardochée ! Qu'est-ce que vous m'apportez ? encore quelque drogue ?

MARDOCHÉE.

Appelez-vous drogues ces jolies petites femmes ? Regardez, ouvrez les yeux, mettez vos lunettes ; c'est vivant, des objets d'art ! Vous êtes un connaisseur, monsieur Hans ! Achetez-les !

HANS.

Je ne dis pas qu'elles soient mal ; mais ce n'est pas vous qui travaillez si bien que ça.

MARDOCHÉE.

Bien sûr, non, ça n'est pas moi !

HANS.

Combien la douzaine ?

MARDOCHÉE.

Je n'en ai que sept, et je les vends un thaler la pièce.

SCÈNE SEPTIÈME.

HANS.

C'est trop cher !... D'ailleurs, j'ai déjà assez de cet article-là.

MARDOCHÉE.

Pas soigné comme ça. Et combien voulez-vous les payer ?

HANS.

Trois thalers le tout.

MARDOCHÉE.

Prenez-les donc ! (Avec un soupir.) Mais c'est bien parce que c'est vous et que j'ai besoin d'argent...

HANS.

Voici votre compte... Et d'où viennent-elles, ces petites poupées ?

MARDOCHÉE, ironique.

Je vas vous le dire tout de suite... De la lune !

ANSELME.

De la lune !

HANS.

Allons ! vieux farceur, vous ne voulez pas me dire le nom du fabricant ?

MARDOCHÉE.

Bien le bonsoir, monsieur Hans et la compagnie.

Il sort.

SCÈNE VII

Les Mêmes, moins MARDOCHÉE.

HANS.

Où diable ce vieux grapilleur a-t-il trouvé ces poupées ? Il n'y a pas un ouvrier à Nuremberg pour travailler aussi finement. En quoi sont-elles ? en porcelaine ? Non ! en albâtre !

WILHELMINE.

On dirait des petites femmes pétrifiées.

HANS.

Je ne les ai pas payées trop cher. Tu les coteras trois thalers pièce. Mais je pourrais les avoir à meilleur marché en m'adressant directement à l'ouvrier. Mon chapeau, ma canne, mes galoches... Vite !

WILHELMINE.

Où voulez-vous aller ?

HANS.

Le juif n'est pas loin, je vais le guetter, le suivre, savoir où il va... et...

WILHELMINE.

Mais la comédie, papa !...

HANS.

C'est juste ! Il ne faut pas manquer de parole à M. Paykul. Le juif reviendra bien demain avec d'autres poupées et je tâcherai de savoir l'adresse de l'ouvrier... (A Anselme.) Range toutes ces petites personnes dans la vitrine. (On entend le roulement d'une voiture. — A Wilhelmine.) Allons, viens... j'entends le carrosse de M. le conseiller...

Ils sortent.

SCÈNE VIII

ANSELME et DOROTHÉE.

DOROTHÉE, entrant avec un plat.

Maintenant, monsieur Anselme, nous allons souper tranquillement tous les deux. Je vous ai fait une bonne choucroute et j'ai tiré de la bière à la grosse barrique. Asseyons-nous.

Ils mangent

SCÈNE HUITIÈME.

ANSELME.

Vous avez tort, Dorothée, de boire la bière du patron.

DOROTHÉE.

Des scrupules! Bah! il ne s'en apercevra pas! Dites donc, nous sommes là en tête à tête, comme mari et femme. Et quand on pense que ça pourrait être, pourtant!... et que nous pourrions avoir, nous aussi, un magasin de jouets ou de ferblanterie avec une douzaine de petits bambins.

ANSELME.

Une douzaine!...

DOROTHÉE.

Oui, c'est assez! Et le dimanche nous irions nous promener en bateau. (Un bruit se fait entendre. — Elle crie.) Ah! avez-vous entendu?

ANSELME.

Oui, c'est un joujou qui a craqué.

DOROTHÉE, se serrant près d'Anselme.

Ah! que j'ai eu peur!

ANSELME.

Dorothée! ne me poussez pas tant que ça; vous m'empêchez de manger.

DOROTHÉE, à part.

Il est bien sot! (Haut.) Je me range. Dites donc, est-ce que vous n'avez pas envie de danser? La mère Gertrude, notre voisine, donne un bal. J'irais bien, moi! avec vous!

ANSELME.

Et le magasin, qui est-ce qui le garderait?

DOROTHÉE.

Est-ce que vous croyez que ces chevaux de bois, ces ballons, ces ménages, ces poupées puissent tenter les voleurs? Nous fermerions bien la porte...

ANSELME.

Ça ne se peut pas, Dorothée !

DOROTHÉE.

Si vous ne voulez pas me faire ce plaisir, c'est que vous n'avez pas d'amitié pour moi.

ANSELME.

Oh ! je vous aime bien... en tant que cuisinière. Mais ça ne va pas jusqu'à me faire oublier mon devoir.

DOROTHÉE.

Oui, oui, mon bel ami, je sais où le bât vous blesse... Mais vous avez beau regarder mademoiselle Hans avec des yeux de carpe pâmée, elle n'est pas pour votre nez... Son mariage est décidé.

ANSELME.

Elle va se marier ?... Avec qui ?... avec M. Paykul, peut-être ?...

DOROTHÉE.

Ça se pourrait bien ! Bonsoir, je vais chez la mère Gertrude : si vous venez m'y retrouver, je vous apprendrai bien des choses que vous ne savez pas...

Elle sort.

SCÈNE IX

ANSELME, seul.

Elle n'est pas contente ! Elle parle par méchanceté. Non, Wilhelmine ne peut pas épouser le fils d'un conseiller. Elle, une marchande !... Mais un rocher inaccessible pour moi, une muraille de diamant !... Voyons !... Il faut ranger ces poupées !... (Il les regarde.)

C'est vrai qu'elles ont l'air de petites personnes, comme le remarquait mademoiselle Wilhelmine. Sont-elles jolies! elles sont plus jolies que Dorothée, et même que Wilhelmine. Ce vieux juif a dit qu'elles venaient de la lune... ce n'est pas impossible : la lune étant beaucoup plus petite que la terre, ses habitants sont, par conséquent, beaucoup plus petits que nous... Mais il n'y a donc que des femmes dans la lune ? — Si cela est, nous devrions les entendre jacasser d'ici ! — Que celle-ci est belle ! elle a de vrais cheveux, de vrais cils... quelle jolie taille!... Ce qui est singulier, c'est qu'elles ont toutes les yeux fermés. Elles dorment, bien sûr. Je vais leur faire un beau lit de coton blanc et les ranger les unes à côté des autres... et puis leur mettre un beau petit couvre-pied ouaté, pour qu'elles n'aient pas froid... Voilà, mesdames!... Quant à celle-ci, ce doit être leur reine... j'ai là un petit lit en or, avec des rideaux de gaze rose. Elle y sera très bien... Voilà la couverture faite ! Madame la reine, veuillez vous coucher... je vais vous border... On dirait qu'elle sourit .. c'est qu'elle est contente. Faut-il vous raconter une histoire pour vous endormir ?... Que je suis bête!... elle dort bien trop! Est-ce dommage qu'elle soit si petite !... Madame la reine, je vous souhaite le bonsoir... dormez bien... faites de jolis rêves. Vous êtes si jolie que je vous demande la permission de vous embrasser. (Il embrasse la poupée.) C'est singulier ! il m'a semblé qu'elle avait la peau moite ! Mais elle ouvre les yeux!... Elle remue les lèvres ! (Il prend un flambeau et l'approche de la poupée.) Que je suis sot! C'est le tremblotement de la lumière ! Bonsoir, madame la reine des lunatiques. (Dix heures sonnent.) Déjà dix heures ! Et Wilhelmine qui ne rentre pas ! Est-ce qu'elle prendrait plaisir dans la compagnie de ce M. Paykul? Il est bien laid !... Pourquoi Dorothée m'a-t-elle dit qu'elle m'apprendrait bien des

choses que je ne sais pas ?... Si j'allais la retrouver ?
Elle me parlerait de Wilhelmine. Je saurais... Mais
non !... qu'elle garde ses secrets, des méchancetés, bien
sûr ! J'attendrai M. et mademoiselle Hans, là, sur cette
chaise.

Il s'assied et s'endort.

SCÈNE X

Musique douce allant en crescendo. La lune se lève et monte dans le ciel. — La reine des poupées s'éveille.

LA REINE.

Un souffle embrasé a passé sur moi... De douces paroles ont charmé mon oreille. Un baiser énorme a effleuré ma joue... Mes sens me sont rendus. Je reviens à la vie !... Mes sœurs, mes compagnes, éveillez-vous, secouez l'engourdissement ! Que l'enchantement se dissipe !

LES POUPÉES, en chœur.

Qui nous a conduites ici ?

LA REINE.

Qui ? je l'ignore ! Mais celui qui nous a rendu la vie, je le sais : c'est l'être qui repose là.

Elle va vers Anselme.

LES POUPÉES.

Ah ! qu'il est gros et grand !

LA REINE.

Ne craignez rien ! Il est doux et bon ; je vais l'éveiller, et il nous aidera à sortir d'ici

Elle grimpe sur Anselme.

LES POUPÉES.

Quel courage ! quelle audace !

SCÈNE DIXIÈME.

LA REINE.

Son nez est un antre profond d'où sort un vent semblable à l'aquilon. Son oreille est comme la gueule d'un cratère ! (A Anselme.) Gros habitant de la terre, éveille-toi !

ANSELME, s'éveillant.

Hein ? qu'est-ce que c'est ? une souris ?...

LA REINE.

Non, je suis Lunaria.

ANSELME.

Ah ! la reine des poupées ! Et toutes les autres petites là-bas ? Vous n'étiez donc pas bien couchées ?

LA REINE.

Si fait, et je te remercie des soins que tu as eus pour moi et mes compagnes ; mais, puisque tu as commencé à nous aider, il faut que tu ailles jusqu'au bout : il faut que tu nous délivres.

ANSELME.

Vous délivrer ! Et de quoi, mesdames ?

LA REINE.

Comment t'appelles-tu, et que fais-tu ?

ANSELME.

Je m'appelle Anselme ; je garde et je vends les poupées en l'absence du maître.

LA REINE.

Eh bien, puisque tu es notre gardien, tu te laisseras fléchir, et tu ne nous vendras pas comme de vils esclaves. Tu auras pitié de moi et de mes compagnes... Tu nous aideras à retourner dans la lune.

ANSELME.

Dans la lune ? En arrivez-vous réellement ?

LA REINE.

Sans aucun doute.

ANSELME.

Et comment ? Il n'y a pas de moyen de communication entre la terre et la lune.

LA REINE.

Pour vous autres terriens, peut-être. Votre intelligence, vos sens, votre savoir sont encore trop obtus. Mais nous autres, lunariennes, nous avons trouvé les moyens de voguer dans l'air autour de notre globe. Écoute ce qui nous est arrivé. J'avais projeté, avec une centaine de mes compagnes, d'aller rendre visite à une reine de mes amies, qui demeure dans le cratère du plus haut volcan de la lune. Faire l'ascension des montagnes chez nous est long et pénible, le chemin de l'air est bien plus aisé. Je frétai donc quelques nefs aériennes ; mais notre flottille s'éleva un peu plus haut que d'habitude, sans que nous y prissions garde. Bientôt, nous fûmes entraînés par un violent courant contraire. Nous nous élevâmes plus haut pour ne pas chavirer ; mais la tourmente nous entraîna si haut, si haut, que nous entrâmes dans le courant terrestre qui nous emporta sur votre globe. Nous avons dû échouer non loin d'ici. Mais Angramanyou, le génie des feux souterrains, jaloux de notre présence sur son globe, a dispersé notre flotte aérienne comme nous touchions terre. Les unes se sont cassées en tombant sur le sol, les autres se sont noyées en tombant dans les profondeurs de la mer. Enfin, de toutes mes compagnes, je n'en retrouve que six intactes, et encore... Celle-ci n'a plus de pieds, et celle-là a perdu ses mains.

ANSELME.

Pardon, madame, mais vous parlez toujours de vos compagnes... Vous n'avez donc pas de compagnons chez vous ?

SCÈNE DIXIÈME.

LA REINE.

Non, nous sommes toutes demoiselles.

ANSELME.

Mais alors, comment s'opère la reproduction de l'espèce lunarienne?

LA REINE.

Par bouture.

ANSELME.

Par bouture? Je ne comprends pas.

LA REINE.

C'est bien simple. Quand on éprouve le besoin d'une amie, on se casse une dent, on la plante, on l'arrose avec certaine préparation; elle prend racine, pousse, et on l'arrache quand elle est devenue une personne douée de raison. Du reste, les dents ne sont faites que pour ça.

ANSELME.

Eh bien, et manger?

LA REINE.

Manger? A mon tour de ne pas comprendre...

ANSELME.

Pour vivre, il faut manger. Comment vivez-vous?

LA REINE.

Mais comme vous, je présume : en respirant des odeurs... (Ronflements de tam-tam. Un bruit sourd se fait entendre.) Ah! c'est le vent souterrain qui annonce l'arrivée de notre ennemi.

LES POUPÉES, courant épouvantées et criant ensemble.

Où nous cacher?... Reine! sauve-nous du terrible Angramanyou!...

LA REINE.

Venez ici, mes compagnes! Anselme, cache-les!

ANSELME.

Venez, venez, petites peureuses! Cachez-vous dans mes poches... Et vous, madame la reine, voici une jolie place bien chaude, sur mon cœur, dans mon gilet.

<small>Toutes se glissent dans les poches d'Anselme et disparaissent.
Flammes au milieu du théâtre; coups de tam-tam.</small>

SCÈNE XI

ANGRAMANYOU, apparaissant.

ANSELME.

Je ne croyais pas à l'existence des génies souterrains, et pourtant, celui-ci n'a rien d'humain... Voyons! voyons! je ne rêve pas!... Rappelons ma raison qui semble vouloir s'envoler... (Au génie.) Monsieur, votre plaisanterie est mauvaise! D'abord, elle est connue; c'est toujours comme ça que le diable apparaît au théâtre. Et comme vous ne pouvez pas être messer Satan, dont nous avons fait justice depuis longtemps en Allemagne, vous n'êtes qu'un mauvais farceur qui risquez fort de mettre le feu à la maison de M. Hans. Rentrez dans la cave, s'il vous plaît, et refermez la trappe sur vous, ou, aussi vrai que je m'appelle Anselme, je vous flanque une volée de coups de manche à balai dont vous vous souviendrez!

LE GÉNIE.

Mortel! je n'ai pas affaire à toi... Modère-toi; ne sois pas si prompt à la colère... Réfléchis avant de t'adresser au père du feu. Au lieu de m'adresser des injures, tu devrais te prosterner devant moi et me remercier du bien que je te fais tous les jours.

ANSELME.

Et comment ça, abominable farceur?

SCÈNE ONZIÈME.

LE GÉNIE.

Crois-tu que, sans moi, le feu souterrain, ta mère la terre ne serait pas morte depuis longtemps ?

ANSELME.

C'est-à-dire que vous lui rongez les entrailles incessamment, et que vous faites tout ce que vous pouvez pour lui fissurer la peau. Sans les trente-deux atmosphères qui la maintiennent et vous empêchent de prendre vos ébats, vous nous enverriez tous sauter dans l'espace. Éclater : voilà votre but !

LE GÉNIE.

Tes propos me surprennent. Vraiment, l'homme commence à raisonner et à savoir autant que nous autres.

ANSELME.

Bientôt il sera ton maître. La force intellectuelle l'emportera sur la force brutale. L'esprit vaincra la matière !

LE GÉNIE.

Fils du singe ! fais un pas en arrière pour savoir d'où tu viens.

ANSELME.

Fils du feu ! je ne veux point ergoter avec toi ! tu m'ennuies. Je vais te renvoyer dans ton noyau central avec... un baquet d'eau sur la tête.

LE GÉNIE.

De l'eau ! je ne l'aime pas. Non, ne fais pas cela ! Je vais m'en aller ; mais j'ai une grâce à te demander.

ANSELME.

Être inconscient, parle vite et va-t'en ! Ta chaleur commence à faire fendre les boiseries.

LE GÉNIE.

Des êtres qui ne sont point de ma planète sont descendus sur la terre...

ANSELME.

Qu'est-ce que cela peut te faire?

LE GÉNIE.

Je crains l'union de leur intelligence lunaire avec celle du terrien. Si tu n'avais pas déjà été en communication avec eux, tu ne me parlerais pas si hardiment.

ANSELME.

Et que veux-tu faire de ces lunariennes?

LE GÉNIE.

Détruire ce qu'il en reste sur la terre.

ANSELME.

Et quand tu les auras, tu t'en iras?

LE GÉNIE.

Oui.

ANSELME, à part.

Il est bête! Jouons au plus fin. (Haut.) Eh bien! je vais te livrer celles que j'ai en mon pouvoir... car, aussi bien, ces petits êtres, avec leurs billevesées, me rendraient lunatique.

LE GÉNIE.

C'est certain; l'esprit humain doit rester dans une douce obscurité. La médiocrité, mon cher, il n'y a que ça!

ANSELME, allant chercher un paquet de bonshommes en carton, pendu au mur.

Tiens! prends-les; je te les livre.

SCÈNE DOUZIÈME.

LE GÉNIE.

Que ces lunariens soient détruits! A la fournaise! (Il les jette dans les flammes qui sortent du plancher.) Et vous, esprits errants des ténèbres, larves et marouts, prenez toute forme à votre convenance! Veillez autour de ce terrien, et guettez tout lunarien qui s'en approchera. Qu'ils soient détruits! qu'ils soient rendus au néant!

ANSELME.

Néant!... Un mot qui n'a pas de sens. Décidément, Angramanyou, tu n'es pas fort!

LE GÉNIE.

Mon nom!... Il sait mon nom!... Adieu!...

Il disparaît. Flammes et tam-tam.

SCÈNE XII

ANSELME.

Tu n'es pas bien élevé non plus, car tu ne m'as pas seulement dit merci. (Aux poupées.) Mesdames, prenez un peu d'air; revenez de votre frayeur.

LA REINE, à ses compagnes.

Remercions Anselme pour nous avoir sauvées.

On entend une musique douce; les poupées dansent, et donnent un ballet à Anselme qui, peu à peu, se met à danser avec elles. Musique. Des araignées monstrueuses descendent du plafond.

LES POUPÉES, épouvantées, s'enfuyant de tous côtés en criant.

Les monstres! les monstres!

La reine grimpe après Anselme, qui la met dans sa poche et se tient à l'écart.

CHŒUR DES ARAIGNÉES.

Filles de la nuit et de la poussière, tendons nos fils, mes sœurs! Partout des fils, des fils, à nous les mouches, les mouches aux ailes d'or, à nous les petites habitantes de l'air, à nous les poupées de la lune!... Mangeons-les! mangeons-les! mangeons-les!

<small>Quelques petites poupées sont prises et emportées par les araignées.</small>

ANSELME, courant à leur secours.

Un plumeau! une tête de loup! un balai!... Si j'évoquais les esprits, moi aussi? Ce n'est pas impossible à l'intelligence humaine, Swedenborg l'a dit. « A moi les médiums, à moi les esprits de la lumière, de l'ordre et de la logique! je suis évocateur! » Venez, esprits errants de la nature et de la civilisation! venez revêtir vos formes primordiales! chassez les monstres fils de l'ignorance et des ténèbres!...

<small>On entend dans l'air : « Nous voilà! nous voilà! nous voilà! »</small>

SCÈNE XIII

CHŒUR DES ARAIGNÉES.

Dépêchons-nous, mes sœurs, enlevons, mangeons, dévorons les filles de la lune! Voici l'ennemi, alerte!... Haine aux balais! mort aux têtes de loup!

<small>Elles grimpent.</small>

CHŒUR DES BALAIS.

Oui, nous sommes les balais, amis de la propreté, amis de l'ordre, amis de tout ce qui luit, reluit, brille et scintille! oui, nous sommes les balais!

LE BALAI.

Je cours, je vais, je viens sur les tapis moelleux, sous les meubles. Comme la mouette cendrée sur les vagues écumeuses ou le noir dauphin parmi les flots argentés, je chasse devant moi les mites, les teignes et les larves nocturnes, invisibles agents de la grande dévastation de la nature.

SCÈNE TREIZIÈME.

LE CHŒUR.

Oui, nous sommes les balais, amis de la propreté, amis de l'ordre, amis de tout ce qui luit, reluit, brille et scintille! Oui, nous sommes les balais!

LA TÊTE DE LOUP.

Hirsute hérissée et terrible comme le sanglier aux soies rudes, je veille dans la demeure des hommes et, de mon antre obscur, je m'élance hardiment vers les corniches où je fouille et farfouille avec ardeur les coins et recoins. Je surprends dans son repaire, je chasse ou j'écrase sans pitié l'araignée nocturne, emblème de la rapacité, de l'égoïsme et du désordre.

LE CHŒUR.

Oui, nous sommes les balais, amis de la propreté, amis de l'ordre, amis de tout ce qui luit, reluit, brille et scintille! Oui, nous sommes les balais!

LE PLUMEAU.

Partie intégrante du coq matinal, moi, le plumeau, semblable à l'hirondelle qui fend l'air de son vol rapide, je disperse les atomes et les molécules impalpables, qui, sans moi, envelopperaient le globe terrestre et l'humanité d'un linceul de poussière.

LE CHŒUR.

Oui, nous sommes les balais, amis de la propreté, amis de l'ordre, amis de tout ce qui luit, reluit, brille et scintille! Oui, nous sommes les balais!

LA BROSSE DE TABLE.

Alors que, dans un festin immense, les grands de la terre réunis voient monter vers le ciel le fumet des viandes succulentes et repaissent leur odorat du parfum des fruits de la chaste Pomone, je viens discrètement, recourbée comme un arc et légère comme une flèche, me jouer sur la blanche nappe en faisant disparaître les miettes du froment le plus pur.

LE CHŒUR.

Oui, nous sommes les balais, amis de la propreté, amis de l'ordre, amis de tout ce qui luit, reluit, brille et scintille! Oui, nous sommes les balais!

Ils balaient, époussètent avec frénésie.

ANSELME.

Que ces balais sont pédants! Allons, mes amis! en avant!... Voici l'ennemi!

SCÈNE XIV

Un gros de ballons avance.

CHŒUR DES BALLONS.

Avançons en bon ordre, mes frères! Nous sommes gonflés d'air et d'orgueil; mais nous sommes forts. Notre ventre élastique ne craint point les coups... Au contraire, plus on nous frappe, plus nous sommes battus, plus nous sommes glorieux!... Avançons, frères! avançons! Vent et fumée! coups et contre-coups, bonds et rebonds... telle est notre devise!...

Combat entre les balais et les ballons. — Les balais, lassés de frapper, tombent épuisés.

ANSELME.

Courage! bons balais... Vous laisserez-vous vaincre par des ennemis gonflés de vent?

LA REINE, *sortant de la poche d'Anselme.*

Anselme! Anselme! les mauvais esprits l'emportent!... jetez-vous dans la mêlée, frappez-les, dispersez-les!

Elle rentre dans la poche d'Anselme.

SCÈNE QUINZIÈME.

ANSELME.

Ne craignez rien! ne bougez pas. (Il se jette sur les ballons.) Arrière, larves, gnomes, farfadets, esprits malfaisants.

Il se bat contre les ballons furieux, qui reviennent toujours à la charge. — Les balais, drapeau en tête, reprennent l'offensive; les ballons chassés disparaissent; les balais les poursuivent. Ils sortent tous.

SCÈNE XV

LA REINE, sortant de la poche d'Anselme.

Mes femmes, mes compagnes, où sont-elles?... Horreur! me voilà seule!

ANSELME.

Non, tu n'es pas seule, car je suis là, moi! Je ne t'abandonnerai pas, pauvre petite créature; je ne te quitterai pas!

LA REINE.

Oh! ce que tu me dis me console un peu... Mais je ne puis rester sur cette terre : il faut que tu m'aides à retrouver ma nef!

ANSELME.

Pourquoi? Voudrais-tu me quitter, moi qui t'ai sauvée?... Oh! tu me fais bien de la peine... Reste! tu seras mon amie, ma compagne... Écoute-moi, Lunaria!...

LA REINE.

Moi, ta compagne? Je suis bien trop petite!

ANSELME.

Trop petite! trop petite!... c'est vrai; mais en vivant sur la terre, tu grandiras: je t'apprendrai à manger, à boire; je te servirai, j'aurai bien soin de toi! car j'ai pour toi une amitié immense, sans bornes. Est-ce que tu ne me comprends pas?... Tu ne dis plus rien! Serais-tu devenue muette?... Qu'as-tu? Il me semble que tu as déjà grandi... tu es encore plus belle... Oh! ma chère petite compagne! je t'aime en à perdre la raison... Ne me quitte pas!... Eh bien, si tu veux t'en aller, je te suivrai; j'irai avec toi dans la lune, dans les étoiles... Mais dis-moi que tu veux bien de moi pour ton ami... Consens à être ma compagne pour toute la vie.

La poupée, qui a grandi petit à petit pendant la tirade précédente, devient Wilhelmine.

SCÈNE XVI

WILHELMINE.

Anselme! Anselme! ne vous désespérez pas! Moi aussi, j'ai beaucoup d'amitié pour vous, croyez-le bien, et si vous m'aviez parlé plus tôt...

ANSELME.

Wilhelmine! c'est toi! toi que j'aime! Pardonnez-moi, mademoiselle Hans, je ne sais plus ce que je dis.

WILHELMINE.

Mais vous parlez bien, vous dites les plus jolies choses que j'aie jamais entendues, mon ami. Continuez!

ANSELME.

Votre ami?... Ah! chère bien-aimée! mais je rêve : tout cela n'est pas possible. Lunaria? la petite fée? la poupée?

WILHELMINE.

La voilà là-bas, couchée dans un lit d'or et de gaze rose... C'est vous qui l'avez mise là?

ANSELME.

Oui... je ne sais plus... mais je vous demande une grâce... ne la vendez pas... Sans elle, je n'aurais jamais eu le courage de vous dire que je vous aime!

SCÈNE SEIZIÈME.

WILHELMINE.

Je vous le promets, je la mettrai sous le globe de ma pendule, pour que, chaque fois que vous la verrez, vous me disiez encore : « Wilhelmine, je vous aime! »

ANSELME.

Je vous le dirai toute ma vie!

Il lui baise les mains.

HANS, entrant.

Eh bien! eh bien! Qu'est-ce que cela veut dire?

WILHELMINE.

Mon père, c'est Anselme qui me demande si je veux être sa femme... Je ne sais trop que lui répondre sans votre permission...

HANZ.

Eh bien, il faut lui répondre... oui!

ANSELME, se jetant au cou de Hans.

Ah! maitre Hans!...

Rideau.

LES ESPRITS FRAPPEURS

Impromptu en un acte, joué pour la première fois, à Nohant, le 5 novembre 1871.

PERSONNAGES

BALANDARD.
ARTHUR, jeune peintre.
PURPURIN, aubergiste.

Un Gendarme.
MADAME PALMER.
MISS KATE, sa fille.

La scène se passe à Cannes, en 1871.

A gauche, un casino. Sur la porte est écrit Hôtel Purpurino. Jardins avec escaliers et palmiers. La mer au fond.

SCÈNE PREMIÈRE

PURPURIN, Un Gendarme.

LE GENDARME.

Eh bien, monsieur Purpurin, avez-vous de nouveaux clients cette semaine à votre hôtel?

PURPURIN.

Mon casino est bondé. J'ai d'abord madame Palmer, une Américaine, et sa fille, miss Kate, Américaine aussi, avec des yeux langoureux et dix-huit printemps. La mère a encore du cheveu et un certain galbe, archimillionnaire en sus, ce qui me botte, car elle ne regarde pas à la dépense. Par exemple, c'est une toquée. Elle fait tourner des tables et tout ce qui lui tombe sous la main.

LE GENDARME, surpris.

Je connais des femmes qui font tourner leurs maris en bourriques; mais des tables, c'est épatant!

PURPURIN.

Oh! quant à son mari, celle-là est veuve depuis longtemps.

LE GENDARME.

C'est peut-être un bonheur pour le défunt! Et vous avez d'autres voyageurs, sans doute?

PURPURIN.

Ah! je crois bien! M. Balandard, un homme très bien, très gai, et puis son neveu, Arthur Dupinceau, un jeune rapin, un croûtard!

LE GENDARME.

Un croûtard?

PURPURIN.

Oui, un étudiant en peinture, avec un poil dans la main. Il ne fait pas de grosses dépenses, et encore c'est-il l'oncle qui paye.

LE GENDARME.

Subséquemment, un oncle est toujours fait pour ça.

PURPURIN.

Tenez, le voilà là-bas avec son chevalet et sa boîte à couleurs. Au lieu de salir tant de bonne toile à faire des chemises, ne vaudrait-il pas mieux d'être photographe? Au moins, c'est un état propre. (On entend quelques coups de cloche.) Mais, excusez, gendarme, je m'amuse à bavarder avec vous et le premier coup du déjeuner me réclame.

Ils sortent.

SCÈNE II

ARTHUR, sa palette à la main, un châssis et un chevalet qu'il place au premier plan.

C'est là qu'elle a passé hier et qu'elle repassera aujourd'hui. Quelle adorable jeune fille que miss Kate, des yeux d'un outremer profond, des lèvres du plus pur carmin et une forêt de cheveux terre de Sienne brûlée. (Il soupire.) Mais travaillons le fond du paysage. Le travail, c'est la prière. Oh! la voici qui se dirige de ce côté!

SCÈNE III

MISS KATE, ARTHUR, allant à elle.

ARTHUR.
Miss Kate, votre serviteur!

MISS KATE.
Bonjour, monsieur; mais ne vous dérangez pas. Votre paysage avance-t-il?

ARTHUR.
Pas vite!

MISS KATE.
Pourquoi?

ARTHUR.
Il y a de l'embu.

MISS KATE.
De l'embu? Qu'est-ce que c'est?

ARTHUR.
C'est-à-dire que la peinture sèche mal.

MISS KATE, d'un air distrait.
Il fait bien beau ce matin.

ARTHUR.

Sans doute, il ne fait pas mauvais. Quel climat délicieux!

MISS KATE.

Le climat de l'Italie.

ARTHUR.

Et quel ciel! quel ciel en bleu de cobalt!

MISS KATE.

Le ciel de l'Italie aussi. C'est du paysage que vous faites?

ARTHUR.

Parfaitement!

MISS KATE.

Mais ceci, on dirait une robe jaune?

ARTHUR.

En effet, c'est une robe avec une femme, un ange dedans, qui promène ses rêveries sous les cytises en fleurs et les palmiers, tandis que moi je promène sur ma toile mes pinceaux enflammés. (A part.) Je crois que ma déclaration est lancée.

MISS KATE.

C'est étonnant comme cette femme ressemble à ma mère, et pas flattée, qui plus est.

ARTHUR, à part.

Pas de chance. Je suis retoqué.

MISS KATE.

Pardonnez-moi si je me suis trompée; mais je ne me connais pas en peinture... Et M. Balandard? Je ne l'ai pas encore vu ce matin. C'est un homme charmant.

ARTHUR.

Je ne dis pas; mais il est un peu vieux.

SCÈNE QUATRIÈME.

MISS KATE.

Oh! à son âge on n'est pas vieux, et vous avez tort de ne pas lui savoir gré de tous les sacrifices qu'il fait pour vous.

ARTHUR.

Ah! en voilà un qui se sacrifie pour les autres, un profond égoïste!

MISS KATE.

Vous êtes injuste. Voulez-vous me permettre de vous donner un bon conseil?

ARTHUR.

Parlez, miss Kate, tout ce qui me vient de vous me plaît.

MISS KATE.

Eh bien, monsieur Arthur, vous feriez mieux, au lieu de débiner votre parent et de flâner sous prétexte de peinture, d'embrasser une carrière sérieuse. Aux États-Unis, tous les hommes travaillent.

Elle s'éloigne et sort.

ARTHUR, *haussant les épaules.*

Elle ne comprend rien à la peinture. (*Regardant son tableau.*) Le fait est que ça ressemble à sa mère. Attends! je vas lui allonger le nez, augmenter les tire-bouchons, pocher les yeux et lui coller une table en sautoir. (*Il peint.*) Ça marche, ça devient frappant. Je pourrai placer ma toile auprès de la vieille toquée avec une devise tenue par des colombes: Souvenir de Cannes, deux cents francs, prix d'ami.

SCÈNE IV
BALANDARD, ARTHUR.

BALANDARD.

Ah! tu es là, toi? Déjà au travail, c'est bien, ça; mais viens-tu déjeuner, il signor Purpurino nous promet des huîtres et du homard.

ARTHUR.

Ah! j'ai bien autre chose à faire, miss Kate vient de me couper l'appétit.

BALANDARD.

Et à propos de quoi?

ARTHUR.

Elle m'a blessé dans mon amour-propre; je travaille depuis des jours à ce tableau dont elle tient le premier plan, je retrace ses traits avec mon cœur plein de ses charmes, je le lui montre, et elle me dit que c'est le portrait de sa mère.

BALANDARD, se rapprochant de la toile.

En effet, c'est frappant!

ARTHUR.

Maintenant que j'y ai fait quelques retouches, sans doute; mais avant, c'était miss Kate. Ah! elle n'entend rien à l'art. C'est une bourgeoise! Tout est perdu! que faire? Si je me perçais de mes pinceaux? Si je me passais ma palette au travers du corps? Si j'avalais mes vessies. Si je crevais ma toile? (Il donne un coup de pied dans le chevalet, un coup de poing dans sa toile, jette sa palette et piétine sur tout.) Ça m'a un peu soulagé.

BALANDARD.

Quelle fureur t'agite! Voyons, calme-toi. Qu'est-ce que je peux faire pour toi? Est-ce un billet de cinq cents francs qu'il te faut?

ARTHUR.

Loin de moi, la cupidité.

BALANDARD.

Belle parole! Veux-tu autre chose? Veux-tu des bayadères? Veux-tu Salammbô? Veux-tu Flaubert lui-même?

SCÈNE QUATRIÈME.

ARTHUR.

Je veux miss Kate!

BALANDARD.

Je ne dispose pas d'elle. Demande sa main à sa mère.

ARTHUR.

Demandez-la-lui pour moi. Je suis jeune, je suis beau, plein d'avenir, tandis que vous n'avez pas, je le suppose, la prétention de me supplanter auprès de cette jeune Américaine. Vous êtes, passez-moi le mot, assez laid, vous n'êtes pas jeune et vous parlez du nez.

BALANDARD.

J'ai un physique qui plaît aux femmes. Je suis vieux parce que j'ai trente-cinq ans? Si tu viens me faire de ces compliments-là, tu peux te taire. Sur quoi as-tu marché? tu ne sais pas ce que tu dis.

ARTHUR.

Vous voyez bien que je souffre, aidez-moi au lieu de m'envoyer promener.

BALANDARD.

T'aider à quoi?

ARTHUR.

A obtenir la main de Kate.

BALANDARD.

Eh bien, je n'y tiens pas, moi, à Kate! Elle est trop riche pour toi et pour moi aussi. Écoute, si tu veux un conseil. Laisse la peinture de côté, fais une pacotille de colliers de verre, de petits miroirs, de vieux fusils et surtout de barils d'eau-de-vie; pars pour les États-Unis, échange tes bibelots pour des fourrures et de la poudre d'or, fais fortune et va demander ensuite la main de miss Kate.

ARTHUR.

Ce sera long, et elle sera bien vieille.

BALANDARD.

Alors autre chose. Crois-tu aux spirites, aux tables tournantes?

ARTHUR.

Pas du tout.

BALANDARD.

Eh bien, il faut y croire, plaire à madame Palmer, abonder dans son sens, dire comme elle et faire la demande.

ARTHUR.

Bien, j'abonderai.

BALANDARD.

Allons, viens déjeuner; ça te remontera. D'ailleurs, j'ai invité madame Palmer et sa fille pour le *breakfast*, comme disent ces dames. — Viens donc, nous chercherons quelque bon truc pour toucher le cœur de la femme aux tables tournantes.

Ils sortent et entrent au casino.

SCÈNE V

MADAME PALMER, avec une petite table ronde à trois pieds, en sautoir; MISS KATE, entrant d'un autre côté.

MISS KATE.

Ma mère, il ne faut pas faire attendre M. Balandard qui nous a invitées.

MADAME PALMER.

Oh! il n'est pas encore l'heure et nous avons le temps d'aller plonger nos torses dans les flots bleus de la Méditerranée.

SCÈNE CINQUIÈME.

MISS KATE.

Mais vous n'allez pas vous baigner avec votre table?

MADAME PALMER.

Si fait. Elle ne me quitte jamais, tu le sais. Il m'est arrivé parfois de l'oublier dans les auberges; les bonnes, les garçons s'en amusaient, ils la tourmentaient et ensuite elle ne me disait que des polissonneries.

MISS KATE.

Vous croyez donc vraiment?...

MADAME PALMER.

Tu en doutes, enfant; sache donc que ce matin encore je l'ai consultée elle m'a prédit que tu ferais un heureux mariage. Tu vois, la preuve c'est que voici M. Balandard qui nous invite à déjeuner. N'est-ce pas une première démarche?

MISS KATE.

M. Balandard ne me déplaît pas; mais je ne vois rien de si concluant dans les oracles de cette table en bois blanc.

MADAME PALMER.

Oh! pauvre fille! je vois bien que tu n'as pas la foi. Mais je veux consulter sur-le-champ, et devant toi Cléophée, mon amie!

MISS KATE, à part.

Ah! je ne la croyais pas folle à ce point!...

MADAME PALMER, posant sa table devant elle.

Cléophée, tu vas écrire, tu vas donner une preuve de ta lucidité à cette enfant qui doute. Voyons! ma chérie, éclaire-nous! (A part.) Elle est inquiète, ne dit rien qui vaille. Ah! pourtant si! Ah! il me semble qu'elle a écrit là... Bal...

SCÈNE VI

BALANDARD, LES MÊMES.

Mesdames, j'ai l'honneur de vous avertir que les huîtres sont ouvertes et n'aiment pas à attendre.

MADAME PALMER.

Trop aimable, monsieur. (A Kate.) Va, passe la première, je te rejoins. (A Balandard.) Un mot, monsieur.

Miss Kate entre au casino.

BALANDARD.

Tout à vos ordres, madame !

MADAME PALMER.

Je serai brève. Croyez-vous au spiritisme ?

BALANDARD.

Je ne crois qu'à ça.

MADAME PALMER.

Avez-vous du fluide ?

BALANDARD.

Guère, avant déjeuner.

MADAME PALMER.

On en a toujours ou jamais. Faites-vous tourner des tables ?

BALANDARD.

Sans doute, comme des totons.

MADAME PALMER.

Nous allons bien voir. (Elle place sa table devant Balandard.) Imposez les mains à Cléophée. Touchons-nous les petits doigts. Y êtes-vous ?

SCÈNE SIXIÈME.

BALANDARD.

J'y suis. Les étincelles magnétiques pétillent sous mes ongles. Les entendez-vous! Pchi, pchi, pchi! Voyez, elle va tourner!

MADAME PALMER.

Ménagez-la; faites-la écrire. Je veux savoir ce que le destin nous ménage. Êtes-vous célibataire?

BALANDARD.

Tout à fait!

MADAME PALMER, transportée.

Cléophéo écrit... oui Bal... Bal... C'est bien vous! Il faut vous marier!...

BALANDARD.

Rien ne presse ; allons déjeuner!

MADAME PALMER.

Vous êtes l'homme que je cherche.

BALANDARD, à part.

Est-ce qu'elle veut faire de moi son gendre?

MADAME PALMER.

Je ne vous demande pas si vous êtes riche ou pauvre, peu m'importe! J'ai trente millions de dollars en rentes aux États-Unis, fermes, usines, cottages, forêts vierges, prairies dans le Far-West, usines de fer et de cuivre au lac Supérieur, placers d'or en Californie, plantations de coton en Louisiane, cannes à sucre et nègres aux Antilles, trois steamers sur le Mississipi, et des champs de café, de vanille et de chocolat partout.

BALANDARD, à part.

Complètement folle!

MADAME PALMER.

Vous doutez? Regardez-moi. *Y love you.*

BALANDARD.

Et moi donc? Je m'en ferai mourir.

MADAME PALMER.

Voici mon anneau, donnez-moi le vôtre, et nous sommes fiancés.

BALANDARD.

Chère dame, allons d'abord déjeuner. Nous reparlerons fiançailles au dessert.

MADAME PALMER.

Pourquoi pas tout de suite? C'est convenu.

BALANDARD.

Madame, je ne puis vous répondre sans avoir d'abord consulté ma malle.

MADAME PALMER.

Votre malle?

BALANDARD, à part.

C'est le moment de me débarrasser d'elle et de faire les affaires de mon neveu. (haut.) Il n'y a pas que vous qui cultiviez le spiritisme. Je m'occupe aussi de cette science. Votre Cléophée n'est rien en comparaison de ma malle. Votre table écrit, c'est vrai; mais elle ne parle pas. Cette malle a appartenu à Swedenborg, le noble Suédois, et je ne l'ai pas payée sa valeur; car je lui dois ma fortune et je ne fais rien sans la consulter.

MADAME PALMER.

C'est admirable! oh! je voudrais l'entendre parler. Où est-elle? Pourrai-je la voir, la toucher?

SCÈNE SEPTIÈME.

BALANDARD.

Rien de plus facile, je vais l'apporter ici. (A part.) Il s'agit de prévenir Arthur.

Il rentre au casino.

MADAME PALMER, secouant sa table.

Cléophée ! parle ! Tu peux parler puisque les malles parlent bien. Je veux que tu parles ! Rien ! tu restes muette, tu n'es qu'un esprit subalterne. Je vais te mettre en pénitence !

Elle la pose dans un coin.

SCÈNE VIII

BALANDARD et **PURPURIN,** apportant une malle énorme et la posant. **MADAME PALMER** et **MISS KATE.**

BALANDARD, (à part.)

Il n'est pas léger mon neveu.

PURPURIN.

Nous allons rire.

MISS KATE, (à part.)

Quelle est cette nouvelle folie de ma mère ?

MADAME PALMER, regardant la malle avec admiration.

Qu'elle est belle et grande ! un monument. (A Balandard.) Laissez-moi la baiser au front. (Elle l'embrasse.) Elle a remué. Le cœur me bat.

On entend frapper trois coups dans la malle.

BALANDARD.

On frappe les trois coups, ça va commencer.

MADAME PALMER.

Ah ! que je suis émue ! (On soupire dans la malle.) Je crois qu'elle soupire.

BALANDARD.

C'est un soupirant !

MADAME PALMER.

A la main de ma fille, sans doute. Voyons, esprit, veux-tu me répondre ? (Un bruit sec résonne dans la malle.) Aoh ! ça sent bien mauvais, et les esprits sont inodores.

BALANDARD.

Pas tous, madame, pas tous !
Nouveau bruit dans la malle.

MADAME PALMER.

Oh ! c'est un esprit bien polisson !

BALANDARD.

C'est l'esprit de Pigault-Lebrun, il va parler, c'est toujours ainsi qu'il débute.

MADAME PALMER.

Avec qui dois-je marier ma fille ? Serait-ce M. Balandard ?

LA VOIX DE LA MALLE.

Non, il est trop vieux !

BALANDARD, à part.

Il tient à ce que je sois vieux.

MADAME PALMER, à la malle.

Alors, avec qui ?

LA VOIX DE LA MALLE.

Avec moi.

MADAME PALMER.

Étrange ! marier ma fille à l'esprit d'un emballeur peut-être ! Spirite, qui es-tu ?

LA VOIX DE LA MALLE.

Arthur Dupinceau.

SCÈNE SEPTIÈME.

BALANDARD, (à part.)

Ah ! il est trop bête, mon neveu.

MADAME PALMER.

C'est un coquin qui se moque de moi. (Elle se jette sur la malle et la redresse en la secouant.) Jetez tout à la mer.

LA VOIX D'ARTHUR.

Remettez-moi sur pied ! J'ai des tendances à l'apoplexie. Je n'en puis plus.

MADAME PALMER, ouvrant la malle.

Sortez de là ! Pour un amoureux, vous poussez des soupirs qui ne sentent pas la fleur d'oranger. Je ne veux point de vous pour gendre. Sortez, polisson, ou je fais appeler la gendarmerie. Quant à vous, monsieur Balandard, vous vous êtes moqué de moi. Vous m'avez enlevé toutes mes illusions. Je reconnais ma folie. J'y renonce ; mais c'est mal, bien mal.

BALANDARD.

Ma foi, je suis fâché d'avoir prêté la main à ce tour de rapin. Vous prenez cette mauvaise plaisanterie mieux que je ne l'aurais cru. Veuillez me pardonner.

MADAME PALMER.

Je vous pardonne et je tâcherai d'oublier.

MISS KATE, à Balandard.

Moi, je vous remercie d'avoir ouvert les yeux à ma mère. C'est un service que je n'oublierai jamais.

(Rideau.)

LE CANDIDAT DE TRÉPAGNY

Comédie en un acte, jouée pour la première fois à Nohant,
le 23 novembre 1875.

PERSONNAGES

BALANDARD, directeur d'une troupe de comédiens en tournée.
COQENBOIS, saltimbanque.
PIQUENDAIRE, aubergiste.
TRINGLET, ouvrier candidat.
CHALUMEAU.
GRELOT, comédien.
COMBRILLO, régisseur.
M. LE MAIRE.

Un Colleur d'Affiches.
Deux Gendarmes.
Deux Pompiers.
ELOA, saltimbanque.
IDA, comédienne.
CÉLESTE, id.
LA POTASSIN, id.
ROSE, servante d'auberge.
Conseillers.
Habitants de la ville.
Musiciens de l'orphéon.

La scène se passe à Trépagny-les-Mèches, en 1875, dans une cour d'auberge.

A gauche du spectateur une auberge avec marches. A droite, un arbre et un hangar. Au second plan, un mur et une porte cochère ouverte sur la place publique. Au fond une ville.

SCÈNE PREMIÈRE

Un Colleur d'Affiches, puis PIQUENDAIRE.

LE COLLEUR, collant les affiches des candidats ; Manandar d'un côté, Tringlet de l'autre. — (Chantant.)

Moi je colle, moi je colle,
Moi je colle, indistinctement,
Les affiches, les affiches,
Les affiches de tous les concurrents.

PIQUENDAIRE, sortant de chez lui.

Ah! voilà l'affiche du célèbre Manandar, notre candidat et futur député. Je ne le connais pas; mais je sais que c'est un homme qui apprécie la famille et respecte la propriété. Le comité électoral et opportuniste de Paris nous l'envoie pour représenter les bons principes de Trépagny-les-Mèches. Collez, colleur, en attendant qu'il arrive nous sauver de la démagogie. Mais que faites-vous ? vous en collez une autre ?

LE COLLEUR.

Oui, monsieur Piquendaire, celle du citoyen Tringlet.

PIQUENDAIRE.

Un radical, un ouvrier, un gréviste, un ouvrier calé-chier ou carrossier. S'il était élu, ce serait une honte pour notre ville. Otez ces affiches qui salissent mes murailles, ou je ne réponds pas de moi.

LE COLLEUR, chantant.

Moi je colle, moi je colle,
Moi je colle, indistinctement,
Les affiches, les affiches,
Les affiches de tous les gouvernements.

PIQUENDAIRE, arrachant les affiches Tringlet.

Non, je ne souffrirai pas davantage les ordures de la radicaille le long de mon mur.

LE COLLEUR.

Modérez-vous, monsieur Piquendaire.

PIQUENDAIRE, furieux.

Que je me modère ! et tu continues à coller !... Attends

Il prend un balai et le frappe. — Chantant.

Toi, tu colles, mais moi j'te colle
Un coup d'balai incontinent,
Pour t'apprendre à fiche le camp !

LE COLLEUR.

Je m'en vais, soyez calme et pas d'emportement.

Il sort.

SCÈNE II

ROSE, PIQUENDAIRE, COQENBOIS, ELOA, Spectateurs

Au second plan, Coqenbois, habillé en Hercule, dresse une table et s'y tient debout. Eloa, coiffée d'un casque de pompier, vêtue d'un maillot et d'une jupe de plumes, bat de la caisse. Quelques spectateurs forment le cercle autour d'eux.

ROSE, *paraissant sur la porte de l'auberge.*

Qui est-ce qui bat le rappel?

PIQUENDAIRE.

Qui peut savoir? En ce temps électoral, il faut s'attendre à tout. C'est peut-être une révolution.

ROSE.

Taisez-vous donc, monsieur Piquendaire, vous ne vous plaisez qu'à me faire peur. Comme s'il y avait jamais eu de révolution à Trépagny-les-Mèches.

PIQUENDAIRE.

Alors, c'est peut-être le candidat...

ROSE.

Eh! non, c'est un saltimbanque! Taisez-vous donc, il va parler.

COQENBOIS, *au fond.*

Ah! ah! le voilà, le véritable premier lutteur de France, Coqenbois, dit *Sans pitié*, roi des hercules, le même qui a remporté les plus brillants succès dans les principales arènes de France, d'Angleterre et d'Allemagne. Ses glorieuses omoplates n'ont jamais touché la poussière des arènes. Voici mademoiselle Eloa, dite *Va mon cœur*, fille sauvage, belle et antique descendante d'un tambour-maître du 3e zouaves. Elle bat la caisse de naissance. Ses poses mythologiques lui ont valu le suffrage de toutes les académies, même celle de France. Nous allons commencer par les jeux romains ou la récréation des hommes forts; première partie, la roue de la fortune, dont la bande de fer ne pèse pas moins de cinquante kilos. Voyez, messieurs, sur la pointe du nez.

Roulement de tambour.

ROSE.

Il est fort, tout de même, pour porter une roue de charrette à nez tendu.

PIQUENDAIRE.

C'est son nez qui est fort... affaire d'équilibre!

ROSE.

Vous n'en feriez toujours pas autant!

PIQUENDAIRE.

Oh! si j'avais été élevé pour ça...

COQENBOIS, descendant de sa table.

Tenez, messieurs! je vais enlever à un mètre au-dessus de l'écorce terrestre, quatre électeurs assis sur cette table en plein chêne, par la seule force de mes glorieuses omoplates. C'est ce que nous appelons le levier d'Archimède. Montez, messieurs... Êtes-vous électeur? oui, asseyez-vous... Encore trois. Il y a de la place pour quatre... Toi, petit, t'as pas l'âge, t'as pas assez de poids, on pourrait supposer que je triche. Y êtes-vous? Tenez-vous les uns les autres. L'union fait la force! Enlevé...

Roulement de tambour.

ROSE.

C'est un rude gaillard!...

COQENBOIS.

Maintenant, messieurs, nous allons passer au tour le plus difficile, c'est celui du gousset. Éloa, fais le tour de la société!

SCÈNE TROISIÈME.

ELOA, qui a posé sa caisse, s'avance une sébille à la main.

Allons, monsieur, mam'zelle, n'oubliez pas de modestes *artistes*.

PIQUENDAIRE, lui donnant un sou.

Faut bien encourager les arts.

ELOA.

Un sou ? monsieur s'en fera mourir !

PIQUENDAIRE, (à part.) Elle va au fait.

Elle a de l'œil.

COQENBOIS, au fond.

Eloa, pas de conversation oiseuse avec le public... continuons nos exercices par la ville.

Ils sortent, suivis du public.

SCÈNE III

PIQUENDAIRE, CHALUMEAU, essoufflé.

Monsieur Piquendaire, une chaise de poste qui entre en ville! C'est lui, Manandar, le seul, le vrai, notre candidat; il m'a dit son nom, il parle du nez. Il est enrhumé du cerveau.

PIQUENDAIRE.

Courez, Chalumeau, amenez-le chez moi, au Grand Monarque ! C'est un monsieur auquel je tiens. Précipitez-vous !

CHALUMEAU.

J'y vole, vous n'oublierez pas nos petites conventions quand il sera député : cette place d'inspecteur des vidanges de la ville.

PIQUENDAIRE.

Reposez-vous sur moi, quand je serai son ami et quand j'aurai obtenu ce que je désire, je penserai à vous.

CHALUMEAU.

J'y cours.

Il sort.

SCÈNE IV
PIQUENDAIRE, puis ROSE.

Rose, il faut préparer les chambres, et bien balayer, mettre de l'eau partout, c'est pas votre habitude. J'attends aujourd'hui notre candidat, le grand, le célèbre Manandar avec sa suite.

ROSE.

Sa suite... C'est donc un prince?

PIQUENDAIRE.

Je veux dire sa société, sa famille.

ROSE.

Dites donc, monsieur Piquendaire... Est-il bel homme, le candidat?

PIQUENDAIRE.

Qu'est-ce que ça te fait? tu n'es pas électrice. Va donc faire les lits.

ROSE.

On y va! mon Dieu! on y va...

Elle sort.

PIQUENDAIRE.

Ah! j'ai de l'émotion... (On entend le roulement d'une voiture. Il se précipite à la porte cochère. A la cantonade.) Cocher! entrez, entrez dans la cour...

SCÈNE V
BALANDARD, CÉLESTE, IDA, PIQUENDAIRE, ROSE.

BALANDARD, du dehors.

C'est inutile! (Il entre.) Avez-vous des chambres?

SCÈNE CINQUIÈME.

PIQUENDAIRE.

Toute la maison est à vous! (à part.) Je me le figurais plus grand, mais quelle belle tête, quel œil intelligent!

IDA.

En voilà une journée fatigante!...

PIQUENDAIRE, à Balandard.

Mademoiselle votre fille, sans doute!

CÉLESTE.

Ah! quel bonheur de sortir de cette boîte... j'ai une migraine affreuse.

PIQUENDAIRE, à Balandard.

Votre dame, probablement?

BALANDARD.

Ça ne fait rien. Donnez-nous des chambres et faites-nous dîner... j'attends d'autres personnes.

PIQUENDAIRE.

J'y vais apporter tous mes soins. (à Rose.) Montrez le numéro 1 et le numéro 2 à ces dames et prenez les bagages.

BALANDARD, prenant une valise.

Oh! ce n'est pas la peine...

PIQUENDAIRE, se précipitant sur la valise.

Ah! je ne souffrirai pas!...

Il prend le sac et entre dans l'hôtel avec Rose.

BALANDARD.

Obséquieux, cet hôtelier. Sa note sera salée. Ida, Céleste, déballez vos toilettes tout de suite. Nous jouons ce soir *le Cadavre récalcitrant*, *le Spectre chauve* et *l'Ermite de la marée montante*. Total : quinze actes.

CÉLESTE.

Ah! quel métier! mon pauvre Balandard.

BALANDARD.

Céleste ! Vous manquez de philosophie.

CÉLESTE.

Si je ne manquais que de cela !

BALANDARD.

Moi, ce qui me manque le plus en ce moment, c'est Grelot, mon régisseur ; Combrillo, mon traître et la Potassin, ma duègne. Qu'est-ce qu'ils font ?

IDA.

Ils se seront arrêtés à boire au dernier relai, selon leur habitude.

BALANDARD.

Je crains bien qu'ils ne me jouent le même tour qu'hier, où, faute d'acteurs, j'ai dû faire relâche. Allons, mes petites chattes, faites servir le dîner, je vais à la mairie et je reviens tout de suite.

CÉLESTE.

Soyez tranquille... je meurs de faim...

Elles sortent à gauche.

SCÈNE VI

PIQUENDAIRE, BALANDARD.

PIQUENDAIRE.

Monsieur cherche... quelque chose ?

BALANDARD.

Oui ! la mairie.

PIQUENDAIRE.

Si vous le permettez, j'aurai l'honneur de vous y conduire.

BALANDARD.

Vous êtes trop aimable !

SCÈNE SEPTIÈME.

PIQUENDAIRE.

Je me recommande à vous... pour une petite place.

BALANDARD.

Deux, si vous voulez, mon cher monsieur.

PIQUENDAIRE, à part.

Mon cher monsieur, ça promet. (Haut.) Parlerez-vous ce soir?

BALANDARD.

Je crois bien! j'en aurai au moins pour quatre heures.

PIQUENDAIRE.

Quel homme vous êtes! Votre succès est assuré.

BALANDARD.

Tant mieux! mais avant tout, la mairie. Certaines formalités à remplir pour les affiches.

PIQUENDAIRE.

Les affiches, je suis au courant de la chose, je suis très bien avec le maire. Ne vous dérangez pas. Je vais y aller moi-même.

BALANDARD.

Mais, je ne veux pas vous donner cette peine.

PIQUENDAIRE.

Si fait, si fait, ça me fait plaisir. En même temps, j'avertirai toute la ville que vous êtes arrivé. Entrez chez moi, reposez-vous, dînez bien, il faut prendre des forces; vous aurez à blaguer dur, ce soir.

Il sort par le fond.

BALANDARD.

En voilà un ami des artistes!

Il sort à gauche.

SCÈNE VII

COQENBOIS, avec une roue et une table, ELOA, avec son tambour et un cabas, UN GENDARME.

LE GENDARME.

C'est assez perturber les populations par vos roulements de caisse. Vous faites autant de bruit qu'un candidat, saltimbanque!

COQENBOIS.

Saltimbanque! candidat! tous les hommes sont frères.

LE GENDARME.

Vous encombrez la voie publique; allez à l'auberge, dispersez-vous!

COQENBOIS.

Ça suffit, gendarme, on s'y conformera.

LE GENDARME.

Et pas d'observations!

Il sort.

ELOA.

Qué malheur! Savoir si on nous y souffrira à l'auberge?...

COQENBOIS.

En payant, nous avons droit aux égards aussi bien qu'un ministre des finances...

ELOA.

Elles sont jolies, nos finances!

COQENBOIS.

Eloa! à combien se monte la recette?

ELOA.

Il n'y a pas gras. Quatorze sous.

COQENBOIS.

Quatorze sous! avec ça on peut souper sans peur et sans reproche. Rangeons le matériel (*ils s'installent près de l'arbre à droite*), la roue... C'est pas celle de la fortune... installons-nous sous cet arbre. Comme ça nous n'aurons pas de chambre à payer. Mets la table... pas les jambes en l'air... C'est pas convenable. Je dépose ma couronne... Elle est bien légère... Soupons!

ELOA.

Au prix où est le beurre, nous n'aurons pas d'indigestion.

SCÈNE HUITIÈME.

COQENBOIS.

Mauvaise affaire que les indigestions, et comme la sobriété est un brevet de bonne santé, nous n'avons pas à nous plaindre.

ELOA.

Encore si le poulet de filasse que je fais semblant de dévorer était en vrai.

COQENBOIS.

Tu voudrais manger les accessoires de l'administration. Tu n'es pas économe, ma fille... Quel est le menu?

ELOA.

Premier service, du pain. Le fromage pour rôti. Dessert un artichaut.

COQENBOIS, s'asseoit par terre en chantonnant.

A table, à table, à table!
Mangeons cet artichaut;
Il serait détestable
S'il était mangé chaud!

SCÈNE VIII

BALANDARD, venant de l'auberge à gauche.

Qui est-ce qui parodie mes couplets?

COQENBOIS, sans se déranger et mangeant.

C'est vous qu'en êtes l'auteur?

BALANDARD.

Mais oui, ne vous en déplaise!

COQENBOIS.

Ça ne me déplaît pas... Ça m'est égal.

BALANDARD, à part, regardant Coqenbois.

Drôle d'organe! Bonne figure de comique... Le crâne dénudé. Il serait excellent dans le rôle du spectre chauve, et remplacerait avantageusement Combrillo qui ne vient pas.

####COQENBOIS.

Qu'est-ce que vous avez à me regarder? Je suis Coqenbois, dit *Sans pitié*, roi des hercules, dont les glorieuses omoplates...

BALANDARD.

Je connais le boniment. Je suis artiste aussi.

COQENBOIS.

Monsieur est lutteur?

BALANDARD.

Oui, lutteur avec le succès, mais pas autrement; je suis directeur d'une troupe de comédiens en tournée de province.

COQENBOIS.

Si j'osais, j'offrirais bien quelque chose à monsieur.

ELOA.

Si monsieur est du bâtiment, il connaît du reste le pain et le fromage.

BALANDARD, la regardant, à part.

Elle est drôle, cette petite, l'œil vif... Elle ferait une piquante soubrette.

ELOA.

Vous m'épluchez, comme si j'étais l'artichaut. Est-ce que vous voudriez me faire un engagement?

BALANDARD.

Je ne dis pas non. Monsieur Coqenbois, est-ce que mademoiselle est votre...?

COQENBOIS.

Eloa! c'est ma nièce. Si vous la voulez, j'y consens, avec son consentement bien entendu. Elle sera toujours plus heureuse avec vous qu'avec moi.

SCÈNE HUITIÈME.

BALANDARD.

Et vous? Si je vous priais de vous associer.

COQENBOIS.

M'associer? Elle est bonne! je n'ai rien. Faut pas se moquer des pauvres gens, ce n'est pas bien. Mais je comprends, vous êtes un homme délicat, vous avez peur de blesser mon amour-propre... oh! vous pouvez me parler sans détours. Je suis bronzé au physique comme au moral. Vieux soldat d'Afrique, sept années de campagne, deux blessures, la médaille militaire et deux de sauvetage. On n'est pas un lâche, quoique saltimbanque!

BALANDARD.

Et pourquoi êtes-vous saltimbanque?

COQENBOIS.

Peut-être pour la même raison que vous êtes comédien. Par amour de l'art et par goût du déplacement. Je suis né nomade, père et mère inconnus, des têtes couronnées ou des va-nu-pieds.

BALANDARD.

Voulez-vous accepter à souper? Nous causerons.

COQENBOIS.

Si je refusais votre invitation, vous diriez que je suis fier... vous croiriez peut-être que je vous méprise. D'ailleurs, nous sommes tous les deux sur la même échelle artistique Il n'y a de différence que les échelons.

ELOA.

Moi, je n'aspire qu'à grimper, j'accepte avec plaisir. Je vas serrer le fromage, il coulera mieux demain.

COQENBOIS.

Permettez que je dépouille la livrée de l'histrion pour revêtir le paletot de l'homme du monde. (Il met un carrick ridicule à trois collets, et se coiffe d'un vieux chapeau haute de forme et luisant.) Eloa, pose ton casque, donne-toi un coup de peigne et mets un nœud.

BALANDARD, à part.

Je crois avoir mis la main sur deux sujets précieux.

SCÈNE IX

PIQUENDAIRE, Les Précédents.

BALANDARD.

Ah! vous voilà revenu. Mettez deux couverts de plus pour monsieur et mademoiselle.

PIQUENDAIRE.

Tiens! les saltimbanques. (A part.) Il chauffe son élection, il a raison, faut pas être fier dans ce métier-là. (Haut.) Vous êtes un homme d'esprit, je vois ça, aussi vous l'emporterez, mon cher monsieur le candidat.

BALANDARD, le reprenant.

Non! Balandard... Qu'est-ce qu'il a cet hôtelier par trop flatteur?

COQENBOIS, à Balandard.

Monsieur, nous sommes convenables et à vos ordres.

BALANDARD, à part.

Ils sont parfaits! (Haut, à Eloa.) Mademoiselle, vous offrirai-je mon bras?

ELOA, confuse.

Oh! monsieur... c'est trop d'honneur. (A part.) Il est joliment *chouette* c't'homme-là!

COQENBOIS.

Il a l'air d'un bon zigue.

Ils entrent dans l'auberge.

SCÈNE X

GRELOT, COMBRILLO, LA POTASSIN,
puis ROSE.

GRELOT.

Eh! la maison! Il n'y a donc personne pour prendre nos baluchons.

LA POTASSIN.

Ne vous impatientez pas, mon petit père Grelot!

COMBRILLO.

Mère Potassin, faut savoir où est descendu Balandard; nous sommes en retard.

LA POTASSIN.

C'est la faute au vin blanc, monsieur Combrillo...

COMBRILLO.

Il désaltère pas du tout.

GRELOT.

Il dessèche, j'ai une soif... (Il appelle.) Holà!

LA POTASSIN.

Vous avez bien assez bu en route; vous êtes déjà ivre.

GRELOT, lui pinçant le nez.

T'as trouvé ça toute seule, Potassine de mes rêves.

LA POTASSIN, en colère.

Vous êtes inconvenant! En voilà des manières de maçon.

COMBRILLO, appelant.

Garçon!... La bonne!...

ROSE, venant de l'auberge.

Voilà! voilà. (A part.) C'est-il encore des hercules?

GRELOT.

A peu près, jeune insulaire de Trépagny-les-Mèches, nous désirons trois verres de fine.

LA POTASSIN, à Rose.

Ne l'écoutez pas, il abuse de sa faculté de boire sans soif.

ROSE.

Entrez, madame, je vais vous servir.

Elles entrent dans l'auberge.

SCÈNE XI

GRELOT, COMBRILLO; BALANDARD, sur la porte de l'auberge.

GRELOT, à Balandard.

Te voilà! c'est pas malheureux!

BALANDARD.

C'est peut-être moi qui suis en retard?...

GRELOT.

Savoir !...

BALANDARD.

Bien! ça y est, complètement ému, me voilà bien loti avec un pareil auxiliaire. — Va te coucher, va !...

GRELOT.

Tu m'envoies coucher? Balandard, t'es un ingrat!

BALAUDARD.

Combrillo, vous un homme sérieux, comment le laissez-vous se mettre dans un état pareil?

COMBRILLO.

Moi! je suis plus soûl que lui.

BALANDARD.

Alors, vous ne pourrez pas jouer *le Cadavre récalcitrant.*

COMBRILLO.

Le cadavre, possible... le récalcitrant jamais.

SCÈNE DOUZIÈME.

BALANDARD, remontant.

Je me passerai de vous. Il s'agit de changer la composition du spectacle. — Coqenbois, mon ami, voulez-vous bien remplir le rôle du spectre chauve?

COQENBOIS, sur la porte.

C'est pas les cheveux qui me gêneront. J'essayerai.

ELOA, à Balandard.

Mon petit homme, je me mets toute à votre disposition.

BALANDARD.

Bien. Nous remplacerons *l'Ermite de la marée montante* par des solos de tambour et des poses plastiques de mademoiselle Eloa.

ELOA.

Je vais donc enfin débuter!... je suis-t'il contente! faut que je vous embrasse!

Elle embrasse Balandard.

COQENBOIS.

Eloa! de la tenue devant le monde.

BALANDARD.

Allons finir de diner et, après, en route pour le théâtre!

GRELOT.

En attendant que j'aille me coucher, je vas souper un brin. Viens, Combrillo.

COMBRILLO.

Chez moi, je suis malade, j'ai une gueule de bois.

Ils rentrent tous dans l'hôtel.

SCÈNE XII

CHALUMEAU, TRINGLET, PIQUENDAIRE.

CHALUMEAU.

J'ai joliment manœuvré l'affaire; toute la population est pour notre candidat.

PIQUENDAIRE.

Alors! ça va bien! Il parlera ce soir pendant quatre heures. Il me l'a promis. Oh! quel bel organe! son succès est assuré.

TRINGLET.

Savoir! moi je me porte aussi et je représente les ouvriers qui sont plus nombreux que les aubergisses, monsieur Piquendaire.

PIQUENDAIRE.

Oh! vous feriez mieux, dans l'intérêt de votre santé, de rester avec vos ouvériers caléchiers que de briguer les suffrages universaux.

TRINGLET.

Possible! on verra ça plus tard! En attendant, je veux voir comment il a le nez fait, mon concurrent.

Il va vers la fenêtre.

PIQUENDAIRE.

Laissez-le dîner tranquillement, pas d'indiscrétion!

TRINGLET.

Il a donc des femmes?

PIQUENDAIRE.

Sans doute, des femmes du monde.

TRINGLET.

Cette petite-là qui a un casque de pompier, c'est peut-être sa fille!

PIQUENDAIRE.

Je ne sais pas au juste, mais elle est sans doute à la dernière mode.

TRINGLET.

Taisez-vous donc, espèce de melon, je ne suis pas dupe de vos manœuvres de la dernière heure. Ce Manandar est un farceur et les drôlesses qu'il régale, c'est des saltimbanques. J'ai reconnu l'Hercule de carton. Je vas crever tout ça. On va rire!

SCÈNE TREIZIÈME.

PIQUENDAIRE.

Taisez-vous donc. Voilà le maire et son peuple qui vient avec son écharpe, ses autorités, la gendarmerie, l'orphéon, les pompiers et tout ce qui s'ensuit pour fêter le délégué du comité électoral de Paris!

TRINGLET.

Zut pour Paris!

SCÈNE XIII

LE MAIRE, Deux Gendarmes, Deux Pompiers, l'arme au bras, Trois Musiciens, Quelques Habitants et Les Précédents.

UN GENDARME.

Place, messieurs! place!

LE MAIRE.

Monsieur Piquendaire, nous venons chercher nous-même le candidat pour le conduire au banquet... Nous espérons que vous serez des nôtres, car c'est à vous que nous devons de le posséder dans nos murs, et notre reconnaissance...

PIQUENDAIRE.

Trop aimable, monsieur le maire. (A part.) Je deviens un homme important, l'élection faite, je me fais nommer du conseil municipal. (Haut.) Je vais chercher notre homme.

Il sort à gauche.

LE MAIRE, à la foule.

Chers concitoyens, je vous recommande le calme qui sied à un peuple libre... Pas de cris séditieux... pas de manifestations bruyantes... du calme, citoyens! Le triomphe de notre cause est au fond de la urne électorale. L'opportunisme, messieurs, c'est la seule raison d'État qui puisse sauver la bourgeoisie républicaine dans ces temps de crise pécuniaire et sociale que nous traversons. De l'énergie ! oui, il en faut; mais n'oubliez pas que nous devons gouverner avec prudence. Une main de fer dans un gant de velours, comme l'a dit avec justesse un de nos bons ministres !

TOUS, criant.

Vivent les bons ministres !

SCÈNE XIV

LE MAIRE, PIQUENDAIRE

PIQUENDAIRE.

Le voilà ! le voilà !

LE MAIRE, aux musiciens.

Allez ! l'orphéon !

On joue la Marseillaise.

SCÈNE XV

BALANDARD, COQENBOIS, GRELOT, IDA, ELOA, sur la porte de l'hôtel, LES PRÉCÉDENTS.

LE MAIRE, avec émotion (à Balandard.)

Grand citoyen ! Nous sommes heureux, (il tousse.) hum ! hum ! et honorés... que vous vouliez accepter, hum !... dans un repas fraternel au milieu des autorités, comme il convient dans cette circonstance, hum !...

TOUS, criant.

Vive notre député !

BALANDARD, à part.

Moi, député ? Quelle mauvaise plaisanterie !

GRELOT.

Oh ! elle est bien bonne ! il fallait ça pour me dessouler.

SCÈNE QUINZIÈME

TOUS.

Un discours, un discours !

BALANDARD, (à part.)

S'il ne faut que ça pour les amuser ! (Haut.) Monsieur le maire, messieurs les conseillers, électeurs, citoyens, gendarmes, pompiers, musiciens et habitants de Trépagny-les-Mèches, habitué depuis longtemps à parler en public, je puis vous satisfaire. Vous me demandez un discours, soit ! mais sur quoi ?

LE MAIRE.

Ça ne fait rien... parlez !

BALANDARD.

Bien ! Permettez-moi d'abord de vous remercier des marques d'amitié que vous me donnez. Je n'en suis pas indigne, croyez-le bien... mais avant de m'accorder vos suffrages, êtes-vous bien sûrs de ne pas vous tromper ?

PIQUENDAIRE.

Non, non !

BALANDARD.

Soit ! j'admets que vous ne vous trompiez pas. Qu'ai-je fait pour vous jusqu'à ce jour ?

LE MAIRE.

Vous ferez.

TOUS.

Il fera ! il fera ! vive Manandar !

BALANDARD.

Je me nomme Balandard et non Manandar...

TOUS.

Bravo !... Bravo ! Vive notre député !

BALANDARD, (à part.)

Pas moyen de les détromper... (Haut.) Puisque vous le voulez, je ferai donc pour vous tout ce qui dépendra de moi. Mon influence n'est pas grande. Pourtant, dans la limite de mes moyens, je vous promets de vous tenir en liesse le plus possible. Car dans les circonstances où nous sommes, dans les crises plus ou moins politiques que nous traversons, quoi de mieux que les plaisirs honnêtes, la gaieté? le rire, messieurs, le bon, le franc rire qui désarme les plus maussades? la bonne comédie qui moralise en amusant? C'est pourquoi, braves gens, je vous engage à venir m'entendre ce soir, je ferai tous mes efforts pour vous tenir le cœur joyeux et l'esprit libre. Permettez, chers concitoyens, il y a erreur. Vous vous trompez.

LE MAIRE.

Le peuple ne se trompe jamais.

TOUS.

Vive le peuple!

BALANDARD.

C'est possible; mais vous pouvez être dévoyés à propos de votre candidat. (Bas, à Coquenbois.) Je te repasse la candidature. (Haut.) Électeurs! votre candidat est en effet parmi nous. Il se cache sous la modeste défroque d'un lutteur de première force. C'est monsieur, l'illustre, le célèbre Coqenbois.

LE MAIRE, à Piquendaire.

Alors, pourquoi appelez-vous notre candidat Manandar quand son vrai nom est Coqenbois?

BALANDARD.

C'est un pseudonyme! Monsieur Piquendaire a mal lu; c'est un quiproquo.

LE MAIRE.

Très juste! tout s'explique. Citoyens, portons nos suffrages sur l'illustre Coqenbois.

PIQUENDAIRE.

Vive Coqenbois!

SCÈNE XVI

TRINGLET, LES PRÉCÉDENTS.

TRINGLET, perçant la foule.

Faut pas me la faire; c'est un saltimbanque un hercule en beurre! à Chaillot!

COQENBOIS.

Dis donc, toi, là-bas, je suis un vieux soldat d'Afrique. deux blessures et la médaille militaire. Qu'est-ce que tu as fait pour ton pays, toi, caléchier?

LE MAIRE, à la foule.

Citoyens, la modestie qui caractérise notre candidat, milite en sa faveur; cette main de fer dans un gant de velours dont je vous parlais tout à l'heure, je l'ai reconnue dans le cœur de bronze du célèbre Coqenbois, c'est l'homme qu'il nous faut. Votons tous comme un seul électeur pour lui.

TOUS.

Vive Coqenbois! à l'hôtel de ville!

TRINGLET, furieux.

Alors, nous sommes en pleine melonnière, mais faut pas croire qu'on balancera les ouvériers comme des borgeois! je vous dis zut à tous!

COQENBOIS.

Je te trouve commun dans ta manière de t'exprimer.

TRINGLET.

Assez causé. J'crains personne, pas même les hercules d'académie! T'enlèveras pas les suffrages à nez tendu comme les melons de la ville. J'suis candidat aussi, j'm'appelle Tringlet et j' suis le plus fort homme de Trépagny-les-Mèches.

COQENBOIS.

Alors, je vais te soigner, tu m'intéresses.

TRINGLET.

Combien que tu pèses?

COQENBOIS.

Si tu veux le savoir, arrive !

LE MAIRE.

Messieurs, restez-en là.

TRINGLET.

C'est une affaire d'amour-propre. Je lui joue sa candidature contre la mienne, avec l'autorisation de M. le maire.

LE MAIRE.

Allez ! j'autorise !

COQENBOIS.

Ça va !

PIQUENDAIRE.

Jouez plutôt ça au billard.

CHALUMEAU.

Les paris sont ouverts, je fais cinq francs pour l'hercule.

LE COLLEUR D'AFFICHES.

Je les tiens pour Tringlet.

TRINGLET.

Alors, c'est le grand jeu ! Saltimbanque, es-tu assuré contre la casse ?

COQENBOIS.

As-tu jamais sauté par-dessus une porte cochère ?

TRINGLET, haussant les épaules.

Tu me fais rire !

Il met la main sur l'épaule de Coqenbois, celui-ci en fait autant.

SCÈNE SEIZIÈME.

COQENBOIS.

As-tu réglé tes affaires de famille?

TRINGLET.

Je ne connais ni la famille, ni la propriété.

COQENBOIS.

En ce cas, tu ne seras pas une perte pour la société.

Lutte. — Tringlet est enlevé en l'air et jeté par-dessus le mur qui ferme la cour sur la place du fond. Tous courent au dehors.

CHALUMEAU.

Ah! il est mal retombé. Il a les reins cassés.

LE MAIRE.

A l'hôpital!

TOUS.

Vive Coqenbois! Vive notre candidat! A l'hôtel de ville! En avant la musique!

L'orphéon joue la *Marseillaise*. — Les spectateurs portent Coqenbois sur leurs épaules.

COQENBOIS.

Monsieur Balandard, je vous confie Eloa, si je succombe dans la lutte! Chers concitoyens, électeurs, quand il vous fera plaisir, je suis à vous!

Ils sortent.

BALANDARD.

Voilà comment on fait un député! Ouf! je l'ai échappé belle!

Rideau.

LE LUNDI DE LA COMTESSE

Comédie en un acte, jouée pour la première fois à Nohist,
le 31 décembre 1874.

PERSONNAGES

BALANDARD.	LORD DUR.
PARASOL.	PITONNET.
BAPTISTE, valet de chambre.	MADAME LA COMTESSE DE VALTREUSE.
SAUTELACOUPKOFF.	MARGUERITE, sa fille.
MACROPHYLLOS.	MADAME DE SAINT-REMY.
LE NOTAIRE.	
UN COMMISSAIRE DE POLICE.	OLYMPIA NANTOUILLET.
LABRANCHE, cocher.	JAVOTTE, bonne.
BARBILLON, député.	Deux Agents de police.

La scène se passe à Paris en 1874.

Un salon avec un autre petit salon au fond. — Piano. — Bougies allumées.

SCÈNE PREMIÈRE

BAPTISTE, LABRANCHE, JAVOTTE,

Au lever du rideau, tous les domestiques sont assis dans les fauteuils et font salon.

BAPTISTE, lisant le journal.

Citoyens, frères et amis, je passe à la physionomie de la séance d'aujourd'hui dans le *Rouleau Social*, un fameux journal.

LABRANCHE.

Monsieur Baptiste ! que fait le trois pour cent ?

BAPTISTE.

Citoyen Labranche, il baisse toujours, tout va bien... Discours du citoyen... je ne peux pas lire son nom, mais c'est un pur celui-là ! Voyons ! ça doit être dans nos eaux.

On entend un coup de timbre.

JAVOTTE, se levant.

Monsieur Baptiste, on a sonné.

BAPTISTE, calme.

J'ai bien entendu, je ne suis pas sourd. Asseyez-vous, Javotte, que personne ne se dérange, nous sommes en comité électoral. (Il lit.) Citoyens, la question palpitante du jour est tout entière dans le changement de ministère...

LABRANCHE.

Laissez donc la politique et parlons de nos intérêts.

BAPTISTE.

Vous avez raison. Il est temps que les gens de maison soient représentés à la Chambre. Électeurs, je m'adresse à vous Labranche, car mademoiselle Javotte ne jouit pas de ses droits civiques.

JAVOTTE.

Je voterais toujours aussi bien ou aussi mal que vous.

BAPTISTE.

Silence ! fille mineure et rebondie. Électeurs, je me porte donc à la députation, je brigue vos suffrages, les suffrages universaux de tous les larbins de Paris, moi, Baptiste, un larbin comme vous !

LABRANCHE et JAVOTTE, ensemble.

Vive Baptiste !

On entend un second coup de timbre.

SCÈNE PREMIÈRE.

JAVOTTE, effrayée.

On sonne encore !

BAPTISTE.

Laissez sonner les intrus, les indifférents !

LABRANCHE.

Votre profession de foi.

BAPTISTE.

En premier lieu, citoyens, j'exige que les maîtres payent régulièrement tous les quinze du mois avec intérêts à six pour cent pour chaque jour de retard ; augmentation de gages *progressif*, bien entendu. De plus, le droit de porter toute la barbe et l'abolition de la livrée. Je demande la liberté des dimanches et surtout des lundis.

LABRANCHE.

Le lundi, c'est le jour de madame la comtesse.

BAPTISTE.

Elle changera de jour.

JAVOTTE.

Et la permission de dix heures tous les soirs.

BAPTISTE.

Vous en abuseriez. Silence ! je vous retire la parole.

JAVOTTE.

Ça, c'est dur pour une femme !

BAPTISTE.

Or donc, citoyens, pour commencer, mettons-nous en grève. Plus d'exploitation des domestiques par les maîtres.

LABRANCHE.

C'est mon opinion. Bravo ! je vote pour le citoyen Baptiste !

JAVOTTE.

Et moi aussi.

LABRANCHE.

Allez donc vous asseoir.

Le timbre résonne pour la troisième fois, puis on entend un coup de sonnette.

JAVOTTE.

Ça, c'est la sonnette de madame.

BAPTISTE, *chantant sur l'air de la Dame blanche.*

Sonnez, sonnez,
Sonnez, cors et musettes,
Tous les larbins sont réunis.

LES AUTRES, *en chœur.*

Tous les larbins sont réunis.

SCÈNE II

LA COMTESSE, Les Précédents.

LA COMTESSE.

Eh bien, Baptiste, voilà trois fois que l'on sonne et vous restez là lisant le journal, tranquille...

BAPTISTE.

Tranquille comme Baptiste.

LA COMTESSE.

Qu'est-ce à dire ? Vous faites des mots ? Moi-même j'appelle, et personne ne se dérange. Labranche, Javotte, au salon !... C'est de la dernière inconvenance. Qu'est-ce que ça signifie ? Êtes-vous sourds, êtes-vous fous ?

BAPTISTE.

Madame est bien bonne, mais nous nous sommes mis en grève. La société que madame reçoit ne nous convient pas ; nous voulons une augmentation de salaire.

LA COMTESSE.

Je vous paye déjà trop cher pour ce que vous faites chez moi, animal !

BAPTISTE.

Des gros mots ! En ce cas, madame, payez-nous nos gages. Plus de crédit, plus de livrée ! Voici mes conditions !

LA COMTESSE.

Vos conditions ? Vous osez me faire des conditions à moi, comtesse de Valtreuse ! Dans quel siècle vivons-nous ? Javotte, retournez à votre couture, Labranche à l'écurie, et vous, Baptiste, allez ouvrir.

BAPTISTE.

La manière de voir de madame n'est pas la nôtre. Nous voulons être payés.

LA COMTESSE

Vous le serez à la fin de l'année.

BAPTISTE.

Les opinions de madame n'étant pas les miennes, j'aurai l'honneur de faire assigner madame.

Il ôte son habit de livrée et le pose sur un meuble.

LA COMTESSE, effrayée.

Qu'est-ce que vous faites ? Vous allez vous déshabiller devant moi ?

BAPTISTE.

Je dépouille la livrée de la servitude pour endosser l'habit de la libre pensée. (Montrant le journal et son pantalon.) Le journal, le gilet et le pantalon sont à moi.

LABRANCHE.

Mes opinions me font un devoir de ne pas quitter le

citoyen Baptiste, mon candidat. (Remettant son chapeau galonné et son fouet.) Madame pourra se conduire elle-même.

BAPTISTE.

Cedant arma togœ.

JAVOTTE, ôtant son tablier.

Voici mon tablier.

LA COMTESSE.

Mais, coquins, c'est ce soir mon lundi, j'attends du monde, beaucoup de monde... Vous n'allez pas sortir.

BAPTISTE.

On ne sort pas, madame, on s'en va!

LABRANCHE.

Rendons-nous au comité, au club, cloub ou cleub!

Ils sortent avec fierté.

SCÈNE III

LA COMTESSE, se laissant tomber sur le canapé.

Je suis stupéfiée, anéantie! Où allons-nous?... La révolution chez moi! j'ai nourri de ma soupe l'hydre de l'anarchie sous la figure de ces valets idiots. (On sonne.) On sonne encore et personne pour ouvrir! Faudra-t-il donc que j'aille moi-même tirer le cordon comme si j'avais encore seize ans... alors que dans la loge de mon père?... Heureux âge, heureux cordon! où êtes-vous?

Elle reste absorbée.

SCÈNE IV

MADAME DE SAINT-REMY, LA COMTESSE

MADAME DE SAINT-REMY.

Bonjour, comtesse, si je sonne, c'est pour la forme, car la porte est toute grande ouverte. Que se passe-t-il chez vous?

SCÈNE QUATRIÈME.

LA COMTESSE, se levant.

Ah! c'est vous, chère Saint-Remy! Figurez-vous que tous mes gens sont en délire. Le souffle de la révolution a venté sur eux.

MADAME DE SAINT-REMY.

J'aimerais mieux : le vent de la révolution a soufflé; mais c'est affaire de goût et de première éducation.

LA COMTESSE.

C'est possible! En attendant, me voilà seule à la maison avec ma fille; mais elle, vous la connaissez, Marguerite, jamais elle ne consentira à tirer le cordon de personne, elle, fille d'un prince polonais.

MADAME DE SAINT-REMY, à part.

De la Petite Pologne. (haut.) Je comprends sa répugnance. Je venais justement vous parler d'elle.

LA COMTESSE.

Vous avez quelqu'un en vue? dites vite. Asseyez-vous donc.

MADAME DE SAINT-REMY.

C'est un parti sérieux. Un jeune homme de trente-quatre ans, bien conservé, de l'œil, de la dent, du cheveu, des chevaux, un grand nom, un grand train, cinquante mille livres de rentes.

LA COMTESSE.

Cinquante mille livres de rentes! Ah! ma chère! ça remettrait du beurre dans les épinards de mon blason.

MADAME DE SAINT-REMY.

Votre blason? vous voulez rire.

LA COMTESSE.

J'en ai acheté un tout neuf. Est-il noble votre protégé?

MADAME DE SAINT-REMY.

Il doit l'être.

LA COMTESSE.

Et de quoi écarte-t-il?

MADAME DE SAINT-REMY.

D'azur à boutons d'or.

LA COMTESSE.

Ma fille est à lui ! qu'il vienne !

MADAME DE SAINT-REMY.

Je lui ai dit de venir ce soir.

LA COMTESSE.

Oh! je suis impatiente de le voir. Et personne pour faire le service, passer les rafraîchissements, annoncer. Voyons, chère belle, vous qui êtes une femme de ressources, procurez-moi un domestique quelconque.

MADAME DE SAINT-REMY.

J'ai votre affaire... Je connais un homme de place qui s'entend très bien aux soirées.

LA COMTESSE.

Vous me sauvez.

MADAME DE SAINT-REMY.

Mais vous savez nos conditions... Marguerite n'est pas bien facile à marier...

LA COMTESSE.

Vous voulez quelque chose?

MADAME DE SAINT-REMY.

Je veux vous rappeler nos conditions.

LA COMTESSE.

Oui, oui, dix pour cent sur la dot du futur si l'affaire se fait. Eh bien, je ne me dédis pas.

MADAME DE SAINT-REMY.

C'est convenu ! Ah ! à propos, ne pourriez-vous pas me prêter vingt-cinq louis ? j'ai un petit billet à payer demain matin.

LA COMTESSE.

Croyez-vous que je les aie ? Venez ce soir, vous les ferez à la table de jeu. On soupera. Il y aura du pigeon. Allons, chère amie, envoyez-moi votre domestique et votre protégé.

MADAME DE SAINT-REMY.

Pour le domestique, vous l'aurez dans un instant.

LA COMTESSE.

Passez donc en même temps chez mon notaire; qu'il ne manque pas ce soir, je serais bien aise de prendre son avis au sujet de ce mariage.

MADAME DE SAINT-REMY.

C'est une affaire entendue.

LA COMTESSE.

Allez vite ! Je n'ai personne pour ouvrir.

MADAME DE SAINT-REMY.

Eh bien ! si je laissais la porte tout contre... Est-ce que votre maison n'est pas sure ?

Elle sort.

LA COMTESSE.

Si fait ! ne fermez pas.

SCÈNE V

MARGUERITE, LA COMTESSE.

MARGUERITE.

Eh bien, mère ! il n'est arrivé personne ?

LA COMTESSE.

Baptiste et les autres ont décampé sous prétexte de politique; mais il s'agit d'autre chose... Un ami de madame de Saint-Remy, un parti splendide se présente ce soir pour vous, le marquis de... de... j'ai oublié de lui demander son nom, le nom ne fait rien à l'affaire. Enfin c'est un noble, d'azur à boutons d'or ; ayez l'air de ne rien savoir. Cinquante mille livres de rente, cheveux, chevaux, des dents, de l'œil, voiture, etc., un grand train. Il est fort bien, la fleur de l'âge, trente-quatre ans. Soyez aimable, prévenante même.

MARGUERITE.

Mère, je ferai de mon mieux.

LA COMTESSE.

Chère enfant ! que je t'embrasse ! Viens te donner un coup de peigne.

Elles sortent.

SCÈNE VI

On entend sonner à la porte.

BALANDARD en habit noir, cravate blanche, puis
LA COMTESSE.

BALANDARD.

Puisque personne ne vient m'ouvrir et que la porte est entre-bâillée, je me présente seul. Madame de Saint-Remy n'en finit pas avec ses allées et venues. D'ailleurs elle m'a dit que j'étais annoncé et présenté d'avance. Bel appartement, du luxe. Il paraît que cette comtesse de Valtreuse est un peu originale. Nous allons voir ça. Il ne faut pas la brusquer, m'a dit la Saint-Remy, ne la brusquons point. Mais me marier comme ça, tout de suite, c'est une affaire grave. On dit la jeune fille très bien élevée, très jolie, très riche, la vue n'en coûte rien. Ah ! voici la mère sans doute ? Madame.

Il salue.

SCÈNE SEPTIÈME.

LA COMTESSE, entrant, très préoccupée.

Ah! vous êtes l'homme envoyé par madame de Saint-Remy.

BALANDARD, à part.

L'homme! (Haut.) Oui, madame la comtesse, je vous demande pardon si je me présente sans elle, mais elle m'a dit...

LA COMTESSE.

C'est bien, mon ami, vous n'avez pas besoin de présentation.

BALANDARD, à part.

Son ami, elle va vite en familiarité.

LA COMTESSE.

Vous savez ce que vous avez à faire en pareille circonstance.

BALANDARD.

Parfaitement.

Il rit.

LA COMTESSE.

Qu'avez-vous à rire? (A part.) Quel imbécile! (Haut.) Allons, passez cette livrée, tenez-vous dans l'antichambre, ouvrez quand on sonnera, demandez les noms et annoncez... puis vous passerez les glaces, les rafraîchissements, le punch... faites vite!

Elle sort.

BALANDARD.

Est-ce qu'elle veut me faire jouer une charade? qu'est-ce que ça veut dire? je ne comprends pas... C'est une toquée. Enfin, ça ne fait rien, je veux bien rire aussi. Passons la livrée. (Il endosse l'habit de livrée.) Elle me va! (On sonne.) Voilà, monsieur, voilà!

Il va ouvrir.

SCÈNE VII

PARASOL, en habit bleu clair à boutons d'or, BALANDARD, puis LA COMTESSE.

BALANDARD.

Qui dois-je annoncer?

PARASOL.

C'est pas la peine, mon garçon, je suis Parasol.

BALANDARD, à part.

Un ami de la maison, probablement.

LA COMTESSE, au fond.

Habit bleu d'azur à boutons d'or... c'est lui! qu'il est bien! (A Balandard.) Laissez-nous et occupez-vous du service!

BALANDARD.

Bien, madame!...

Il sort.

SCÈNE VIII

LA COMTESSE, PARASOL, puis MARGUERITE.

PARASOL.

Madame... c'est moi qui... que... madame de Saint-Remy.

LA COMTESSE.

Je sais, je sais, monsieur... (Elle lui fait la révérence.) Enchantée... trop heureuse...

PARASOL, saluant.

Madame, c'est moi qui.. que...

SCÈNE HUITIÈME.

LA COMTESSE.

Remettez-vous, monsieur, je comprends votre émotion, elle est bien naturelle, une première démarche... mais vous me plaisez... vous avez l'air noble, vous l'êtes, ma fille l'est aussi et nous sommes flattés. Mon Dieu, vous m'excuserez ; madame de Saint-Remy m'a bien dit votre nom, mais je l'ai oublié...

PARASOL.

Boniface Parasol. (A part.) J'y comprends rien du tout. (Haut.) Mais enfin, madame, que faut-il faire?

LA COMTESSE.

Soyez aimable, empressé, plaisez, mon cher, plaisez! vous savez mieux que moi comment on s'y prend.

PARASOL.

Oh! madame, je m'entends à tout.

LA COMTESSE.

Parfait! Tenez, voici ma fille. (Bas, à Marguerite qui entre.) Le marquis de Parasol, ton futur. (A Parasol.) Je reviens, menez-moi ça rondement.

Elle sort.

PARASOL, à part.

Que je mène sa fille rondement. Il paraît qu'elle a mauvaise tête. (Haut, à Marguerite qui entre.) Je demande pardon à mademoiselle si j'adresse la parole le premier à mademoiselle, mais la mère de mademoiselle me commande d'être empressé auprès de mademoiselle... Quels sont les ordres de mademoiselle?

MARGUERITE.

Monsieur, je n'ai pas d'ordres à vous donner, c'est à moi d'en recevoir de vous.

PARASOL, à part.

Mais elle n'a pas l'air si terrible. (Haut.) Je vous demande pardon, je suis votre serviteur.

MARGUERITE.

Vous êtes trop aimable, monsieur, et je sens bien que je n'aurai pas de peine à obéir à ma mère.

LA COMTESSE, l'embrassant.

Chère enfant !

PARASOL.

Nous devons l'obéissance à nos parents, mais je voudrais bien savoir par où je dois commencer.

MARGUERITE, baissant les yeux.

Ce n'est pas à moi à vous l'apprendre, monsieur.

PARASOL.

Oh ! j'en sais plus long que mademoiselle, c'est bien sûr ; mais quand on n'est pas au courant d'une maison. Si mademoiselle voulait me montrer le service...

MARGUERITE, à part.

Pauvre jeune homme ! comme il est embarrassé. (Haut.) Vous êtes musicien ? (Allant au piano.) Jouez-moi donc la symphonie en *mi bémol* de Mendelssohn.

PARASOL.

Vous m'excuserez, mais...

MARGUERITE.

Vous ne la savez pas par cœur, je comprends, c'est très difficile. Mais la valse de Faust. Oh ! j'adore la valse... je vous retiens pour la première, tout à l'heure.

PARASOL, à part.

Drôle d'idée !... (Haut.) Je suis aux ordres de mademoiselle.

On sonne.

SCÈNE IX

BALANDARD, se précipitant au fond, **OLYMPIA**, Les Précédents.

BALANDARD.
Qui dois-je annoncer?

OLYMPIA, à part.
Tiens! un nouveau domestique! (Haut.) Annoncez Olympia Nantouillet.

BALANDARD.
Olympia? un nom aussi joli que la personne qui le porte.

OLYMPIA, à part.
Ce garçon connaît son monde. (Haut.) Prenez donc ma pelisse.

BALANDARD.
Tout ce qu'il vous plaira, madame ou mademoiselle?

OLYMPIA.
Comme vous voudrez.

BALANDARD.
Ah! très bien. (A part.) C'est-à-dire que je ne comprends pas. (Haut.) Et M. Nantouillet?

OLYMPIA.
Merci, il est mort. (A part.) Est-il bête, ce domestique!

LA COMTESSE.
Oh! venez vous asseoir, chère belle.

OLYMPIA.
Bonsoir, Marguerite.

MARGUERITE.
Bonsoir, Nantouillette.

Elles s'assoient. On sonne.

LA COMTESSE, à Balandard.

Garçon, allez donc ouvrir et annoncer.

BALANDARD

Oui, madame.

Il va au fond.

PARASOL, à part.

Mais c'est mon service qu'il fait.

OLYMPIA, bas à la comtesse, montrant Parasol.

Quel est ce monsieur ?

LA COMTESSE, de même.

Ma chère, c'est le futur de Marguerite, un homme du monde, le marquis de Parasol, cinquante mille livres de rente.

OLYMPIA.

Elle a de la chance... soignez-le et recevez mes félicitations.

LA COMTESSE.

Comment le trouvez-vous ?

OLYMPIA.

S'il n'avait pas cinquante mille livres de rente, je ne le trouverais pas du tout.

LA COMTESSE.

Pas de bêtises, ma petite ! Il n'est pas pour vos beaux yeux.

OLYMPIA.

Oh ! si je voulais ?...

LA COMTESSE.

Vous êtes fat, ma chère.

On sonne.

SCÈNE X

BALANDARD, annonçant successivement à chaque coup de sonnette : M. PITONNET, artiste pianiste ; M. BARBILLON, député ; LE GÉNÉRAL MACROPHYLLOS, ambassadeur grec à la Porte ; LE PRINCE SAUTELACOUPKOFF ; LORD DUR DE BOSTON.

Les invités vont à tour de rôle saluer la comtesse et se groupent dans les deux salons.

LA COMTESSE, à Sautelacoupkoff.

Prince, je veux vous présenter à mon futur gendre, le marquis de Parasol.

SAUTELACOUPKOFF.

Ah ! vous en tenez un enfin ! et un marquis ?

LA COMTESSE présente Sautelacoupkoff à Parasol.

Le prince Sautelacoupkoff.

SAUTELACOUPKOFF.

Monsieur.

PARASOL.

Monsieur. (à part.) On est très poli dans cette maison.

LA COMTESSE, à Sautelacoupkoff.

Il a l'air distingué, n'est-ce pas ?

SAUTELACOUPKOFF.

Un ange !

LA COMTESSE.

Je pense que vous allez vous tenir un peu !

MARGUERITE.

Est-ce que l'on ne va pas danser ?

LA COMTESSE.

Si fait ! Voyons, une petite sauterie. Monsieur Pitonnet, jouez-nous quelque chose.

MARGUERITE.

Un quadrille! (Pitonnet salue et va au piano. — Bas, à Parasol.) Invitez-moi donc.

PARASOL, à part.

C'est un drôle de service que j'ai à faire.

MACROPHYLLOS, à la comtesse.

Moi, la danse me laisse froid. Si on faisait quelques tours de roulette?

LA COMTESSE.

Si fait! Prince, êtes-vous en fonds?

MACROPHYLLOS.

Tout en écus grecs.

LA COMTESSE, à Sautelacoupkoff.

Général! apportez donc l'écumoire dans le petit salon du fond. (A ses invités.) Mylord Dur, monsieur Barbillon, vous jouez, n'est-ce pas?

BARBILLON.

Sans doute!

LA COMTESSE.

Je ferai la banque!

MACROPHYLLOS.

Honneur aux dames; mais à chacun son tour!

SAUTELACOUPKOFF, apportant la roulette au fond.

Mesdames, messieurs, à vos ordres!

Ils vont au fond.

PITONNET prélude au piano.

En place!...

MARGUERITE.

Olympia, faites-nous vis-à-vis avec mylord.

LORD DUR, à part.

Je ne suis pas venu pour danser. (Haut.) Madame, permettez-moi de vous offrir un cavalier.

SCÈNE DIXIÈME.

OLYMPIA.

Monsieur, j'accepte.

Musique ; ils se placent et dansent.

BALANDARD, avec un plateau chargé de glaces, regardant danser Marguerite.

(A part.) Oh! mais oui, je la reconnais, c'est bien elle, ma jolie soupeuse du Casino, aux bains de mer de Trouville, l'an passé; mais alors elle n'avait pas de mère, Margot! qui aimait bien les confitures et le vin de Champagne. Et moi aussi je t'ai fait danser. Et c'est elle qu'on me propose pour former des liens indissolubles. Toi héritière, toi noble! jamais! Tu es charmante, je l'avoue, mais... Je trouverais la plaisanterie mauvaise si elle n'était pas drôle. Et cette madame de Saint-Remy qui m'emballe dans cette société-là! Comme on peut facilement tromper un honnête homme! Quelle chance d'avoir été pris pour un domestique! Ah! mais je commence à m'amuser beaucoup ici! Et ce garçon qui la fait danser? Il a l'air de lui plaire. Ce M. Parasol, quelle touche! Drôle de monde! (Haut.) Mesdames, messieurs, des glaces! pistache, vanille, chocolat, framboise! (A Parasol.) Un verre de punch! (A Marguerite.) Prenez donc un panaché, ma petite demoiselle, ne vous gênez pas. Faites donc comme chez vous! Vous n'en mangez peut-être pas tous les jours.

MARGUERITE, laissant tomber la glace sur sa robe en le reconnaissant.

Arthur! (Haut, se remettant.) Maladroit, vous m'avez tout jeté sur ma robe.

BALANDARD.

Pardon, ce n'est pas moi... Et puis, ça ne se voit pas, c'est de la même couleur que votre robe.

MARGUERITE.

Vous êtes bon, vous!

Elle rit et essuie sa jupe avec son mouchoir.

BALANDARD.

Je suis excellent, je vous assure... (A Parasol.) Pardon, monsieur, tenez donc un peu ce plateau. (Il passe son plateau à Parasol.) Je vais vous aider.

Il essuie la robe avec sa serviette.

PARASOL.

Donnez donc, vous n'entendez rien au service, mon ami. (A part.) Je vais enfin pouvoir travailler.

LA COMTESSE, au fond.

Faites les jeux.

MACROPHYLLOS.

Je fais cinquante écus grecs sur la rouge.

SAUTELACOUPKOFF, à Parasol.

Faites-vous vingt-cinq louis sur la noire?

PARASOL.

Vingt-cinq centimes!

Il s'éloigne avec le plateau.

LORD DUR.

Cent dollars sur la noire.

Il remonte.

OLYMPIA.

Tenu! (A Balandard.) Garçon, avancez-moi cinq louis pour entrer au jeu.

BALANDARD.

Vous plaisantez, belle dame! je ne les ai jamais eus. (A part.) Ça sent le grec ici!... (A Marguerite.) Voilà, la robe est essuyée!...

LA COMTESSE, au fond.

Les jeux sont faits. Rien ne va plus!

SCÈNE DIXIÈME.

MARGUERITE, bas.

Arthur !

BALANDARD, de même.

Margot !

MARGUERITE.

Es-tu vraiment domestique ?

BALANDARD.

Je fais l'intérim.

MARGUERITE.

Tu as mangé ta fortune ? tu es ruiné ?

BALANDARD.

Complètement.

MARGUERITE.

Et tu es entré à notre service ?

BALANDARD.

Oui, pour ce soir.

MARGUERITE.

Tu t'es souvenu de moi. C'est gentil ça, mon petit, mais c'est impossible. Je vais me marier, c'est sérieux, une grande fortune, un grand nom, et tu comprends que nous ne pouvons plus nous revoir.

BALANDARD.

Je le comprends.

MARGUERITE.

Je ne peux pourtant pas te sacrifier mon avenir. Songe donc, un homme qui m'apporte quatre-vingt-dix mille livres de rente !

BALANDARD.

Oh ! s'il est aussi riche que ça, n'hésite pas, épouse-le, je lui cède ma place.

MARGUERITE.

Tais-toi, on vient.

Il se séparent.

OLYMPIA, à part.

Qu'est-ce qu'elle complote avec ce domestique ? L'hidalgo me plaît assez.

PARASOL, repassant avec son plateau.

Madame désire-t-elle une tasse de chocolat ?

OLYMPIA.

Comment, marquis, vous passez les rafraîchissements vous-même ? quelle idée ! quel rôle jouez-vous ?

PARASOL.

Madame, je ne m'appelle pas marquis, mais bien Parasol.

OLYMPIA.

Eh bien, monsieur de Parasol, je vous engage à avoir l'œil sur Marguerite. On vous mystifie, mon cher.

PARASOL.

Je ne sais pas si c'est moi ou d'autres ; mais pour sûr, il y a une balançoire ici.

OLYMPIA, montrant Balandard.

Vous ne voyez donc pas que cet homme-là est un faux domestique...

PARASOL.

Faut pas être bien malin pour s'apercevoir qu'il n'entend rien aux sorbets.

OLYMPIA.

Vous vous êtes fourvoyé... Marguerite n'a pas la fortune que vous croyez, elle n'est pas plus noble que moi et il y a peut-être beaucoup à dire sur son passé. Enfin, vous êtes averti.

PARASOL.

Oh ! je ne me suis engagé que pour la soirée...

SCÈNE DIXIÈME.

OLYMPIA.

En ce cas, mon cher, veuillez vous souvenir plus tard que c'est moi qui vous aurai ouvert les yeux, Olympia Nantouillet, rue de Trévise, 27; voici ma carte.

PARASOL.

Merci, madame, je ne la perdrai pas; mais je dois prévenir madame que, excepté le soir, je ne suis pas libre.

OLYMPIA.

Et le matin?

PARASOL.

Oh! le matin, impossible, je suis à mon ministère.

OLYMPIA.

Vous êtes ministre?

PARASOL.

Non, je suis frotteur.

OLYMPIA.

Mon Dieu! que vous êtes drôle!

Elle remonte.

PARASOL.

Qu'est-ce qu'elle a encore cette toquée-là?

La comtesse, Barbillon, Sautelacoupkoff, Macrophyllos, au fond.

BARBILLON.

Dites donc, général, chaque fois que la bille roule, vous donnez un coup sous la table. C'est pas de jeu.

SAUTELACOUPKOFF.

Rien ne va plus! Double zéro pour le banquier.

BARBILLON.

Ah! c'est trop souvent aussi...

SAUTELACOUPKOFF.

Que prétendez-vous insinuer?

BARBILLON.

Vous connaissez la mécanique ! Je suis volé comme dans un bois.

SAUTELACOUPKOFF.

Monsieur !

BARBILLON.

Vous êtes un farceur !

MACROPHYLLOS.

Messieurs, messieurs ! pas d'esclandre, il y a des dames.

SAUTELACOUPKOFF.

C'est juste !... Faites les jeux.

BARBILLON.

Je ne fais plus rien du tout, je m'en vais.

Il sort.

LA COMTESSE.

Monsieur Pitonnet ! Une polka !... (A part.) Il faut faire diversion.

BALANDARD, à Marguerite.

Un tour de polka ?

MARGUERITE.

Tu es fou ? (A Parasol.) Mon ami... je suis à vous.

PARASOL, stupéfait.

Encore ?

MARGUERITE.

Oui, toute la vie...

BARBILLON, revenant, à Balandard.

Dites donc, garçon, j'avais un paletot tout neuf... je ne le retrouve plus.

BALANDARD.

Tout neuf ? On ne prend que ceux-là.

SCÈNE ONZIÈME.

BARBILLON.

C'est donc une caverne !

Il sort. On sonne.

LA COMTESSE.

Cachez la roulette !

Pendant que l'on range au fond, Balandard qui a été ouvrir annonce :

C'est un notaire !

SAUTELACOUPKOFF, *inquiet.*

Un homme de loi ! Qu'est-ce qu'il veut ?

LA COMTESSE.

C'est M. Gratterole, mon notaire. Il est de très bon conseil et je veux le consulter à propos du mariage de Marguerite.

SAUTELACOUPKOFF.

Ah ! très bien ; ouf ! j'ai eu peur.

SCÈNE XI

LE NOTAIRE, Les Précédents.

LE NOTAIRE, *un peu gris, son portefeuille sous le bras.*

Madame la comtesse, je vous demande pardon d'être un peu en retard ; mais un dîner de corps qui s'est un peu prolongé... Enfin vous m'excuserez.

LA COMTESSE.

Asseyez-vous, je vous prie.

LE NOTAIRE, *s'asseyant.*

Voyons, de quoi s'agit-il ?... Vos domestiques sont venus ce soir déposer chez moi une assignation contre vous.

LA COMTESSE.

Quelle plaisanterie! mes gens sont fous! arrangez l'affaire!

LE NOTAIRE.

D'autant plus que ce n'est pas de mon ressort. J'ai renvoyé la chose par-devant qui de droit.

LA COMTESSE.

C'est bien, mais il s'agit de bien autre chose. Je vous ai fait prier de venir ce soir au sujet d'un mariage pour ma fille.

LE NOTAIRE.

Ah! vous la mariez... fort bien! Et contre qui?

LA COMTESSE.

Contre? avec un million! Le voilà là-bas, près de Marguerite... Comme il a l'air distingué, n'est-ce pas?

LE NOTAIRE.

J'ai la vue si basse... Mais allez au fait... Ce monsieur apporte un million et Marguerite?... zéro.

LA COMTESSE.

A peu près... Vous comprenez donc qu'il s'agirait de dresser le contrat de telle sorte que l'avenir de ma fille fût assuré.

LE NOTAIRE.

Nous allons voir ça... J'ai toujours du papier timbré et tout ce qu'il faut pour écrire avec moi. (Il cherche dans sa serviette.) J'aurai bientôt bâclé un projet de contrat... il n'y aura que des blancs à remplir... Où me mettrai-je?

LA COMTESSE, à Balandard.

Garçon! approchez une table.

BALANDARD, apportant une table.

Voilà! Monsieur ne désire rien autre?

SCÈNE ONZIÈME.

LE NOTAIRE.

Si fait, un verre de quelque chose... j'ai mangé poivré à ce diable de dîner, et j'ai une soif de Polichinelle.

BALANDARD, à part.

Il a l'air d'avoir pourtant assez bu. (Haut.) Monsieur désire un verre d'eau sucrée?

LE NOTAIRE.

De l'eau! c'est bien froid sur l'estomac.

BALANDARD.

Un verre de punch?

LE NOTAIRE.

Oui! (A part.) Ça me dissipera peut-être mon mal de tête. (Haut, cherchant dans ses papiers.) Cejourd'hui, etc., etc...; à la requête de M. Baptiste Labranche et demoiselle Javotte... C'est votre assignation.

LA COMTESSE.

Faites-en des papillotes pour votre perruque.

LE NOTAIRE.

Ma perruque? Est-ce que j'ai l'air d'en avoir une?

LA COMTESSE.

Oh! non.

BALANDARD, apportant un verre de punch.

Monsieur!...

LE NOTAIRE, avalant d'un trait le contenu de son verre.

Ah! excellent punch!

BALANDARD.

Monsieur ne récidive pas?

LE NOTAIRE.

Oui, tout à l'heure... (Il écrit.) Cejourd'hui... etc., pardevant nous, Me Gratterole, notaire, demeurant à Paris, rue du Papier-Timbré, etc., etc. Ont comparu :

Demoiselle Marguerite de Valtreuse, née à Paris (Seine), de madame sa mère et de M. son père inconnu, fille mineure...

LA COMTESSE.

Elle est majeure, mais vous pouvez laisser...

LE NOTAIRE.

Française, saine de corps et d'esprit, d'une part... et M. le... (A Parasol.) monsieur, là-bas, votre nom, s'il vous plaît?

PARASOL.

Boniface Parasol.

LA COMTESSE, au notaire.

Il est Espagnol et marquis.

LE NOTAIRE.

Je le veux bien!... Et le marquis Bonifacio Parasolos, d'autre part, célibataire, né en Espagne ou autres lieux. Êtes-vous parent du détroit de Bonifacio?

PARASOL.

Permettez... j'ai une petite observation à vous faire...

LE NOTAIRE.

Je ne permets pas! Silence! du sexe... du sexe... (Sa perruque tombe et lui bouche les yeux.) Ah! mon Dieu! je n'y vois plus! Vous avez éteint le lustre!... je suis aveugle.

BALANDARD, lui remettant sa perruque.

Non, monsieur, c'est votre faux toupet.

LE NOTAIRE.

Merci, jeune homme, tu m'as sauvé la vue! Quels sont les témoins?

LA COMTESSE.

C'est madame de Saint-Remy. (A part.) Mais où est-elle? Que fait-elle? Pourquoi n'est-elle pas ici?

SCÈNE ONZIÈME.

LE NOTAIRE, *écrivant*.

Assisté de madame de Saint-Remy, également du sexe masculin.

LA COMTESSE.

Pardon, c'est une dame.

LE NOTAIRE.

Alors, jusqu'à preuve contraire! l'autre témoin ? (Sa perruque tourne encore.) Ah ! encore une ophtalmie ! Je deviens décidément aveugle...

BALANDARD.

Non, c'est votre perruque.   Il la lui remet.

LE NOTAIRE.

Merci, mon ami, l'autre témoin ?

SAUTELACOUPKOFF.

C'est moi, monsieur.

LE NOTAIRE.

Votre nom ?

SAUTELACOUPKOFF.

Babylas, prince de Sautelacoupkoff.

LE NOTAIRE.

L'autre témoin, Babylone de la Tour Malakoff, également du sexe féminin.

SAUTELACOUPKOFF.

Je réclame.

LE NOTAIRE.

Plus tard ! ne me troublez pas, je le suis déjà assez... Votre profession ?

SAUTELACOUPKOFF.

Prince, parbleu !

LE NOTAIRE, *écrit*.

Prince Parbleu... (A part.) Mon Dieu ! que j'ai mal à la tête !... (Haut.) Lesquels ont, par ces présentes, réglé les conditions civiles de leur mariage qu'ils entendent célébrer et achever à la mairie de leur paroisse en présence des témoins instrumentaires dont les noms figurent au bas dudit acte, dont acte.

LA COMTESSE.

Si vous faisiez signer tout de suite les futurs et les témoins, puisqu'ils sont tous là?

LE NOTAIRE.

Au fait, ça m'éviterait la peine de revenir.

LA COMTESSE.

Mais je ne vois figurer sur ce contrat aucune clause d'apport de dot.

LE NOTAIRE.

C'est probablement un oubli... Je vais faire un renvoi à Parasolos... lequel reconnaît en dot à demoiselle Marguerite... la somme de...

LA COMTESSE.

Mettez cinq cent mille francs!

LE NOTAIRE écrit.

Voilà! Maintenant, mademoiselle l'épouse, veuillez signer...

MARGUERITE.

Où?

LE NOTAIRE.

Ici! et à ce renvoi important, là!

Marguerite signe.

LE NOTAIRE, tendant la plume à Parasol.

A vous, jeune hidalgo, veuillez signer.

PARASOL.

Je ne sais pas écrire.

LE NOTAIRE.

Ça ne fait rien, signez en espagnol.

SCÈNE DOUZIÈME.

PARASOL.

Qui? quoi? Permettez!

BALANDARD, bas à Parasol.

Taisez-vous donc! On joue une charade.

PARASOL.

Une charade?... Qu'est-ce que c'est que ça?

LA COMTESSE, s'adressant à tous.

Permettez-moi, mes amis, de vous faire part de toute ma joie!

MACROPHYLLOS.

Madame, recevez mes compliments.

SAUTELACOUPKOFF.

Mademoiselle, mes félicitations sincères.

OLYMPIA.

Chère Marguerite, chère comtesse! (Avec une révérence.) Monsieur le marquis!

PARASOL, à part.

Ils sont fous! Et pas moyen de placer un mot.

On sonne. Balandard va ouvrir et annonce madame de Saint-Remy.

SCÈNE XII

MADAME DE SAINT-REMY, LES PRÉCÉDENTS.

MADAME DE SAINT-REMY.

Qu'est-ce que ça veut dire? C'est vous, monsieur Balandard, qui ouvrez les portes et sous cette livrée?...

BALANDARD.

Une fantaisie de la maîtresse de la maison.

LE NOTAIRE, à madame de Saint-Remy.

Savez-vous signer ?

MADAME DE SAINT-REMY.

Certainement que je sais signer... Pourquoi faire? Quelle vente faites-vous donc?

LE NOTAIRE.

Mais pour le contrat de...

MADAME DE SAINT-REMY.

Le contrat de qui?

LE NOTAIRE.

Mais celui de mademoiselle de Valtreuse et du marquis Bonifacio Parasolos.

MADAME DE SAINT-REMY.

Mais Boniface Parasol, et non Bonifacio, n'est pas marquis, mais simplement un domestique de place. Le jeune homme dont je vous avais parlé, c'est M. Arthur Balandard ; le voici!

Mouvement de surprise parmi les assistants.

LA COMTESSE, se laissant tomber sur un fauteuil.

Quel impair !

OLYMPIA.

Quelle dégringolade ! Et moi qui faisais des frais... pour... un frotteur!

LA COMTESSE.

Le contrat pourrait servir tout de même. Il n'y aurait que les noms à changer? n'est-ce pas, notaire?

LE NOTAIRE.

Si vous le désirez...

BALANDARD.

Vous plaisantez agréablement... mais, en bonne conscience, je ne peux pas épouser la fiancée de... M. Parasol.

SCÈNE DOUZIÈME.

PARASOL.

Cette demoiselle ne m'est de rien! je suis marié depuis quatorze ans et j'ai sept enfants, je n'ai pas à me plaindre de ma'me Parasol.

LE NOTAIRE.

Que diable! il fallait le dire plus tôt.

PARASOL.

Et le moyen? C'est pas un notaire, c'est un chemin de fer.

LE NOTAIRE.

Alors il n'y a rien de fait.

<small>Il déchire le contrat.</small>

MADAME DE SAINT-RÉMY, à part.

C'est une affaire manquée. (A Parasol) Après un pareil esclandre, Parasol, je vous engage à vous retirer

PARASOL.

Avec plaisir, madame. (A Balandard.) Monsieur, je suis fâché de ce qui arrive, mais vous avez pu voir vous-même s'il y avait moyen de placer une observation.

BALANDARD.

Mon brave, je ne vous en veux pas, au contraire.

PARASOL.

Monsieur est bien bon!... Si monsieur voulait accepter quelque chose, sans façon, chez le mastroquet du coin.

BALANDARD, riant.

Une autre fois, je ne dis pas non; mais ce soir, c'est moi qui vous invite à souper à mon hôtel.

PARASOL.

Je suis aux ordres de monsieur... Je vais chercher un flacre...

BALANDARD.

C'est inutile... j'ai mon coupé.

PARASOL.

Je vais faire avancer.

Il sort.

BALANDARD, ôtant sa livrée, à la comtesse.

Madame, je vous rends votre livrée et en vous remerciant de votre bonne soirée. (A part.) Pourvu que je retrouve mon habit!...

Il sort.

OLYMPIA.

Si je filais aussi? (A Marguerite.) Bonne nuit, madame la marquise de Parasolos.

Elle sort.

MARGUERITE.

Bonsoir, espèce de grue! Ah! j'étouffe, mon dîner ne passe pas. J'en ferai une maladie! Ah! maman, je meurs!

Elle tombe, les jambes en l'air sur le piano en gigotant sur le clavier qui joue un air. La comtesse, Sautelacoupkoff, Macrophyllos s'empressent autour de Marguerite.

MACROPHYLLOS.

Elle fait la carpe, apportez un pot d'eau.

SAUTELACOUPKOFF.

Grattons-lui la plante des pieds. Otons-lui son corset.

LA COMTESSE.

Polisson! Laissez-la tranquille.

MACROPHYLLOS.

Alors, faisons encore un tour de roulette pour la remettre.

LA COMTESSE.

Mais il n'y a plus personne à rincer.

SAUTELACOUPKOFF.

Et le notaire qui dort là-bas?

LA COMTESSE.

C'est une idée lumineuse. — Allons-y!

Qui est-ce qui vient encore ?

On sonne.

Elle va ouvrir.

SCÈNE XIII

BAPTISTE, Les Précédents.

LA COMTESSE.

Ah! c'est vous, Baptiste, vous venez me faire des excuses ?

BAPTISTE.

Madame en aura. (Il va au fond et ouvre la porte.) Entrez, messieurs.

SCÈNE XIV

UN COMMISSAIRE, Deux Agents de police,
à chaque porte, **Les Précédents.**

LE COMMISSAIRE.

Au nom de la loi! que personne ne sorte!

LA COMTESSE.

Filons!...

LE COMMISSAIRE.

Les issues sont gardées... (A la comtesse.) Fille Tiroux, connue sous le faux nom de comtesse de Valtreuse, au nom de la loi, je vous arrête, vous et vos acolytes, comme tenant un tripot.

LE NOTAIRE, *s'éveillant.*

Qu'est-ce qu'il y a ?

LA COMTESSE.

Nous sommes pincés.

LE NOTAIRE.

Ah mais! ça n'est pas drôle pour un notaire!

BAPTISTE.

C'est moi qui ai l'honneur de faire coffrer madame en prison.

LA COMTESSE.

Canaille! tu m'y suivras. Monsieur le commissaire, cet homme est mon complice.

LE COMMISSAIRE, à Baptiste.

Au nom de la loi, je vous arrête aussi.

BAPTISTE.

Je ne m'attendais pas à celle-là! Et ma candidature?

Rideau.

UNE NUIT A CHATEAUROUX

Comédie en un acte, jouée pour la première fois à Nohant,
le 26 mars 1873.

PERSONNAGES

BALANDARD.
FRITURIN, aubergiste.
Le Commissaire de Police.
JEAN, garçon d'auberge.

Le Pompier.
CORISANDE.
Ursule FRITURIN.
MARIETTE, fille d'auberge.

La scène se passe à Châteauroux, en 1873.

Une chambre d'auberge. — A gauche du spectateur, un bureau avec livres de comptes et lampe allumée. Chaise, une cheminée de marbre violet avec pendule, vases et flambeaux. — Glace au-dessus, garnie de cartes de visites, d'adresses et de photographies. Porte d'entrée donnant sur le corridor.

A droite, une table avec un régiment de bougeoirs garnis. Fenêtre donnant sur la cour avec rideaux fermés. — Un fauteuil avec un sac de nuit, un paletot et un chapeau. — Champignons à la muraille formant porte-manteau. — Au fond, deux lits en noyer garnis de draps, d'oreillers et d'édredons. — Rideaux. — Une table de nuit entre deux lits. — Une chaise de paille au pied de chaque lit.

SCÈNE PREMIÈRE

FRITURIN, MADAME FRITURIN, assise à son bureau.

FRITURIN, se promenant les mains dans ses poches.

Allons, madame Friturin, ma noble épouse, continuez à inscrire les dépenses du jour.

MADAME FRITURIN.

D'abord, monsieur Isidore Friturin, je ne sais pas pourquoi vous m'appelez noble. Vous savez bien que tous les Friturins, vos aïeux, ont été aubergistes à Châteauroux, de père en fils, à l'enseigne de la Tête de Veau, et que quand, moi, Ursule de la Potinière, née à Vatan, de parents pauvres, j'ai consenti à devenir votre épouse, j'ai perdu le peu de noblesse que mes ancêtres avaient amassée sur ma tête.

FRITURIN.

Et vous regrettez... En voilà assez, n'est-ce pas? Marquez le n° 5, la dépense du comte de Barbillon, sa dame, sa demoiselle... Comme si on en manquait, des gens titrés à la Tête de Veau! Est-ce dans votre bicoque de campagne, à Vatan, va-t'en au diable! que vous en receviez beaucoup des gens comme ça! Six déjeuners, six dîners, un potage extra, un chocolat, une fleur d'orange pour la demoiselle, sucrée; bougie, café, excédent de serviettes de toilette: soixante-quatre francs soixante-quinze centimes.

MADAME FRITURIN.

Va pour soixante-cinq francs!

FRITURIN.

Soit! — Le n° 6, un déjeuner, un dîner, trois cigares, deux bougies: douze francs. — Le colonel, son ordinaire, quinze jours de pension, quinze déjeuners, quinze dîners, quinze bordeaux, quinze chablis, trente cigares, pas de linge, pas de chambre, pas de bougie!...

On entend sonner dix heures, d'abord à la pendule qui est sur la cheminée, puis dans la salle à manger, puis dans la cuisine, puis à la cathédrale.

MADAME FRITURIN.

Ah! mon Dieu! déjà dix heures!

FRITURIN.

Nous avançons!

SCÈNE DEUXIÈME.

MADAME FRITURIN,

Non, écoute! ça sonne à la cathédrale. Ne va pas manquer le chemin de fer!

FRITURIN.

Fichtre! je n'ai plus que dix minutes! as-tu fait mon sac de nuit? Il ne me faut que mon habit, deux mouchoirs et un faux col. Est-elle ridicule, la tante, d'être malade dans un moment où nous avons tant d'ouvrage, la maison pleine, quoi! Pour ce qu'elle a à te laisser... Enfin, c'est toujours un petit héritage... Ne te désole pas, Ursule, Bourges n'est pas au bout du monde, je serai de retour après-demain.

Trompette du cantonnier de chemin de fer dans le lointain.

MADAME FRITURIN.

Voilà le train!

FRITURIN.

Mon paletot, mon sac, mon chapeau! Voilà, bonsoir, sois-moi fidèle!

MADAME FRITURIN.

Va donc, va donc! crois-tu pas que je vas aller danser le cancan avec les cigarières? Va donc! tu manqueras le train.

MARIETTE, *avec une bougie allumée qu'elle pose sur la table de nuit.*

Je vas porter le sac à monsieur.

MADAME FRITURIN.

On n'a pas besoin de toi, fais vite les couvertures!

Ils sortent. Coup de sifflet d'arrivée du train et roulement de wagons.

SCÈNE II

MARIETTE

On n'a pas besoin de toi pour aider le bourgeois. Croit-elle pas que j'y tiens à son vieux? Fais les couvertures! Pardi! je vas ben les faire, ceux *couvartes!* j'ai mis des draps blancs à ce matin...

MADAME FRITURIN, dehors.

Mariette, Mariette! descends, descends vite!

MARIETTE, sans se déranger, criant.

Voilà, madame! (A part.) Descends vite, et puis on me dira: Pourquoi que t'as pas fait les couvartes?

Sifflet de la locomotive. — Sonnette du chef de gare — toux de la chaudière — roulement du train qui s'éloigne.

Allons! v'là monsieur qui s'en va!

MADAME FRITURIN, d'en bas.

Mariette!

MARIETTE.

On y va, madame! (Elle s'arrête à la porte ouverte et écoute des voix dans l'escalier.) Ah bon! encore des voyageurs, ousqu'on va les mettre?

Elle sort en laissant sa bougie allumée.

SCÈNE III

MADAME FRITURIN, d'en bas.

Désolée, madame, désolée! mais il ne me reste plus de place.

CORISANDE, dehors.

Allons donc, il ne m'en faut pas tant de place!... — Voyons, voyons, ma chère dame, je suis éreintée, il faut que je dorme ou que je meure, je pars demain matin pour La Châtre, à trois heures. Une chambre quelconque, où vous voudrez, mais il me la faut; je ne m'en vas pas, je ne vous quitte pas.

Elles entrent en scène.

MADAME FRITURIN, entrant un flambeau à la main.

Désolée, désolée, ma chère dame, mais...

SCÈNE TROISIÈME.

CORISANDE.

Eh bien, qu'est-ce que vous dites que vous n'avez pas de chambre, voilà deux lits.

MADAME FRITURIN.

Mais ici, c'est ma chambre.

CORISANDE.

Eh bien, vous ne couchez pas dans deux lits, je suppose ! Entre femmes on s'entr'aide. Prêtez-m'en un, soyez compatissante pour une pauvre voyageuse. Je vous payerai double.

MADAME FRITURIN.

Vous m'en direz tant, ma chère dame, que... je ne peux pas vous refuser. Voici mon lit. (Elle lui montre le lit de gauche près de la porte.) Je vous le cède, je coucherai dans celui de mon mari.

CORISANDE.

Votre mari ?

MADAME FRITURIN.

Il est absent, madame, il vient de partir pour Bourges.

CORISANDE.

Alors tout s'arrange.

MADAME FRITURIN.

Le lit est tout frais, blanc de ce matin, vous y serez très bien. Faut-il faire monter tous vos bagages ?

CORISANDE.

Tout, certainement, je vous en prie.

MADAME FRITURIN, à la cantonade.

Jean ! montez les colis chez moi. (A Corisande.) Vous en avez beaucoup ?

CORISANDE.

Eh ! mais oui. Je vais à une noce, la noce de ma nièce, mademoiselle Hyblea de Bonbricouland. Connaissez-vous ça? elle se marie à La Châtre, avec un militaire, le capitaine Vachard.

MADAME FRITURIN.

Mais parfaitement, madame. Toutes les personnes nobles du pays descendent chez moi.

JEAN, qu'on a entendu monter l'escalier avec des gros sabots, entre apportant une partie des logages.

V'là voutés affaires.

CORISANDE.

Bon, ma malle, et la caisse de robes... (A madame Friturin.) Cadeaux de noces et toilette pour moi, il faut bien qu'une Parisienne paraisse un peu requinquée.

JEAN.

Où que je vas poser ça?

CORISANDE.

N'importe où, apportez le reste. (Jean sort. — A madame Friturin.) Dites donc, il n'est pas beau, votre garçon.

MADAME FRITURIN.

C'est comme ça que mon mari me les choisit, il est si jaloux!

On entend Jean qui dégringole dans l'escalier.

JEAN, dans l'escalier.

Diache les fumeurs! Ça crache dans les escayers...

MADAME FRITURIN.

C'est un prétexte pour tomber; il n'y manque jamais, faites pas attention, c'est son habitude. Vous dites que cette demoiselle est votre nièce; est-ce que vous seriez...?

CORISANDE.

Corisande des Andouillers.

MADAME FRITURIN.

Ah! mon Dieu! ma chère dame, je vous ai vue sou-

SCÈNE TROISIÈME.

vent quand vous étiez demoiselle, je vous reconnais à présent.

CORISANDE.

Ah dame! j'ai engraissé, et puis je n'ai plus quinze ans.

MADAME FRITURIN.

On vous les donnerait toujours.

CORISANDE.

J'en ai trente, et je suis fraîche, je n'ai pas encore besoin de cacher mon âge. (Jean apporte le reste des paquets.) Bien! mettez tout ça ici.

JEAN, posant lentement et maladroitement les objets.

Je crés bin qu'c'est des mangeailles. Ça sent rudement bon!

CORISANDE.

Oui, c'est pour la noce : des pâtés, des truffes, un gros baril d'anchois et de sardines.

JEAN.

Et c'te cage, ça piaule là dedans; c'est-i' pas qu'euque bête méchante?

MADAME FRITURIN, regardant la cage.

Bêta! c'est des petits poulets. Est-ce qu'ils vous ont mordu?

JEAN.

Oh non! je m'en suis méfié.

CORISANDE.

Des poulets chinois pour ma sœur qui est folle des bêtes.

MADAME FRITURIN, à Jean qui veut regarder les poulets.

Allons, c'est bon, allez-vous-en. (Jean sort.) Et ne tombez pas.

Tout aussitôt, on entend Jean rouler dans l'escalier.

JEAN, au dehors.

C'est c'te marche en bois... Ça glisse! je me suis décroché les érins!

Corisande fait un mouvement.

MADAME FRITURIN, l'arrêtant.

Ne craignez donc rien. Il veut qu'on s'occupe de lui. Ainsi, vous êtes madame de... mon Dieu, j'ai oublié votre nom de dame, un nom étranger.

CORISANDE.

Madame de Graboyos, mon mari était Espagnol. (A part.) Un Auvergnat, un Espagnol de Clermont! (Haut.) Dieu merci, je suis veuve!

MADAME FRITURIN.

Ah! vraiment? Je l'avais ouï dire, mais M. le comte des Andouillers, votre père...

CORISANDE.

Mon père, mon père!... le meilleur des hommes.

MADAME FRITURIN.

Oh! certainement, un homme qui n'a rien à lui.

CORISANDE.

Et pour cause. Il y a trop de femmes chez lui. Il ne s'occupe pas assez de moi, il m'a laissé faire un mariage... Et à présent, il ne sait pas seulement si j'existe, si je suis veuve ou remariée.

MADAME FRITURIN.

Dame, écoutez! il est bien âgé et sa mémoire...

CORISANDE.

Et puis, il y a de ma faute, j'aurais dû aller vivre avec lui après mon veuvage, mais il aurait fallu faire maison nette, me disputer avec lui, peut-être, lui faire de la peine... moi, je ne sais pas chagriner les autres, ça m'ennuierait, ça me ferait maigrir...

Elle bâille.

SCÈNE QUATRIÈME.

MADAME FRITURIN.

Madame, je vous fais causer et vous êtes fatiguée.

CORISANDE.

Oh! moi, quand je parle, je n'ai plus sommeil; mais c'est égal, je vais me coucher. (Onze heures sonnent.) Onze heures! Je n'ai que quatre heures à dormir et encore le temps de faire ma toilette du matin...

MADAME FRITURIN.

Je vais aller continuer mes comptes dans mon bureau.

CORISANDE.

Vous ne vous couchez pas encore?

MADAME FRITURIN.

Oh! guère avant minuit. Mais je ne ferai pas de bruit en rentrant. Dormez tranquille! Bonne nuit, madame.

CORISANDE.

Bonsoir, merci.

Madame Friturin sort et emporte la lampe.

SCÈNE IV

CORISANDE, ôte son chapeau, ouvre sa malle, en tire son bonnet de nuit, défait sa robe, ôte son corset, reste en peignoir et se couche tout en parlant.

Ah! elle peut bien faire tout le train qu'elle voudra, je la défie bien de me réveiller avant l'heure. J'ai été élevée comme ça, moi! fille d'un chasseur, bercée par les hurlements des chiens courants, réveillée dès l'aurore au son de la trompe... Mon pauvre père!... j'espère bien qu'il sera à la noce de sa petite-fille... après ça, il n'était pas à la mienne. Il n'a jamais vu mon mari. Ce que c'est que d'être trop bon. On se laisse gouverner. J'en tiens, moi, de cette faiblesse-là. J'ai supporté un mari qui n'était pas agréable tous les jours.

Enfin! il n'y est plus et on ne m'y reprendra pas à sacrifier ma liberté. (Elle se couche.) Oh! quel vent par cette porte! c'est comme un soufflet de forge! Ah bah! c'est comme ça dans toutes les auberges. Je connais ça, mais j'ai un moyen.

Elle va chercher son parapluie, l'ouvre, le met sur son lit et s'endort dessous en fredonnant après avoir soufflé sa bougie.

SCÈNE V

CORISANDE, puis MARIETTE et BALANDARD.

Roulement d'une chaise de poste. Coups de fouet. Grelots. La voiture s'arrête, on entend confusément une discussion animée en bas.

CORISANDE

Pas possible! Si fait, si fait, n'importe où. — Trop de monde. — Ça m'est égal. (On entend distinctement madame Friturin.) Mariette! va donc voir chez moi...

MARIETTE, *entrant avec une valise à la main et tenant une bougie allumée.*

Va donc voir si elle dort... Eh oui, qu'alle dort... anvec un parapluie?... Ah! c'est le coulant d'air de la porte... Eh ben, si alle dort, c'est ben commode, alle saura pas... Et puisqu'il paye double aussi, lui! (Elle pose la valise sur une chaise et la bougie sur la table de nuit, va à la porte et dit à la cantonade à voix couverte.) Montez, montez, monsieur! puisque madame quitte son lit pour vous faire plaisir... Alle couchera ben dans le bureau.

BALANDARD, *entrant.*

Elle est très aimable, ta patronne. Tu l'appelles?...

MARIETTE.

Madame Friturin.

BALANDARD.

Eh bien, je lui réserve deux stalles de premières quand je viendrai donner une représentation à Châteauroux.

SCÈNE CINQUIÈME.

MARIETTE.

C'est-i' que vous êtes coumédien ?

BALANDARD.

Oui, *coumédien* et directeur de troupe.

MARIETTE.

Eh ben, et moi ? j'aime tant ça, la coumédie !...

BALANDARD

Toi ! je te ferai entrer pour rien, et tu auras du sucre d'orge... à la menthe. (à part.) Dieu ! qu'elle sent l'ail !

MARIETTE.

Ah merci ! et quand que c'est qu'il y aura la coumédie ?

BALANDARD.

De demain en cinq ou six ans. Mais, dis donc, il y a quelqu'un dans ce lit ? Est-ce que c'est M. Friturin ?

MARIETTE.

Non, monsieur, c'est un voyageur de commerce qui s'en va dans deux petites heures.

BALANDARD.

Ah ! bon ! mais est-ce qu'il pleut dans la chambre, qu'il a un parapluie sur le nez ?

MARIETTE.

Non, c'est le coulant d'air. Partez-vous point pour La Châtre par la diligence de trois heures ?

BALANDARD.

Trois heures du matin ? merci ! La Châtre ? jamais... Je ne connais que les bons billets qu'il a de La Châtre ! j'en ai eu souvent comme ça !...

MARIETTE, gracieuse.

Je sais pas ce que vous dites ; ça doit être des bêtises ! vous avez l'air farceur !

BALANDARD.

Tu te trompes... (A part.) Je n'aime pas l'ail.

MARIETTE, froidement.

Monsieur déjeunera-t-il?

BALANDARD.

Le mieux possible.

MARIETTE.

C'est à dix heures, monsieu.

BALANDARD.

Non! à onze et tout seul.

MARIETTE, à part.

C'est un riche! (haut.) Monsieu a besoin de rien?

BALANDARD

Si! j'ai besoin de dormir. Ma valise? Ah! la voilà! bonsoir!

MARIETTE.

Bonsoir, monsieu. (A part.) Il est fier!

Elle sort.

SCÈNE VI

BALANDARD, CORISANDE, endormie.

BALANDARD.

(Minuit sonne.) Minuit! Je tombe de sommeil, dormons. Pourvu que le camarade ne me réveille pas trop matin! Il va bien, lui, sous son parapluie! Il s'est retiré sous sa tente et ne s'inquiète de rien. Un voyageur de commerce, ça dort partout. Voilà des gens heureux! moi, je suis trop nerveux, un sommeil de héron toujours sur une patte. Un rien m'irrite, et alors, va te prome-

SCÈNE SIXIÈME.

ner... Grâce à Dieu, Châteauroux est une ville pieuse et tranquille. (En parlant, il a ouvert sa valise, il se déshabille.) Voyons, ai-je toutes mes petites affaires, mon bonnet de coton?... Qui croirait que j'use encore de ce meuble classique ! Mais on peut en rire; moi, j'y tiens. Pour mon rhume de cerveau chronique, il n'y a que ça ! Où mettrai-je ma montre? Là, sur la cheminée. (Il met sa montre sur la cheminée, et regarde les adresses qui sont au cadre de la glace.) Madame Ducatillon, couturière pour dames; P. Verdot, photographe à Châteauroux (Indre). Elles sont bien, ses photographies ! j'irai demain chez lui ! M. Jules, voyageur de commerce. Ah ! ça doit être mon camarade de chambre, l'homme au parapluie... Après ça, peut-être qu'il voyage pour placer cette marchandise-là. (Lisant la carte.) Non, voyage pour les huiles, savons de Marseille, *et cœtera*. Ah ! (Gasconnant.) tu es de Marseille, mon bon ! troun de l'air, tu viens de la Canebière ! (Corisande ronfle.) Ah ! ah ! nous ronflons ! il doit avoir le nez retroussé; j'ai remarqué que les nez courts et en trompette... les natures apoplectiques... mais il ne s'agit pas de tout ça... Les draps sont-ils blancs? ils en ont l'air, pourvu qu'il n'y ait pas... je vas laisser ma bougie allumée, ça les éloigne.

Il se couche. Arrivée d'une diligence sous la fenêtre. On entend les grelots et le piétinement des chevaux que l'on détèle.

Qu'est-ce que c'est que ça? je commençais à m'endormir. Ah ! c'est une diligence qui part... non, elle arrive...

Dialogue à haute voix dans la cour.

— Hue donc, rossard !
— All' en veut pus faire, quoi !
— Dam ! Frémijet, c'est pas pour dire; mais que c'est un bon brin de chemin tout d'même d'Ecueillé ici.
— Moi, j'y ai dit à M. Friturin, *c'te chevau*-là fera

pas le *sarvice*. I'l fera qu' i' m'a dit. Il fera pas que j'y réponds. Le fait-i'? le fait-i' pas? i' l' fait pas ; qui qu'a tort, qui qu'a raison?

— Tout ça veut rin dire ! Heye donc, carcan !

<small>On entend un coup de fouet et le cheval qui redresse la tête en agitant ses grelots et qui piétine sur le pavé.</small>

— Méfie-toi d'ta lanterne! tu fouterais bin le feu. Y a d'la paille à tas dans l'écurie.

BALANDARD, se levant furieux.

Est-ce qu'ils ne vont pas se taire bientôt? (Il ouvre la fenêtre.) Dites donc, là-bas! Allez donc causer plus loin !

UNE VOIX D'EN BAS.

À cause?

BALANDARD.

Vous empêchez les voyageurs de dormir, sacrebleu !

LA MÊME VOIX.

Ah! on s'y en va.

BALANDARD.

C'est pas malheureux! (Il referme la fenêtre et va pour se recoucher, il entend les poulets qui pépient dans le panier.) Qu'est-ce que c'est encore que ça? (Il regarde dans le panier.) Des poulets ? Ils sont gentils ; petits ! petits !... mais vous allez vous taire ! (Il va pour se coucher, il éternue.) Aïe donc, va ! je me suis encore enrhumé par cette fenêtre ouverte. Dort-il, ce voyageur! Heureux Jules! (Il soulève un peu le parapluie sans voir la figure de Corisande.) Ah! ah! il garnit bien un lit! riche nature! un hippopotame... (Il se recouche, un moment de silence. La pendule de la cheminée sonne une heure.) Voilà une pendule qui fait trop de bruit. (Il se relève et va à la pendule.) Attends, toi! je vas t'arrêter. Pas besoin de savoir l'heure pendant que je dors. (Il arrête la pendule et va se recoucher pendant que toutes les autres, jusqu'à celle de la cathédrale, sonnent à leur tour.) Diable! je ne peux pas les arrêter toutes. (Un coq chante dans la cour.) Est-ce que c'est

SCÈNE SIXIÈME.

celui du panier ? Quelle voix ! pas possible, non, c'est dans la cour. (Un chien jappe à plusieurs reprises.) En voilà un chien assommant ! Il est enragé ! Attends, je vas te faire taire ! (Il se lève.) Qu'est-ce que je pourrais bien lui jeter ? ça ? Un tire-botte... ma foi, oui. (Il ouvre la fenêtre; le chien jappe encore plus.) Allez coucher, au chenil, à la paille ! (Le chien redouble ; il lui jette le tire-botte. On entend un carreau brisé.) Allons, bon ! le tire-botte a rebondi dans la fenêtre d'en bas. J'ai manqué le chien, mais il a eu peur et il se sauve. (Une chauve-souris vole autour de sa bougie.) Quoi, encore ? une chauve-souris ! Ah ! mais, c'est que je n'aime pas ces bêtes-là... je ne peux pas les souffrir. Heureusement la bonne a laissé son balai. (Il prend le balai et fait le moulinet sans attraper la chauve-souris.) C'est fatigant et inutile, je vas lui mettre la bougie sur la fenêtre. (Il met la bougie, le vent l'éteint, il ferme la fenêtre.) Va au diable ! Je crois qu'elle est partie ! (Il regagne son lit à tâtons et se couche. Un train de marchandises passe.) Ah çà ! c'est donc tous les trains de la terre qui passent ici... (Il se met sur son séant.) Nom d'un chien ! j'ai la colique... C'est cette fenêtre ouverte, j'ai attrapé un courant d'air, comme dit la fille à l'ail. De l'ail ! je n'en ai pourtant pas mangé, moi ! Ah ! j'y suis ! j'ai mangé du canard aux oignons à Jeu-Maloches. Heureusement, ça se passe, ce ne sera rien ! Dormons. (On entend ruisseler la pluie.) Hé ! hé ! dites donc le camarade ! Monsieur Jules ! vous avez rudement bu de la bière hier soir... Encore ? toujours donc ? Eh non, c'est la pluie... une pluie d'orage ! Le mastodonte n'y est pour rien. Il se contente d'imiter le violoncelle en ronflant, c'est en mi bémol... ça change, le voilà en sol dièse, il ronfle faux. C'est une toupie hollandaise, ce garçon-là. Hé ! Jules ! Il n'entend rien. J'étais sûr qu'il ronflerait, il doit avoir le nez trop court ! Je vas siffler, on dit que c'est le moyen. (Il siffle à plusieurs reprises.) Ça fait quelque chose, ça diminue. (Il bâille ; les ronflements de Corisande redoublent.) Allons ! à présent, c'est un tonnerre lointain. Non, ça ne peut pas durer comme ça ! Il faut qu'il s'éveille ou que je reste éveillé toute la nuit. Mais, comment l'éveiller ? Jules ! Monsieur ! Gros bonhomme !... Il est probablement sourd, il faut le secouer un peu.

Il prend son édredon et frappe avec sur le parapluie dont le bout perce l'édredon. Le duvet se répand en nuage. Corisande effrayée se réveille.

CORISANDE.

Quoi ? Qu'est-ce qu'il y a ? Un tremblement de terre ?

BALANDARD.

Tiens, tiens ! affreux ronfleur !

CORISANDE, à part.

Madame Friturin ? (Haut.) Êtes-vous somnambule ? Réveillez-vous !

BALANDARD.

Me réveiller ? je ne fais que ça ! Tiens, attrape !

Il la frappe avec l'édredon à moitié vide.

CORISANDE, à part.

Ah mais, elle veut m'assassiner, elle est furieuse ! Je me défendrai !

Elle saisit son édredon, se lève. Combat dans les ténèbres. On attrape la pendule qui tombe et se brise en sonnant toutes ses heures.

BALANDARD.

Qu'est-ce qu'il se passe ? Trêve ! je demande une trêve. Je n'en peux plus, ouf !

CORISANDE.

Et moi donc ! vous voilà calmée, recouchons-nous ; votre pendule est cassée, c'est votre faute, c'est vous qui avez commencé.

BALANDARD, à part.

Ma pendule, ma pendule, pour qui me prend-il avec sa voix flûtée ? Il ronfle trop, il perd sa voix par le nez.

SCÈNE SIXIÈME.

CORISANDE.

Hein ? quoi ?

BALANDARD.

Rien, dormez, la paix est faite.

CORISANDE.

Je ne demande que ça, moi ! Mais comme vous êtes enrhumée du cerveau, ma chère !

BALANDARD.

Ma chère ! il me prend pour madame Friturin... Je tombe sur un mystère d'iniquités. (Dans l'obscurité, en regagnant son lit, il se trompe et se met dans celui de Corisande où Corisande va pour se coucher.) Ah non ! par exemple ! vous êtes trop gros, mon cher !

CORISANDE, à part.

Mon cher ! elle rêve encore. (Haut.) Mais c'est mon lit que vous avez pris.

BALANDARD.

Pas du tout, c'est le mien.

CORISANDE.

Alors, c'est que je me trompe. (Elle va au lit de Balandard, s'y couche. A part.) D'ailleurs, je ne veux pas la contrarier, elle a le cauchemar mauvais.

Elle se rendort.

BALANDARD.

Et le voilà reparti à ronfler, ça ne l'a pas corrigé, et je suis éreinté, moi. Si ça pouvait me rendre sourd ! Comme cet oreiller sent la pommade ! Je n'en mets pourtant pas... Qu'est-ce que j'ai fait de mon bonnet de coton ? je l'aurai perdu dans la bataille. Je vas me fourrer sous la couverture.

Il s'enfonce sous les draps. Au dehors deux heures sonnent à toutes les pendules et horloges. Attelage et bâchage de la diligence, bruits et dialogues de voix rauques et embrouillées dans la cour.

— Comm'ça, c'est la Grise que v'lez? hi donc!
— Dam! le Rossard est trop écorché!
— Avez-vous la caisse pour le capitaine?
— Quel capitaine?
— Le capitaine Vachard à La Châtre; c'est un uniforme neuf qu'il attend pour sa noce.
— J't'ai pas! Ah! si, le v'là ben.
— Et c'te paquet d'*abres*, ça se tient tout *drait* comme un *ciarge*, ça rangera jamais sous la bâche.
— Mettez-le d'ssus *anvec* des cordes.
— Ça tient pas, j'ai pas d'cordes.
— Ah! bougre de maladroit, ça sait pas s'y prendre... tiens, *argarde*, ça y est; c'est pas *pus* malin que ça!
— Et le *grous* violon à c'musicien qui va à la noce?
— Y a *pus* d'place.
— Faut ben l'prendre, c'est pour faire danser les mariés.
— Pique-le sous ces malles.
— Y veut pas entrer.
— Y veut pas! pousses-y donc la queue!... il a pété un coup!
— Ça fait rien! amène les chevals!

BALANDARD, se mettant sur son séant.

C'est d'un puissant intérêt, ce qu'ils disent, mais c'est assommant! (Il se lève et va ouvrir la fenêtre, on entend ruisseler la pluie. Avec ironie.) Dites donc, si vous vouliez monter, je me mêlerais à votre conversation.

UNE VOIX D'EN BAS.

Hein? quoi qu'il y a?

BALANDARD.

Mais c'est comme si vous parliez dans ma chambre.

UNE VOIX.

Il va pas nous flanquer la paix, celui-là?

SCÈNE SIXIÈME.

BALANDARD, à part.

Ah! c'est comme ça qu'ils le prennent? Où est le pot... à l'eau? (Il va à la table de nuit.) Attendez!... (Il prend le pot.) J'ai ce qu'il faut, il est chargé jusqu'au pouce. (Il retourne à la fenêtre.) Dites donc, bavards, approchez donc, je veux vous dire quelque chose.

UNE VOIX.

Qu'est ce que c'est?

BALANDARD, versant le pot par la fenêtre.

Voilà ce que c'est! (Il referme la fenêtre et va se recoucher. On entend confusément des malédictions dans la cour) :

UNE VOIX

J'avais la bouche ouverte... J'en ai *envalé* une goulée... ça sent comme un goût... c'est rin, c'est des *iaux*. On portera plainte au commissaire de police...

BALANDARD, qui s'est remis sous ses couvertures, s'endort en disant :

C'est de la pommade au jasmin !

SCÈNE VII

JEAN, BALANDARD, CORISANDE, endormis.

JEAN, une lanterne d'écurie à la main, va au lit où devrait être Corisande et réveille Balandard.

Madame! ça va-t-être trois heures. La déligence de La Châtre va partir dans un quart d'heure, faut vous arveiller!

BALANDARD.

Va-t'en aux cinq cent mille diables, toi, avec ta diligence et ta chandelle que tu me fourres dans les yeux!

JEAN.

Mais c'est la déligence...

BALANDARD.

Au diable, au diable, je te dis!

JEAN.

Vous voulez pas? c'est comme ça vous conviendra! Ah! vous pouvez ben dormir, j'm'en embarrasse pas!

Il sort.

SCÈNE VIII

BALANDARD, qui s'est rendormi, est réveillé par les cris du dehors.

Messieurs les voyageurs pour Ardentes, La Châtre, en voiture!

CORISANDE, se réveillant.

Hein? qu'est-ce que c'est? (On entend sonner trois heures à toutes les pendules du dehors.) Trois heures!

BALANDARD.

C'est la diligence de La Châtre qui part. (Roulements de la diligence et coups de fouet, grelots qui s'éloignent.) Et la voilà partie, Dieu merci! on ne l'entendra plus!

Il remet la tête sous les couvertures.

CORISANDE.

Comment, Dieu merci? (Elle court à la fenêtre, l'ouvre et appelle, le jour paraît faiblement.) Eh! attendez-moi! postillon! conducteur! comment, on part sans moi?

BALANDARD.

Vous n'avez pas fini de piétiner comme ça et de crier comme un aigle?

CORISANDE.

Il faut que je m'habille. (Elle prend le pantalon de Balandard, qui est resté auprès de son lit et essaye de passer ses bras dans les jambes du pantalon.) Et la noce! si je n'arrive pas pour le mariage. Et vous, qui m'aviez promis de me faire réveiller à temps! c'est mal à vous, très mal!

BALANDARD, qui a la tête hors des couvertures.

Dites donc, jeune homme, c'est mon pantalon que

vous prenez là, il est tout neuf. Ça se fait dans les auberges, je connais ça! Mais... tiens?... Est-ce ce jour blafard qui me trompe?

CORISANDE, qui prend sa robe près du lit où est Balandard.

Moi qui comptais sur vous! c'est un joli tour que vous me jouez là, madame Friturin!

BALANDARD, à part.

Il s'habille en femme? drôle d'idée. Mais... le mastodonte... pas si mastodonte que ça. Il paraît qu'il appartient au beau sexe!

CORISANDE.

Qu'est-ce que vous dites du beau sexe? Vous n'en êtes pas, vous? Dieu! que vous êtes changée depuis hier soir... Vous n'êtes pas madame Friturin?

BALANDARD.

Moi? jamais! Je suis Balandard, directeur de théâtre et artiste moi-même, pour vous servir.

CORISANDE.

Un homme! j'ai passé la nuit tête à tête avec un homme! j'ai même combattu avec lui, je suis perdue de réputation si ça s'ébruite! monsieur! j'en appelle à votre honneur! Pas un mot de ce qui s'est passé entre nous cette nuit!

BALANDARD.

J'en jure par le Styx! Il n'y aurait pas de quoi me vanter, je vous prenais pour un commis voyageur.

CORISANDE.

Comme j'ai l'air d'un commis voyageur!

BALANDARD.

Mais non, mais non... au jour.

CORISANDE.

En attendant, voilà la diligence partie! que vais-je devenir? Ma nièce, monsieur, ma nièce ne peut pas se marier sans moi. Aidez-moi à sortir d'embarras. J'avais pourtant dit qu'on m'éveillât à trois heures.

BALANDARD.

On est venu me réveiller à votre place, j'ai tout envoyé promener.

CORISANDE.

Alors, réparez le mal que vous avez fait.

BALANDARD.

Et comment ?

CORISANDE.

Trouvez-moi un moyen d'aller à La Châtre.

BALANDARD.

Attendez que le chemin de fer soit fait.

CORISANDE.

Ce serait trop long, j'aurais le temps d'être grand'tante. N'avez-vous pas une voiture ?

BALANDARD.

Oui, une chaise de poste.

CORISANDE.

En ce cas, menez-moi à La Châtre, je vous invite à la noce de ma nièce.

BALANDARD, à part.

Une noce !

CORISANDE.

Eh bien ?

BALANDARD.

Est-elle aussi bien que vous, votre nièce ?

CORISANDE.

Flatteur ! elle est mieux.

BALANDARD.

Oh ! en ce cas...

CORISANDE.

Vous acceptez ? Vous êtes un homme charmant !

SCÈNE SEPTIÈME.

BALANDARD.
Je... êtes-vous mariée ?

CORISANDE.
Je suis veuve et veux rester libre.

BALANDARD.
Qu'est-ce que vous vendez ?

CORISANDE.
Êtes-vous fou ? Je ne vends rien.

BALANDARD.
Et vous vous appelez... car enfin il faut bien que je sache avec qui je pars.

CORISANDE.
Corisande des Andouillers, veuve Graboyos.

BALANDARD.
Des Andouillers ? Seriez-vous parente de mon vieux camarade de chasse, le comte des Andouillers, un vieux farceur, très aimable, très jeune pour son âge ?

CORISANDE.
C'est mon père !

BALANDARD.
Ah ! par exemple; comme on se retrouve sans s'être jamais rencontré !

CORISANDE.
Allons, faites atteler. Vous ne vous ennuierez pas avec moi, je suis toujours gaie. Et puis on mange bien à La Châtre, et vous y verrez de bons types, je vous en réponds, je vous laisse vous lever.

BALANDARD.
Suis-je assez faible avec le sexe ! Mais, dites donc... à quelle heure le mariage ?

CORISANDE.
A onze heures.

BALANDARD.
Et combien de lieues d'ici à La Châtre ?

CORISANDE.

Neuf.

BALANDARD.

Eh bien, avec la poste, c'est l'affaire de deux heures et demie. En partant d'ici à huit heures, vous aurez encore plus d'une heure d'avance pour faire votre toilette à La Châtre.

CORISANDE.

Vous avez affaire ici ?

BALANDARD.

J'ai affaire certainement, l'affaire de dormir deux heures. Je ne suis pas comme vous, moi ! je n'ai pas fermé l'œil de la nuit.

CORISANDE.

C'est juste, vous êtes si gentil pour moi que je ne peux pas vous refuser. Je m'en vas faire un tour dans la ville, aussitôt que les boutiques seront ouvertes, je ferai encore quelques petites emplettes. Ah ! mon parapluie, le temps est à l'orage et mes petits poulets, je vas les faire boire. Allons, dormez tranquille, je vous ferai réveiller à huit heures moins un quart, et je commanderai les chevaux. Vrai, vous êtes un charmant homme !

BALANDARD.

Et vous une charmante femme.

Elle sort.

SCÈNE VIII

BALANDARD.

Ma foi, oui, elle a l'air excellent la grosse mémère. Pas laide, l'air enjoué, fraîche et rebondie, bonne santé et fille de mon vieux copain ! Allons ! cette fois je vas

SCÈNE NEUVIÈME.

dormir (Le coq chante au dehors. La cloche des Visitandines, le réveil à la caserne.) Tout s'éveille dans la nature ! et moi...

Il soupire et s'endort.

SCÈNE IX

LE COMMISSAIRE DE POLICE, BALANDARD,
endormi au dehors.

LE COMMISSAIRE.

Ouvrez, au nom de la loi ! (Il frappe et il entre.) Personne ? Ah ! si. (Il va au lit où dort Balandard.) Monsieur ou madame, enfin il n'importe à quelque sexe auquel vous apparteniez, écoutez-moi et répondez, monsieur. Des hommes souillés de boue ou d'ordures sont venus ce matin déposer une plainte contre vous. Ils s'exprimaient avec difficulté, soit que l'émotion eût altéré leurs voix, soit que des matières étrangères encombrassent leurs gosiers. Une odeur nauséabonde s'échappait de leurs vêtements et leurs haleines empoisonnées me serraient fortement à la gorge. Je crus d'abord avoir affaire à ces travailleurs nocturnes qui sont rarement dans l'aisance, bien qu'ils s'agitent souvent dedans. Mais je fus bientôt détrompé. Ils m'exposèrent que, causant sous les fenêtres de votre chambre, ils avaient reçu subrepticement sur la tête des matières qu'ils crurent fécales et des eaux qu'ils pensèrent ménagères ; mais vous ne les aviez pas *ménagère* ni les unes, ni les autres. Ils étaient sordides dans leurs mises et voyant que leurs vêtements commençaient à fumer à la chaleur de mon lit, je les congédiai de crainte qu'ils n'asphyxiassent mon épouse qui reposait sur mon flanc gauche. Je ceignis mon nombril de ma ceinture et je me dirigeai vers cet hôtel. Aux traces encore fumantes qui sillonnent la muraille sous cette fenêtre, je compris que le coup partait de là et je pénétrai ici afin de vous demander une explication.

BALANDARD, s'éveillant.

Monsieur, je ne comprends pas, je dors. Il y a méprise, c'est au-dessus probablement.

LE COMMISSAIRE.

Au-dessus? Au fait c'est possible, c'est ici la demeure de madame Friturin et je ne vois pas de raison pour qu'elle se plaise à arroser ses postillons. En attendant que je fasse rendre une ordonnance de non-lieu, veuillez me dire pourquoi vous êtes dans la couche de l'aimable hôtesse de céans?

BALANDARD.

Tout ce que vous voudrez, verbalisez et laissez-moi dormir.

LE COMMISSAIRE.

Votre nom, âge, demeure et qualité?

BALANDARD.

Jules, voyageur de commerce, trente ans, sur la Canebière à Marseille.

Il se rendort.

LE COMMISSAIRE.

Parfait! Il me reste à vous remercier.

Il sort.

SCÈNE X

BALANDARD, puis FRITURIN.

On entend le train du chemin de fer, — arriver, — s'arrêter, repartir.

FRITURIN, entre.

J'ai rencontré à Vierzon M. Rafin, qui m'a dit que la tante était sur pied. J'ai trop d'ouvrage ici pour aller

SCÈNE DIXIÈME.

perdre mon temps à Bourges. Ma femme ne s'attend guère... Comme je vas la surprendre agréablement ma pauvre bichette!

Il s'approche du lit et embrasse Balandard.

BALANDARD.

Eh quoi! qu'est-ce que c'est que ça? Est-ce vous, madame?

FRITURIN, étonné.

Madame?

BALANDARD.

Eh non! c'est un homme et pas beau. (Il s'essuie la figure.) Dites donc, je n'aime pas ces manières-là!

FRITURIN, stupéfait, à part.

Un homme chez moi, dans le lit de ma femme! j'aurais dû m'en douter. Cet empressement d'Ursule à m'éloigner... (A Balandard.) Que fais-tu ici, infâme?

BALANDARD.

Infâme toi-même, j'essaye de dormir.

FRITURIN.

Vous êtes chez moi, maroufle!

BALANDARD.

Je suis chez toi, maroufle? Eh bien, j'y suis fort mal. Du diable si j'y reviens jamais...

FRITURIN.

Y revenir, misérable? tu n'en sortiras pas.

BALANDARD.

Tu n'as pas fini de m'embêter? je te vas flanquer une danse et te coller à la porte. A-t-on jamais vu un aubergiste qui invective comme ça ses voyageurs?

FRITURIN.

C'est juste, vous êtes chez moi, mais vous aurez de mes nouvelles si... je vais m'informer des faits.

BALANDARD.

C'est par là que vous auriez dû commencer. Allons! fiche ton camp ou je te jette ta table de nuit à la tête. (Friturin sort effrayé, Balandard se retourne dans son lit.) Eh bien, en voilà une ville charmante que Châteauroux! je m'en souviendrai...

Il s'endort.

SCÈNE XI

BALANDARD, LE POMPIER, puis CORISANDE.

Crépitement, fumée, sifflement d'incendie. — On bat le rappel. — On crie au feu! au feu! tocsin. — Balandard ronfle. — Le fond de la chambre se crève et laisse voir les bâtiments enflammés. — Deux poutres embrasées se détachent et tombent en travers des lits sur les rideaux. — Un pompier entre.

LE POMPIER.

Debout! debout, voyageur!

BALANDARD.

Est-ce qu'il est huit heures?

LE POMPIER.

Le feu! le feu!

BALANDARD.

Feu qui? l'aubergiste est mort?

LE POMPIER.

Non, la maison flambe! levez-vous.

BALANDARD, se levant et s'habillant.

Le feu purifie tout!

SCÈNE ONZIÈME.

LE POMPIER.

Vous êtes d'un beau sang-froid! Le toit peut s'effondrer sur nos têtes.

BALANDARD.

Croyez-vous, pompier?

LE POMPIER.

Fichez donc votre camp.

BALANDARD, passant son habit.

Paraître en bras de chemise en public, jamais! Vous êtes bien là, pompier.

LE POMPIER.

Moi, je suis dans mon élément.

BALANDARD.

Alors, je n'ai pas le temps de me raser?

LE POMPIER.

Farceur! vous n'avez pas froid aux yeux, vous!

BALANDARD.

Non, je n'ai froid nulle part. Il fait chaud ici. (Il cherche sa valise.) Et mes petites affaires!... Comment donc ça s'est-il déclaré cet incendie?

LE POMPIER.

Par imprudence, inadvertance, nonchalance ou malveillance ou encore par négligence. Allons! filez!

BALANDARD.

Par où? il n'y a pas d'escalier!

CORISANDE, entrant.

Si fait! si fait, c'est un nuage de fumée, je l'ai bien

14.

traversé pour venir vous avertir! (Prenant une de ses caisses.) Pompier! sauvez mes colis. (A Balandard.) Venez!

BALANDARD, prenant une autre caisse.

Ma chère dame, aurai-je l'honneur de vous offrir mon bras?

CORISANDE.

Une autre fois, courons, il n'est que temps.

Ils sortent, le pompier s'empresse aux colis. — Feu de bengale rouge.
Rideau.

LA CHAMBRE BLEUE

Comédie de famille, mêlée de chiens et de bruits, en un acte, jouée pour la première fois à Nohant, le 4 avril 1875.

PERSONNAGES

LA COMTESSE DE BON-BRICOULAND.
HYBLÉA, sa fille.
CORISANDE, sa nièce.
ROSALIE, sa femme de chambre.
NANNETTE, sa cuisinière.

LE COMTE DES ANDOUILLERS, son frère.
LE CAPITAINE VACHARD, son gendre.
BALANDARD, son invité.
DEUX INVITÉS.
UN VALSEUR.
UNE VALSEUSE.

La scène se passe à La Châtre.

Une chambre à boiseries blanc et or et à tentures de soie brochée bleue. Au fond, lit style Louis XV, blanc et or à baldaquin, garni de rideaux de soie bleue brochée de fleurs. Fenêtres à droite et à gauche dans le pan coupé, avec rideaux de soie pareils à ceux du lit. Table de nuit et fauteuil style Louis XV comme le lit. A gauche, une porte avec portière de soie donnant dans un cabinet de toilette. Une cheminée avec deux flambeaux allumés. A droite, une porte avec portière donnant sur un corridor. Un chiffonnier style Louis XV. Il fait nuit.

On entend les sons d'un orchestre qui joue un quadrille.

SCÈNE PREMIÈRE

ROSALIE.

Ah! je n'en puis plus, les jambes m'en rentrent dans le corps d'être comme ça sur pied depuis les six heures du matin. (*Elle se laisse tomber sur un fauteuil.*) Habiller madame, habiller mam'zelle en mariée, lui mettre son voile! l'ôter, lui remettre! lui rôter! La mairie, l'église, le déjeuner, la promenade, le dîner, et puis le bal pour m'achever! Si je dansais encore? mais une femme de chambre, ça regarde, voilà tout! (On entend sonner minuit.) Minuit! et pas moyen d'aller se coucher... Faudra passer la nuit blanche, et puis ils souperont sur les quatre heures du matin... on redansera bien sûr après jusqu'à *véritable éternuome*. Ah! que j'ai envie de dormir!

Elle s'assoupit.

SCÈNE II

NANNETTE, avec un sac de voyage, un paletot et un chapeau;
MADEMOISELLE ROSALIE.

ROSALIE, s'éveillant en sursaut.

Voilà, madame! Tiens! c'est vous, Nannette? C'est-il bête de réveiller comme ça le monde en peur. Pourquoi que vous n'êtes pas à votre cuisine?

NANNETTE.

Comment, vous dormiez? Et dans la chambre de madame de Bonbricouland encore! vous ne vous gênez guère.

ROSALIE.

C'est vrai, je m'étais oubliée un instant là sur ce fauteuil... c'est si *moalleux.*

NANNETTE.

Dites donc, c'est-y vous qu'êtes chargée de loger ce monsieur?

ROSALIE.

Quel monsieur?

SCÈNE TROISIÈME.

NANNETTE.

Ce monsieur qu'est enrhumé du cerveau, qu'est venu avec madame Corisande, la sœur à madame.

ROSALIE.

Ah! M. Balandard! c'est bien vrai, je l'avais oublié, ce monsieur.

NANNETTE.

C'est que voilà ses affaires qu'étaient restées dans ma cuisine.

ROSALIE.

Posez-les là, je vas les porter dans sa chambre.

NANNETTE.

Les v'là... Je m'en vas!

Elle sort.

SCÈNE III

ROSALIE, puis MADAME DE BONBRICOULAND.

ROSALIE.

Pourquoi donc que madame Corisande a amené ce monsieur?... ce serait-y pas le remplaçant de défunt son mari?... c'est qu'ils ont l'air de se connaître joliment... Dansent-ils là dans le salon! En voilà une noce gaie... Et du monde! tout ce qu'il y a de plus comme il faut dans le pays... M. le sous-préfet... le maire... le commandant...

Elle s'endort.

MADAME DE BONBRICOULAND.

Eh bien? Qu'est-ce que vous faites là, péronnelle?

ROSALIE, s'éveillant.

Madame... je... c'est que... je... m'en vas.

Elle sort.

SCÈNE IV

CORISANDE, HYBLÉA, MADAME DE BONBRICOULAND.

HYBLÉA.

Ah ! ce M. Balandard, il est amusant, il est aimable et il danse !... il valse surtout dans la perfection.

MADAME DE BONBRICOULAND.

C'est bon, c'est bon ! tu n'as pas besoin de te monter la tête pour lui, ma fille. Te voilà mariée, et les beaux danseurs, ça ne te regarde plus.

CORISANDE.

Celui-là n'est pas beau ; mais il a de l'esprit, il est gai, bon garçon. Il plait à tout le monde.

MADAME DE BONBRICOULAND.

Je ne dis pas. Il me plait aussi à moi ; mais enfin c'est un homme de rien.

HYBLÉA.

Ah ! maman, si je n'ai plus le droit de regarder ceux qui dansent bien, tu n'as pas celui de dédaigner les gens de rien, car te voilà belle-mère d'un vilain, et par conséquent mère d'une vilaine.

MADAME DE BONBRICOULAND.

Tu es jolie et ton mari est laid ; mais tu l'as voulu comme ça et j'ai dû céder.

HYBLÉA.

Il n'est ni joli, ni jeune, j'en conviens ; mais il est riche.

CORISANDE.

Et la petite est positive.

HYBLÉA.

Je suis de mon siècle.

SCÈNE QUATRIÈME.

CORISANDE.

Il n'est pas riant, ton siècle.

HYBLÉA.

Dirait-on pas que tu as quatre-vingts ans!

CORISANDE.

Oh! moi, je ris de tout pour ne pleurer de rien.

HYBLÉA.

Il t'est facile d'être gaie, petite tante, tu es riche.

CORISANDE.

Ce n'est pas le mariage qui m'a enrichie; au contraire.

HYBLÉA.

Enfin, ton oncle t'a laissé trente mille livres de rente, et nous nous sommes pauvres. Mon grand-père ne nous laissera rien, non plus qu'à toi.

MADAME DE BONBRICOULAND.

Il est certain qu'il nous abandonne absolument. Ne pas être venu au mariage de sa petite-fille !...

CORISANDE.

Il fait pour elle ce qu'il a fait pour moi.

HYBLÉA.

C'est-à-dire, rien. J'ai donc eu raison d'épouser un homme riche... justement le voilà, mon mari. (Bas, à Corisande.) Le fait est qu'il a une drôle de touche.

MADAME DE BONBRICOULAND, qui l'a entendue.

Fi! ma fille, quels mots vous employez! Vous parlez argot à présent?

HYBLÉA.

C'est la mode, maman. D'ailleurs, mon mari parle bien plus mal encore.

Elle rit aux éclats.

SCÈNE V

Les Mêmes, LE CAPITAINE VACHARD.

VACHARD.

Enchanté de vous trouver si... si... joyeuse... si... hilare, voilà le mot, hilare.

Hybléa rit plus fort.

MADAME DE BONBRICOULAND.

Ma fille !

HYBLÉA.

Maman, c'est plus fort que moi, il faut que je rie.

VACHARD.

Il n'y a pas de mal. Elle est gaie... ça prouve qu'elle n'est pas triste.

HYBLÉA.

Évidemment.

Corisande rit aussi.

VACHARD.

Et notre belle tante aussi? Le militaire n'est pas ennemi d'une douce hilarité. C'est le mot, hilarité.

CORISANDE.

Il y tient.

VACHARD.

Peut-on savoir au moins... j'aimerais à me mêler à vos ris.

HYBLÉA.

Nous parlions de mon grand-père.

VACHARD.

Un homme charmant, le comte des Andouillers, charmant; un homme qui n'a qu'un défaut : trop bon, comme feu mon colonel. Lorsque j'étais au 7e hussards, je n'étais que lieutenant alors... un jour...

SCÈNE CINQUIÈME.

HYBLÉA.

Vous nous raconterez ça plus tard. C'est le moment des contredanses et non des narrations.

VACHARD.

C'est juste, c'est juste! Allons danser. Le troupier ne hait pas un peu de sauterie. Quant à moi, je pourrais dire pourtant : La danse ce n'est pas ce que j'aime ; mais c'est la fille à Nicolas.

MADAME DE BONBRICOULAND.

Nicolas? jamais mon mari ne s'est appelé comme ça. Il s'appelait Gontran. (Avec hauteur.) Gontran de Bonbricouland, monsieur Vachard.

VACHARD.

Eh bien, moi, je m'appelle Anatole.

HYBLÉA.

Nous le savons bien et... dites donc, est-ce que je vais être forcée de vous appeler Anatole?

VACHARD.

C'est comme il vous plaira. Appelez-moi capitaine, si vous voulez.

HYBLÉA.

J'aime mieux ça, allons danser. J'ai promis à M. Balandard.

VACHARD.

Ah çà! qui diable est-ce ce M. Balandard dont toutes les femmes d'ici sont raffolles?

CORISANDE.

Qu'est-ce que vous dites?

VACHARD.

Je dis raffoles. Moi, je n'en suis pas raffou de ce particulier-là.

HYBLÉA.

Pourquoi?

VACHARD.

Je ne sais pas. Il me fait l'effet d'un pistolet?

CORISANDE.

Qu'est-ce que vous entendez par pistolet?

VACHARD.

Un... comment dirai-je? un original, un blagueur!

Il remonte vers la porte.

MADAME DE BONBRICOULAND, bas à Corisande.

Quel ton il a!

CORISANDE, le retenant.

Dites-moi donc, capitaine.

VACHARD.

Oh! vous, ma belle tante, j'espère que vous m'appellerez mon neveu.

CORISANDE.

Non, je suis plus jeune que vous.

VACHARD.

Plus jeune, plus jeune...

CORISANDE.

Ah! mais oui, beaucoup plus jeune.

VACHARD.

L'âge n'y fait rien. La preuve, c'est que vous êtes encore charmante. (A part.) Le fait est qu'elle est très bien; j'aime les femmes grasses, moi! ma femme est un peu maigre.

CORISANDE.

Je voulais vous dire... j'ai une question à vous faire : vous avez été aux Andouillers dernièrement... Hybléa, laisse-nous, c'est une affaire de famille.

SCÈNE CINQUIÈME.

HYBLÉA.

Vous allez parler des fredaines de mon grand'père? je m'en vais. C'est quelquefois amusant, mais j'aime mieux danser.

Elle sort.

VACHARD.

A vos ordres, belle tante.

CORISANDE.

Je n'ai pas pu vous parler depuis ce matin. Je croyais que mon père viendrait. Il ne viendra pas. Je voudrais un peu savoir ce qui se passe chez lui maintenant. Je sais que vous avez été lui demander son agrément pour épouser sa petite-fille et que vous avez été très bien reçu. Vous y avez passé deux jours, parlez-moi des personnes qui étaient chez lui.

VACHARD.

Ma foi! il y avait son curé... son maire...

CORISANDE.

Je ne vous demande rien des hommes.

VACHARD.

Oui, je comprends, il s'agit du sexe faible et charmant.

CORISANDE.

Ce sexe charmant, de quoi se composait-il?

VACHARD.

Ah! moi, je vous avoue que j'ai d'abord contemplé la cuisinière, une femme superbe comme vous... un cordon bleu.

CORISANDE.

Oui, oui, c'est Françoise, je la connais; mais, après!...

VACHARD.

Il y avait... oh! oh! deux *biches chouettes!*

MADAME DE BONBRICOULAND.

Comment, des biches et des chouettes au salon?

VACHARD, souriant de pitié.

Vous ne comprenez pas! je veux parler de deux femmes *chic*, avec des habits rouges, des casquettes et des cheveux dans le dos attachés en queue comme des postillons.

MADAME DE BONBRICOULAND.

En queue? c'est horrible.

VACHARD.

Mais non, des cheveux superbes comme des crinières de dragons. Du blanc, du rouge, du noir autour des yeux, ça fait bien.

CORISANDE.

Comment s'appelaient-elles?

VACHARD.

Il y en avait une grande qui s'appelait Estelle, Adèle... Céleste, je crois. Oui, Céleste, c'est ça.

CORISANDE.

Et l'autre?

VACHARD.

L'autre, un nom en *a*, Ophélia, Alida, Coriza, je ne sais pas. Le nom ne fait rien à l'affaire. Elle avait du chien, la petite!

CORISANDE.

Et dites-moi quel train elles mènent dans la maison?

VACHARD.

Ah! un train de hussards à quatre roues... un train de sous-lieutenants. La chasse, la table, la danse, la toilette. Je me suis bien amusé.

MADAME DE BONBRICOULAND.

Et nous, ça ne nous amuse pas.

SCÈNE SIXIÈME.

VACHARD.

Ah! qu'est-ce que vous voulez? Il est charmant, le vieux! Pas beaucoup de mémoire, mais jeune comme à vingt ans.

MADAME DE BONBRICOULAND.

Trop jeune.

VACHARD.

Bah! il mange son bien. Mais, qu'est-ce que ça vous fait? Je suis riche, moi! Et vous ne manquerez de rien. Allons! pas d'idées tristes; ma belle-tante, je vous retiens pour un tour de valse.

Ils sortent.

SCÈNE VI

NANNETTE, LE COMTE DES ANDOUILLERS et son chien, LES PRÉCÉDENTS.

NANNETTE.

Madame, voilà mosieur le comte des Andouillers.

HYBLEA.

Ah! mon oncle!

CORISANDE.

Mon père? quel miracle!

MADAME DE BONBRICOULAND.

Mon frère? c'est bien heureux!

Ils s'embrassent les uns après les autres.

LE COMTE.

Bonjour, chère sœur! bonjour, Hybléa! bonjour ma fille. Ma foi, j'arrive peut-être un peu en retard! j'ai amené ma meute favorite... Tayau! tayau! (*Le chien jappe.*) C'est Mirault, mon bon Mirault!

MADAME DE BONBRICOULAND.

Mais vous n'allez pas faire entrer dans ma chambre toute votre meute, ça sent bien mauvais!

LE COMTE.

C'est l'émotion, le chemin de fer. Il s'était tenu jusqu'à présent. Nannette, emmenez ce bon Mirault, ses puces et le reste.

NANNETTE.

Viens, mon chéri, viens! t'auras du sucre.

Elle sort avec le chien.

LE COMTE.

Ah çà! où en sommes-nous du mariage? Est-ce l'heure du curé, du maire? (Imitant la trompe de chasse.) Tarata, taratata!...

HYBLÉA.

Mais nous ne comptions plus sur vous et je suis mariée depuis midi.

LE COMTE.

Mariée! sonnons l'hallali! (Il chante.) Taratata, tarata! Alors passons à table.

MADAME DE BONBRICOULAND.

On a fini de dîner; mais il y en a encore.

LE COMTE,

Je l'espère bien! Ah çà! et le jeune marié, tu vas me le présenter. Où est-il l'époux fortuné.

SCÈNE VII

BALANDARD, Les Précédents.

BALANDARD.

Tiens! mon vieux compagnon de chasse!

LE COMTE.

Balandard! l'ami Balandard. Bonjour, Ernest, enchanté de vous trouver à cette petite noce. Comment vous trouvez-vous ici.

SCÈNE HUITIÈME.

BALANDARD, à part.

Pourquoi m'appelle-t-il Ernest? je me nomme Pierre. Quel vieux toqué!

CORISANDE.

C'est moi qui ai amené M. Balandard.

LE COMTE.

Ah! tu connaissais Ernest, tu ne me le disais pas. Oui, oui, il est un de mes bons amis. Chasseur comme moi, bon enfant comme moi, riche comme moi. Ah! nous allons en découdre de la plume et du poil! Il y a de belles chasses par ici! (il chante.) Tarata, tarata! Dis donc, Ernest, as tu regardé ma nièce? Est-elle assez gentille? Hein! quelle tournure! Quel galbe! Tu vas la faire danser. Ah çà! mes petites chattes, vous allez me faire souper, j'ai faim, nous avons faim, n'est-ce pas Ernest?

BALANDARD, à part.

Il tient à son Ernest! (haut.) Merci, j'ai dîné et dansé copieusement!

LE COMTE.

Comme tu voudras!

CORISANDE.

Venez, mon père, je vous tiendrai compagnie.

LE COMTE.

Toujours bonne, toi! Bonsoir, Ernest!

Tous sortent.

SCÈNE VIII

BALANDARD, chantant.

Je chassais, dans mes grands bois,
Avec mes bons chiens de chasse,
Je chassais, dans mes grands bois,
Tous les gibiers à la fois.

Voilà pour ce vieux toqué! Corisande, sa fille! c'est drôle! (On entend les sons d'un orchestre.) Je ne sais pas si cette petite fête de famille va se prolonger longtemps. (Une heure sonne.) Mais j'en ai assez!... Où diable m'a-t-on niché?... Encore si je savais à qui m'adresser pour avoir mon petit baluchon? Les domestiques sont affairés ou plutôt effarés. (Il aperçoit son sac de nuit sur un fauteuil.) Ah! parbleu! voilà mon chapeau, mon paletot, mon sac!... Évidemment c'est là ma chambre. Pas laid l'ameublement, style Louis XV. (Il va au lit.) Un vrai vieux lit... Ça a l'air propre. De bons gros rideaux de soie brochée... On ne fait plus ces étoffes-là! On fait mieux et moins bien... Comme je vas dormir là dedans. (Tout en se déshabillant.) Elle est très gentille, la jeune mariée, l'air décidé, moqueur... Je la crois un peu coquette... Le marié... commun... un prédestiné... un minotaure... (Il prend un flambeau et ouvre la porte du cabinet.) Cabinet de toilette et tout ce qu'il faut. (Il entre et ressort.) On fait bien les choses à La Châtre. (Il va à la porte d'entrée.) Si je m'enfermais?... Ah bien! oui, ni clef, ni verrou!... (Il revient et pose le flambeau sur la table de nuit.) On entend bien un peu la musique, mais c'est supportable! D'ailleurs, je ne hais pas un petit air pour m'endormir. (Il se couche.) Oh! le lit est parfait!... C'est un beurre. (Il souffle la bougie.) Il s'agit de rattraper la nuit de Châteauroux... Comme il fait clair! Est-ce que c'est déjà le jour? (Il regarde du côté de la cheminée.) Eh non! c'est l'autre bougie. (Il souffle de son lit.) Trop loin! Ah! ma foi, tant pis! je ne me relève pas. Elle s'éteindra quand elle trouvera qu'elle a assez brûlé. (Il éternue.) Voilà que je m'enrhume. J'ai perdu mon bonnet de coton dans l'incendie et je n'ai pas pensé à en acheter un autre. Mais qu'est-ce que c'est que ça? un bonnet de femme, de nuit... aimable attention de mes hôtesses. (Il met le bonnet de nuit de madame de Bonbricouland.) C'est parfait! ça tient chaud aux oreilles... je m'en ferai faire une demi-douzaine comme ça... avec des brides... A-t-elle les yeux vifs cette jeune mariée?... des petits soleils... Si je dormais au lieu de penser à la femme d'autrui?... Ah! que je suis bavard!

Il tire les rideaux et s'endort.

SCÈNE IX

HYBLÉA, CORISANDE, BALANDARD, endormi.

Les deux femmes passent. Hybléa entre dans le cabinet de toilette. Corisande se tient auprès de la porte entr'ouverte.

HYBLÉA.

M. Balandard a disparu. Il s'est éclipsé sans rien dire. Et moi qui comptais sur lui pour conduire le cotillon !

CORISANDE.

Ma chère enfant, il a bien le droit d'aller se reposer. Je pense qu'il t'a assez fait sauter, tu n'en avais que pour lui.

HYBLÉA.

Ma petite tante, il est mieux que mon mari, n'est-ce pas ?

CORISANDE.

Tu dois trouver ton mari mieux que tous les autres. As-tu bientôt fini ?

HYBLÉA.

Je mets un peu de poudre de riz... un nuage... j'avais si chaud !

CORISANDE.

Allons, viens donc, petite folle.

Hybléa rentre en scène, elles sortent et laissent la porte ouverte.

BALANDARD, se réveillant au bruit, écarte les rideaux.

Eh bien, quoi?... qu'est-ce que c'est ? J'avais déjà perdu connaissance... je rêve... (On entend jouer une valse.)

Ah! je la connais cette valse. C'est toujours la même! Pas variée, la musique de La Châtre... (Deux heures sonnent.) Est-ce que la scie des pendules va recommencer ici comme à Châteauroux? Non, il n'y a que celle-là et le timbre est faible...

Il tire les rideaux et se rendort. L'air de la valse continue. Un monsieur et une dame entrent en valsant.

SCÈNE X

BALANDARD, endormi; Un Monsieur, Une Dame.

LE MONSIEUR.

Ici, au moins, nous pouvons valser à l'aise.

LA DAME.

C'est bien vrai, dans le salon, on est serré comme des harengs! Pressez le mouvement!

LE MONSIEUR.

Vous n'êtes pas fatiguée?

LA DAME.

Oh! jamais. Pressez... pressez le mouvement... Ah! que vous êtes mou, Edmond!

Ils sortent en valsant et laissent la porte ouverte.

BALANDARD, entr'ouvrant les rideaux.

Quel vent!... c'est un tourbillon... c'était comme une danse échevelée!... Bah! il n'y a personne... rien!... je rêve! j'ai le cauchemar!... Comment? ils dansent encore?... (La musique s'arrête.) Ah! la valse est finie! ce n'est pas malheureux! (On entend jouer une polka.) Ah bien, oui, je t'en fiche! c'est une polka à présent. (Répétant l'air.) Ti ti ti, ta ta ta... ti ti, ta... Sont-ils bêtes avec leur noce!... mais il faut que je sois encore plus bête d'y être venu!... qu'est-ce que je fais ici... je me le demande? (Il répète l'air.) Ti ti ti, ti ti ti... Assez! au diable les airs polonais!

Il donne un coup de poing dans son oreiller et tire les rideaux. Il se rendort.

SCÈNE XI

BALANDARD, endormi; **LE COMTE, VACHARD, DEUX INVITÉS** en cravate blanche et habit noir.

LE COMTE.
Dites donc, mon cher neveu, désormais, puisque les invités envahissent le salon de jeu, retirons-nous ici. Nous y serons très bien pour faire la partie.

VACHARD.
Parfaitement, je déteste la danse et surtout les danseurs qui piétinent mes cors.

LE COMTE.
Vous avez des cors... de chasse?

VACHARD.
Oui, c'est de naissance.

LE COMTE.
Alors vous êtes né botté.

PREMIER INVITÉ.
Messieurs, si nous faisions un whist?

VACHARD.
Je l'ignore complètement, complètement.

DEUXIÈME INVITÉ.
Alors on fera un *mort*.

VACHARD.
Un mort? un jour de noce, c'est lugubre.

LE COMTE.
Messieurs, si nous faisions un domino à quatre? En remuez-vous?

VACHARD.
Parfaitement, j'y suis même très fort.

PREMIER INVITÉ.

Vous êtes de l'école du National ou du Cheval blanc?

VACHARD.

Comprends pas. Je suis de l'école de Saumur.

DEUXIÈME INVITÉ.

Le commandant vous parle domino et non cavalerie.

VACHARD.

Parfaitement! où nous mettons-nous? là, près de la cheminée! poussez la table, faites le jeu. Si vous avez la boîte, brouillez! (Ils s'installent.) Qui fait? Moi! Commandant, nous sommes ensemble. Attention! je pose du six.

LE COMTE.

C'est assez visible, le double six. Je parie que vous n'en avez pas d'autres. Six blanc!

VACHARD.

Je boude.

PREMIER INVITÉ.

Moi aussi.

LE COMTE.

Je m'en doutais. Avec du deux.

DEUXIÈME INVITÉ.

Voilà!

LE COMTE.

Pardon, ça ne va pas; c'est du trois, c'est un lièvre! quel beau lancer! (Il chante.) Taratata, taratata!

VACHARD.

Taratata, taratata, si mon partenaire n'a pas de deux.

LE COMTE.

Alors, mon neveu, du six partout. Personne n'en a que moi. Abattons et comptons, quinze, dix-huit, vingt-quatre. Quelle culotte! ah! vous n'êtes pas fort!

Un bruit sec et sonore part du lit où dort Balandard.

SCÈNE ONZIÈME.

LE COMTE.
Hein! c'est vous, capitaine? ne vous gênez pas.

VACHARD.
Nullement! je ne me permettrais pas cette licence.

PREMIER INVITÉ.
C'est la demie qui sonne.

DEUXIÈME INVITÉ.
Vous êtes en retard.

VACHARD.
Silence, messieurs. Ça part de là-bas; madame ma belle-mère est couchée.

LE COMTE.
C'est son secret. Soyons discret. (Il fredonne.) C'est un putois, c'est un sournois, taratata!

PREMIER INVITÉ.
Messieurs, retirons-nous sans bruit.

Ils sortent discrètement en riant tout bas et refermant la porte derrière eux.

BALANDARD, écartant le rideau.
Qui est-ce qui piétine donc comme ça? (On entend jouer un quadrille.) La petite fête va son train... on ne se couche donc plus quand on se marie. Elle est enragée, cette petite Hybléa! gentille; mais enragée... (Trois heures sonnent.) Trois heures? c'est un sommeil à bâtons rompus... la musique cesse. Ah! ça se calme... on ouvre les portes. Dieu merci! c'est la fin du bal. (On entend le cliquetis des verres, le bruit des assiettes...) Je crois, Dieu me pardonne! qu'ils mangent... On soupe... Si j'y allais?... non! je n'ai pas faim... j'aime mieux dormir.

Il se rendort.
On entend sonner l'angélus.

BALANDARD, s'éveillant.
Qu'est-ce que c'est que cet air-là?... l'angélus! ah! mais c'est assommant... Elle va se taire cette cloche. Elle a

un joli son, je ne dis pas, mais faut pas que ça se prolonge, ça porte sur les nerfs ! Dig, din don; dig, din don !... Elle est en mineur. Qui est-ce qui a inventé les cloches ? A coup sûr, c'était un beau dormeur ou un sourd... Ah! c'est fini!... (Il se rendort. On entend les sons d'une cornemuse et d'une vielle qui jouent une bourrée et le pas cadencé des danseurs).

BALANDARD, se réveillant en sursaut.

Qu'est-ce qu'ils font? quel est ce vacarme?... ces frappements de talons de bottes?... ces cris sauvages? Ils vont défoncer le plancher !... c'est probablement la bourrée... la danse nationale de l'endroit !... Ils ont l'air d'y prendre goût!... Si ça continue comme ça, je demande à changer de chambre. (Le bruit cesse.) Ah! ça se calme, la danse du pays... la foule se disperse.

Il fredonne l'air de *Malborough:*

La cérémonie faite
Mironton, mironton, mirontaine,
La cérémonie faite
Chacun s'en fut coucher.
Les uns avec leur femme...

Il se rendort.

SCÈNE XII

BALANDARD, endormi; HYBLÉA.

HYBLÉA.

Oh! non, par exemple! pas ce soir! Maman doit être rentrée chez elle. Oui, la voilà ! Elle dort. Ah! tant pis, je vais la réveiller. Maman!... maman!...

BALANDARD, s'éveillant.

Hein? Hum!

HYBLÉA.

Maman, gardez-moi près de vous.

BALANDARD, à part.

Tiens, tiens, tiens !

SCÈNE QUATORZIÈME.

HYBLÉA.

Maman, je vous en supplie; je suis très fatiguée... Permettez-moi de rester.

BALANDARD, contrefaisant sa voix.

Reste, mon enfant, reste !

HYBLÉA.

Ah ! merci, maman.

On frappe à la porte, Hybléa se sauve dans le cabinet de toilette et tire la porte sur elle.

SCÈNE XIII

LES MÊMES, VACHARD.

VACHARD, entre.

Pardon, madame ma belle-mère, si j'entre incontinent... Mais je cherche ma femme. (Balandard ne répond pas.) Vous dormez? Désolé de vous déranger... désolé... désolé... un simple renseignement, s'il vous plaît. L'avez-vous vue?... Pas de réponse ! c'est pas une belle-mère, c'est une pierre ! Où diable s'est cachée ma femme?... (Il va pour sortir et se trouve face à face avec madame de Bonbricouland.) Qu'est-ce que ça veut dire?

SCÈNE XIV

LES MÊMES, MADAME DE BONBRICOULAND.

MADAME DE BONBRICOULAND.

Que voulez-vous, monsieur Vachard?

VACHARD.

Je veux... je veux ma femme. C'est donc elle qui est couchée là? Je croyais que c'était vous.

MADAME DE BONBRICOULAND.

Comment, couchée là? (Elle s'approche du lit et ne reconnaît pas Balandard coiffé de son bonnet de nuit et le nez tourné à la muraille. — A Vachard.) Eh bien, monsieur Vachard, c'est que ma fille désire rester près de moi cette nuit. Cela ne peut pas vous inquiéter. Respectez la pudeur d'une jeune fille. Je présume que vous êtes un homme bien élevé. Retirez-vous.

VACHARD.

Mais...

MADAME DE BONBRICOULAND.

Mais!... vous êtes chez moi, monsieur, retirez-vous.

VACHARD.

Je... je... je me retire.

Il sort.

MADAME DE BONBRICOULAND, à Balandard.

Allons, ma fille! tu te caches, tu pleures. Je comprends bien ça. Console-toi, il est parti! Je vais me déshabiller et nous passerons la nuit ensemble.

Elle entre dans le cabinet.

BALANDARD.

Ah! mais non, par exemple! c'est une autre paire de manches.

SCÈNE XV

NANNETTE, portant une seringue; BALANDARD.

NANNETTE.

Madame, je vous apporte votre café au lait.

BALANDARD.

Du café au lait? ça me dérange. D'ailleurs je n'en prends jamais de ce côté-là!

Il gigote et chasse Nannette à coups de pied.

NANNETTE, épouvantée.

Ah! mon Dieu! un homme dans le lit de madame!

Elle s'enfuit.

SCÈNE XVI

BALANDARD, à part.

Le lit de la belle-mère? Ah! bigre, je comprends tout. (Il saute à bas du lit. Un chien de chasse entre en jappant.) Le chien du père des Andouillers à présent! C'est le ciel qui me l'envoie pour sauver la situation. — Viens ici, Mirault! Hop là! dans le lit tout chaud! t'aimes ça, je te connais. (Le chien saute dans le lit.) Si on te demande qui était là, tu diras que c'est toi! (On entend dans le cabinet les voix de madame de Bonbricouland et d'Hybléa.) — Comment tu es là? — Oui, maman. — Mais alors...

BALANDARD, qui a gagné la porte, en emportant ses affaires.

Débrouillez-vous! je me sauve!

Il sort.

SCÈNE XVII

MADAME DE BONBRICOULAND, sortant du cabinet.

MADAME DE BONBRICOULAND.

Mais qui donc est couché là? (Elle va au lit, le chien grogne.) Mirault! dans mon lit, veux-tu bien t'en aller!

HYBLÉA.

C'est égal, un chien qui parle, c'est drôle tout de même.

Rideau.

J'AI OUBLIÉ MON PANIER

Comédie en un acte,
jouée pour la première fois à Nohant, le 10 avril 1875.

PERSONNAGES

BALANDARD.
ISIDORE PICOT.
PÈRE CRÉTINET, bouilleur.
MÈRE CRÉTINET, sa femme.
HENRIETTE CRÉTINET, leur fille.
UN CHEF DE GARE.

PIERRE, premier garçon d'équipe.
POLYTE, deuxième garçon d'équipe.
M. AUGUSTE, employé aux billets.
UN CONDUCTEUR D'OMNIBUS.
DEUX GENDARMES.

La scène se passe à la station de Fouarons, en 1875.

L'intérieur d'une gare de quatrième classe. — Porte vitrée au fond, laissant voir le village de Fouarons; au loin, route en perspective éclairée par des réverbères. — Il fait nuit, ciel étoilé; au deuxième plan, un terrain et un quai du viaduc sur lequel passent les trains. — Un réverbère rouge d'un côté, de l'autre, un disque. — A droite du spectateur est écrit : *Guichet des billets*, avec un tableau du prix des places et un cartel rond au-dessus; puis une porte au-dessus de laquelle est écrit : *Burette*. — A gauche, le bureau des bagages, puis une porte au-dessus de laquelle est inscrit : *Salle d'attente*. — Une suspension avec globes de verre. — Lampe allumée.

SCÈNE PREMIÈRE

Au lever du rideau, les employés dorment sur les colis et la planche aux bagages. — On entend ronfler. — Dix heures sonnent au loin.

PIERRE, POLYTE, LE CHEF DE GARE.

PIERRE, s'éveillant et bâillant.

Oh! oh! dix heures, on peut encore roupiller dix minutes...

POLYTE, bâillant.

Ah! ah! monsieur Pierre!

PIERRE.

Hein! quoi? zut!

Il se rendort. — Sonnerie électrique du télégraphe.

POLYTE.

V'là le train!

PIERRE.

Flûte!

LE CHEF DE GARE, entrant.

Allons, debout! Que faites-vous ici, vous, Polyte? Allez donc dormir dans les bagages.

POLYTE.

Voilà, monsieur, voilà! (A part.) C'est z'un chien!

Il sort.

LE CHEF DE GARE.

Le train 18, tout le monde sur le pont. Opérez le triage des colis. Et plus vite que ça!

Il sort.

SCÈNE II

PIERRE, POLYTE.

Triage des colis et transport dans la coulisse.

PIERRE.

Mademoiselle Pétenvert, à Viremollet, articles de modes... c'est pour l'omnibus. M. Planchut, à La Châtre, des huîtres. Madame de Bonbricouland des boustifailles! Ça sent bon!

SCÈNE III

LE CHEF DE GARE, Deux Gendarmes.

DEUX GENDARMES, *entrant par le fond.*

Ils chantent sur l'air d'Offenbach.

I

Nous sommes aujourd'hui de service
Avec notre sabre au côté,
Notre culotte de peau lisse,
Le bicorne et le baudrier.
Notre plastron qui de loin brille
Comme un rayon d'soleil couchant.
Le gendarme sent pas la vanille, } *Bis.*
Mais le fumet du fourniment.

II

Chausser nos bottes d'ordonnance
Pour cacher notre nudité.
Remuer les pieds avec cadence,
Ça donne dans l'œil de la beauté.
Quand nous passons de par la ville,
Toutes les filles ont le nez au vent.
Si le gendarme sent pas la vanille, } *Bis.*
C'est tout de même un bon enfant.

III

Nous partons quand la cloche sonne,
Nous arrivons quand le train part.
Nous n'arrêtons jamais personne,
Nous sommes toujours en retard.

LE CHEF DE GARE, *leur coupant la parole.*

Ça, c'est vrai, messieurs les gendarmes, et vous feriez mieux d'arrêter un peu plus les vagabonds et de ne pas tant chanter hors de propos. Est-ce que vous prenez ma gare pour un café-concert?

UN DES GENDARMES.

Suffit, monsieur le chef de gare.

Ils sortent.

SCÈNE IV

On entend les grelots et le roulement d'une voiture dans la cour.

PIERRE.

Voilà l'omnibus de Viremollet.

LE CONDUCTEUR, entrant par le fond.

Avez-vous des colis pour moi?

PIERRE.

Oui, voilà, enlevez, père l'omnibus.

LE CONDUCTEUR, emportant les caisses avec l'aide des employés et revenant.

Vous n'avez rien de plus?

PIERRE.

C'est tout.

LE CONDUCTEUR.

Tant mieux, ça sera plutôt fait. Je me tire les pattes.

PIERRE.

Vous attendez pas l'arrivée du train?

LE CONDUCTEUR.

Pour quoi faire? Il y a jamais personne. Les Berrichons, ça voyage pas.

PIERRE.

Amenez-vous des voyageurs?

LE CONDUCTEUR.

Oui, toute une noce. Il y a de quoi rire. Ça n'a jamais sorti de son village. La mariée, un beurre; le futur conjoint, un serin!

LE CHEF DE GARE.

Silence, messieurs les employés. Le service doit se faire sans réflexions oiseuses et sans périphrases.

LE CONDUCTEUR.

Sans doute, j'allume une pipe et bonsoir.

Il sort.

SCÈNE CINQUIÈME.

PIERRE, appelant.

Messieurs les voyageurs, par ici. Prenez vos billets, faites enregistrer vos bagages.

Départ de l'omnibus, grelots.

SCÈNE V

CRÉTINET, MADAME CRÉTINET, ISIDORE, HENRIETTE, L'EMPLOYÉ AUX BILLETS, LES PRÉCÉDENTS.

CRÉTINET.

Madame Crétinet, ma femme, je vas prendre les places, ne vous inquiétez pas.

MADAME CRÉTIN

Monsieur Crétinet, ne vous trompez pas nous allons à Foin-la-Folie.

CRÉTINET.

J'entends bien... j'entends bien, je ne suis pas sourd.

Il va au guichet.

HENRIETTE.

Dites donc, monsieur Isidore, vous qui êtes malin, expliquez-moi donc comment ces chemins de fer peuvent marcher.

ISIDORE.

Je vais vous expliquer la chose, mademoiselle Henriette... Voyez-vous, c'est une vapeur...

HENRIETTE.

Oui, je sais ça, monsieur Isidore, mais quand on n'en a jamais vu, comme moi... on ne comprend pas bien.

ISIDORE.

Oh! mon Dieu, c'est bien simple...

HENRIETTE, à part.

C'est peut-être lui qui est bien simple. (Haut.) Voyons, racontez-nous ça!...

L'EMPLOYÉ AUX BILLETS, passant sa tête par le guichet, à Crétinet.

Êtes-vous sourd?

CRÉTINET, se reculant, effrayé.

Qu'est-ce que vous avez? Êtes-vous malade? Vous m'avez bien fait peur tout de même.

L'EMPLOYÉ.

Où allez-vous? Combien voulez-vous de places?

CRÉTINET, revenant vers les autres.

Je ne comprends rien à ce que bredouille cet homme dans sa boîte.

ISIDORE, à part.

Il a l'oreille dure. (Haut.) Laissez-moi y aller, j'arrangerai bien l'affaire. (Il va au guichet.) Monsieur, ne vous fâchez pas... Nous venons de Viremollet et nous allons nous marier à Foin-la-Folie avec Henriette, moi, Isidore Picot, le père Crétinet et madame Crétinet, ses père et mère ici présents.

L'EMPLOYÉ.

Ça m'est égal, je ne suis pas le maire. Où allez-vous?

ISIDORE.

A Foin-la-Folie, sans vous offenser.

L'EMPLOYÉ.

Ça ne m'offense pas. Quelles places voulez-vous?

ISIDORE.

Combien qu'elles coûtent vos places?

L'EMPLOYÉ.

Les premières, douze francs.

SCÈNE CINQUIÈME.

ISIDORE.

C'est trop cher! Il n'y a pas moyen de s'arranger à moins?

L'EMPLOYÉ.

Voulez-vous des troisièmes à sept francs?

ISIDORE.

Et combien les quatrièmes?

L'EMPLOYÉ.

Il n'y en a pas, mais on en fera plus tard pour vous.

ISIDORE.

En ce cas donnez-moi quatre places pour sept francs.

L'EMPLOYÉ.

C'est vingt-huit francs, voilà vos billets.

ISIDORE, payant.

Vingt-huit francs! Vous disiez sept?

L'EMPLOYÉ.

Qu'est-ce que vous vendez, jeune homme?

ISIDORE.

Moi, je vends de la moutarde... mon père est fabricant, — vous connaissez bien la maison Picot et fils — et mon futur beau-père est maître vigneron, bouilleur.

L'EMPLOYÉ.

Prenez donc vos billets! farceur!

Il ferme le guichet.

ISIDORE, revenant.

J'y comprends rien non plus! (Aux autres.) L'affaire est faite. Mais c'est cher!

MADAME CRÉTINET.

Combien qu'ils vous ont pris?

ISIDORE.

Vingt-huit francs!

MADAME CRÉTINET.

Ah! mon Dieu! Voilà de l'argent dépensé mal à propos. Comme si on ne pouvait pas se marier sans aller demander le consentement du grand-père qui se fiche pas mal de nous et de vous avec!

ISIDORE.

Mais l'héritage, j'y tiens, moi!

PIERRE, à Crétinet.

Vous avez vos billets de place, faites enregistrer vos bagages. Avez-vous des colis?

MADAME CRÉTINET.

La colique? Dieu merci! non, nous ne l'avons point.

HENRIETTE.

Ah! mon Dieu!...

MADAME CRÉTINET.

Qu'est-ce que tu as?

HENRIETTE.

J'ai oublié mon panier... (A Pierre.) J'ai bien le temps d'aller le chercher, n'est-ce pas?

Elle sort.

PIERRE.

Dépêchez-vous!... N'allez pas si loin! C'est à gauche. Faites vite!

CRÉTINET.

Où va-t-elle?

MADAME CRÉTINET.

Chercher son panier! Ah! quelle tête folle! Elle oublie tout.

On entend au loin la trompette du cantonnier.

PIERRE.

Voilà le train! Messieurs les voyageurs, passez à la salle d'attente! (On entend le sifflet d'arrivée du train et le souffle de la locomotive. — Criant.) Fouarons! Fouarons! Les voya-

SCÈNE SIXIÈME.

geurs pour Lassoupe et Viremollet, descendez! Ceux pour Foin-la-Folie et la ligne du Midi, en voiture.

MADAME CRÉTINET.

Henriette va manquer le train. Isidore, allez donc la chercher.

ISIDORE.

Mais si je la trouve pas ?

Il va au fond.

SCÈNE VI

LES GENDARMES, LES PRÉCÉDENTS.

PREMIER GENDARME, à Isidore.

Jeune homme, vos papiers?

ISIDORE.

Quels papiers? J'en ai pas.

PREMIER GENDARME.

Votre nom?

ISIDORE.

Isidore Picot.

LE GENDARME.

Vous êtes de la classe 1874?

ISIDORE.

C'est possible!

LE GENDARME.

Il n'y a pas de c'est possible, pourquoi que vous n'êtes pas au corps?

ISIDORE.

Est-ce que je sais? on ne m'a pas demandé.

DEUXIÈME GENDARME.

Cela n'est pas clair. Suivez-nous.

ISIDORE.

Mais... je n'ai pas le temps...

LES GENDARMES, le prenant chacun par un bras.

Nous le prendrons, jeune homme. Suivez-nous.

ISIDORE.

Mais le chemin de fer qui va partir... et ma noce ? ma future ?

LES GENDARMES.

Ne faites pas résistance. (A part.) Ah! nous n'arrêtons jamais personne !

Ils sortent.

MADAME CRÉTINET.

Mais où donc va-t-il ?

CRÉTINET.

On l'arrête !... Je n'y comprends rien.

Coups de sifflet de départ.

PIERRE, criant.

Allons, en voiture les troisièmes ! On n'en pourra donc pas jouir de ces gens-là !

Il les pousse. Crétinet et sa femme sortent en appelant : Henriette! Isidore!

LE CHEF DE GARE.

Il n'y a plus personne pour Foin-la-Folie et la ligne du Midi ? En route !

Il sort.

Coup de cloche, sifflets saccadés du chef de train et de la locomotive, souffle de la chaudière, qui va en faiblissant. Le train part et passe au troisième plan.

SCÈNE VI

LE CHEF DE GARE, puis BALANDARD, PIERRE.

LE CHEF DE GARE.

Il y a un voyageur de premières. Voyez donc.

Balandard entre avec sa valise, sa couverture et un parapluie.

PIERRE.

Monsieur descend ici ?

Il prend la valise et la pose, puis il sort.

SCÈNE SIXIÈME.

BALANDARD.

Pardon ! je descends pour remonter dans l'autre train. (Au chef de gare.) C'est bien la bifurcation avec la ligne du Midi ?

LE CHEF DE GARE.

Oui, monsieur.

BALANDARD.

C'est bien à onze heures cinquante-cinq que passe le train pour Marseille ?..

LE CHEF DE GARE.

Oui, monsieur, à onze heures cinquante-cinq du matin.

BALANDARD.

Du matin ?... Et le soir ?

LE CHEF DE GARE.

A dix heures quarante-cinq, il est passé.

BALANDARD.

Elle est mauvaise ! Comment, il ne repasse pas de trains ?

Il pose ses effets à côté de sa valise.

LE CHEF DE GARE.

Il en repasse un à deux heures la nuit, petite vitesse, qui remonte sur Paris. L'express est à onze heures cinquante-cinq matin.

BALANDARD.

Autant dire midi.

LE CHEF DE GARE.

Parfaitement, monsieur.

BALANDARD.

Mais alors, je ne comprends rien à mon indicateur.

LE CHEF DE GARE.

Il est peut-être de la semaine dernière.

BALANDARD, cherchant la date.

C'est, ma foi, vrai; j'ai acheté ça à La Châtre. Il paraît qu'on y est un peu en retard, à La Châtre.

LE CHEF DE GARE.

L'administration a changé l'heure des trains avec la saison d'été.

BALANDARD.

Oui, il paraît que nous sommes en été quoiqu'il fasse un froid de chien.

LE CHEF DE GARE.

Désolé, monsieur, désolé.

BALANDARD.

Moi aussi. Et comment appelez-vous ce pays?

LE CHEF DE GARE.

Fouarons, Lassoupe, deux villages qui se touchent.

BALANDARD.

Il y a bien un hôtel!

LE CHEF DE GARE.

Oui, monsieur, le plus rapproché est à neuf kilomètres d'ici et l'omnibus est parti.

BALANDARD.

Mon malheur est complet... et que fait-on à Fouarons-Lassoupe.

LE CHEF DE GARE.

On y vit de ses rentes quand on en a.

BALANDARD.

Comme partout!

LE CHEF DE GARE.

Je suis désolé de ce qui vous arrive.

BALANDARD.

Vous êtes bien bon! Faites-vous le piquet? jouez-vous aux dominos!

SCÈNE SIXIÈME.

LE CHEF DE GARE.

Oui, monsieur, quelquefois ; mais à cette heure-ci, je vais dormir et je vous engage à en faire autant.

BALANDARD.

Y a-t-il un canapé dans la salle d'attente ?

LE CHEF DE GARE.

Non, monsieur. Le tapissier ne nous a pas encore livré les meubles. C'est une gare toute neuve.

BALANDARD.

C'est charmant, une gare toute neuve. On ne peut même pas s'asseoir.

LE CHEF DE GARE.

Bonsoir, monsieur.

Il sort.

BALANDARD.

Votre serviteur ! Il est charmant, il me blague. J'irais bien me promener... (On entend tomber la pluie.) mais il pleut et il fait noir comme dans un chapeau. (Il va et vient.) Est-ce assez laid ! assez triste, une gare ! qui en a vu une, les a toutes vues. (Il lit sur les murs.) Billets, bagages, salle d'attente... où on n'attend rien. Buvette !... Si je buvais ?... mais je n'ai pas soif, et il n'y a personne. (Minuit sonne, il compte les coups.) Minuit ! je n'ai plus que douze heures à attendre ! Si je dormais ? mais je n'ai pas sommeil. Qu'est-ce c'est que cette grande affiche jaune ? (Il lit.) Marche des trains montants. Voyez les trains descendants. C'est plein d'intérêt, comme dans les dictionnaires. Parfait ! Old England !

Il lit en chantant sur l'air des lampions.

Old England !
Old England !
Old England !

Chocolat Ménier ! Vacherie parisienne, lait naturel ; je t'en fiche ! *Au Coin de Rue, on rend l'argent.* C'est gentil de sa part; mais c'est pas arrivé. J'ai tout lu. (Minuit sonne.) Minuit! je n'ai plus que douze heures à attendre. (Il baille. — Un mécanicien passe au dehors avec une lanterne et frappe sur les essieux des wagons remisés.) Que fait ce serrurier?... ah! c'est l'employé aux roues... (Haut.) Dites donc, mon brave... celle-là a un plus joli son que l'autre... Ah! ça sonne creux... je crois qu'il y a une paille...

UNE VOIX, du dehors.

Mêlez-vous donc de vos affaires!

BALANDARD.

Très bien, merci! (A part.) Pas aimable, l'homme au marteau! Si je lui cherchais dispute pour être si peu poli?... ça me distrairait... j'aurais tort... et puis il est peut-être plus fort que moi!... Si j'essayais de dormir? sur la planche aux bagages... puisqu'il n'y a qu'elle pour tout siège... mon sac me servira d'oreiller... (Il s'enveloppe dans sa couverture et s'étend sur la planche) Quel courant d'air! ça vient de là (Il ouvre son parapluie et se cache dessous.) Ce n'est pas que j'aie sommeil; mais je dors par ennui.

Il s'endort.

SCÈNE VII

HENRIETTE, BALANDARD, endormi.

HENRIETTE, avec son panier.

J'ai bien retrouvé mon panier tout de même. Eh bien, oùsqu'est ma noce? Il n'y a personne à qui parler, pas même un petit banc dans cette salle! je vas m'asseoir sur cette planche

Elle va près de Balandard et pose son panier sur lui.

SCÈNE SEPTIÈME.

BALANDARD, s'éveillant.

Eh! là-bas, faites donc attention, vous m'écrasez le nez.

HENRIETTE.

Ah! vous m'avez fait peur! Excusez-moi, je vous prenais pour une bête avec votre peau en poil de veau.

BALANDARD, se levant.

Vous avez donc la vue basse?

HENRIETTE.

Du tout, elle est très bonne ma vue. Est-ce qu'il pleut ici?

BALANDARD.

Non, il vente (A part.) Tiens! une jeune fille! (Haut.) Mademoiselle, je vous demande pardon. Permettez-moi de vous offrir la moitié de ma planche.

HENRIETTE.

Merci, monsieur, je ne veux pas vous déranger.

BALANDARD.

On se dérangerait à moins. (A part.) Mais elle est jolie, très jolie! je vais avoir au moins à qui causer. (Il ferme son parapluie.) — (Haut.) Vous attendez quelqu'un?

HENRIETTE.

Non, monsieur, j'ai manqué le train.

BALANDARD.

Comme moi!

HENRIETTE.

Vous allez à Foin-la-Folie?

BALANDARD.

Quelle Folie?

HENRIETTE.

C'est un village à dix lieues d'ici!

BALANDARD.

Dans la montagne! je connais.

HENRIETTE.

Ah! vous connaissez l'endroit. Je devais m'y rendre avec mon père et ma mère, et... Isidore, pour voir le grand-père... j'ai oublié mon panier... le temps d'aller le chercher dans l'omnibus. Crac! voilà le train parti. Il aurait bien pu m'attendre, n'est-ce pas?

BALANDARD.

Il est dans son tort. Mais asseyez-vous donc!

HENRIETTE, s'asseyant.

Ça vous fait rire, vous; mais moi je ne trouve pas ça drôle.

BALANDARD.

Vous prendrez celui de midi.

HENRIETTE.

De midi? vous plaisantez?

BALANDARD.

Non, ma belle demoiselle. Il n'y en a pas d'autre.

HENRIETTE.

Ah bien! tous les gens de ma noce vont me croire perdue.

BALANDARD.

Vous êtes mariée?

HENRIETTE.

Pas encore.

BALANDARD.

Comment vous appelez-vous?

HENRIETTE.

Henriette Crétinet.

BALANDARD.

Henriette! un joli nom. Crétinet moins bien.

HENRIETTE.

J'en changerai bientôt, mon futur s'appelle Isidore

SCÈNE SEPTIÈME.

Picot. Le connaissez-vous? c'est le fils du fabricant de moutarde, le père Picot?

BALANDARD.

Pas précisément, je ne suis pas de ce pays.

HENRIETTE.

Vous êtes Parisien, je parie...

BALANDARD.

Vous l'avez dit.

HENRIETTE.

C'est bien beau, Paris, à ce qu'il paraît.

BALANDARD.

Vous n'y avez jamais été?

HENRIETTE.

Jamais. Mais je dois y aller faire mes emplettes de noces. J'en ai fait une condition à Isidore. Sinon!... Et vous, comment vous appelez-vous donc?

BALANDARD.

Émile Balandard.

HENRIETTE.

Et qu'est-ce que vous faites?

BALANDARD.

Je vis de mes rentes.

HENRIETTE.

Vous devez me trouver bien curieuse, mais vous savez, les femmes, les filles surtout!

BALANDARD.

Je vous trouve charmante.

HENRIETTE.

Vous êtes bien aimable. Etes-vous riche?

BALANDARD.

Tout dépend de ce que vous entendez par riche? j'ai vingt mille livres de rentes.

HENRIETTE.

C'est assez, si vous n'êtes pas marié. Si vous l'étiez, ce serait guère pour une femme qui aime la toilette.

BALANDARD.

Non! je suis célibataire; mais pas endurci...

HENRIETTE.

Je suis bien aussi riche que vous, quoique je ne sois qu'une bouilleuse.

BALANDARD.

Qu'est-ce qu'une bouilleuse?

HENRIETTE.

C'est la fille d'un bouilleur.

BALANDARD.

Je le pense bien; mais ça ne me dit pas ce que c'est...

HENRIETTE.

Un bouilleur, c'est un vigneron propriétaire de vignes qui fait bouillir son vin et celui qu'il achète des autres pour le brûler, le distiller et en faire du cognac.

BALANDARD.

Très bien, ma jolie bouilleuse. Et vous vous mariez bientôt?

HENRIETTE.

Dans une huitaine... Oh! je ne suis pas pressée... Ce n'est pas comme Picot.

BALANDARD.

Et vous l'aimez beaucoup, Picot?

HENRIETTE.

Moi?... (Elle rit.) Je le trouve très bien... Un peu... jeune, il n'a que vingt et un ans.

BALANDARD.

Et vous dix-huit?

SCÈNE SEPTIÈME.

HENRIETTE.

J'en aurai vingt aux prunes, comme on dit ici.

BALANDARD.

Il vous faudrait un homme de mon âge, au moins... vingt-huit...

HENRIETTE.

Oui, nous nous accorderions mieux tous deux; mais ma mère prétend que c'est un bon parti. Le fait est que le père Picot, à force de faire de la moutarde — on en consomme beaucoup dans ce pays — est un richard. Enfin je me marie parce que ma mère le veut. Quant à mon père, le pauvre homme, il commence à avoir assez bouillu. Il n'a pas d'avis.

BALANDARD.

Vous en aimez un autre, sans doute?

HENRIETTE.

Non! pas encore.

BALANDARD.

Vous pensez que ça viendra?

HENRIETTE.

Ma foi!... je ne sais pas... tenez, vous me faites dire des bêtises, vous êtes plus curieux qu'une fille.

BALANDARD.

Affaire de causer... Vous avez l'air d'avoir un bon cœur.

HENRIETTE.

Mais oui; j'ai bon cœur, et j'en serai la dupe quelque jour. C'est un défaut d'être trop confiante dans ce monde. Un peu de malice chez une femme ne gâte pas. Voyons, trouvez-vous que ce soit bien aimable de la part de M. Picot de me laisser en plan, toute seule, sans billet de place, dans cette gare où je ne connais personne?

BALANDARD.

J'avoue que ce n'est pas gentil ; mais je ne m'en plains pas, cela me procure le bonheur de vous connaître, le plaisir de causer avec vous... J'espère que nous ferons plus ample connaissance ; je vous avertis que je suis très bavard.

HENRIETTE.

Moi, j'aime bien à parler aussi et je ne suis pas mécontente de vous avoir rencontré. Vous êtes un homme comme il faut, je vois ça, quoique je n'aie pas grand usage du monde, et j'ai confiance en vous.

BALANDARD.

Vous avez raison, mademoiselle Henriette, je me mets tout entier à votre service.

HENRIETTE.

Bien vrai ?

BALANDARD.

Bien vrai ! Qu'est-ce qui peut vous être agréable pour le moment ?

HENRIETTE.

Je voudrais... que vous trouviez moyen de me faire retrouver mes parents... Allons à Foin-la-Folie. S'il n'y a pas de chemin de fer, frétons une voiture, partons, je vous présenterai à ma mère... et à Isidore, vous serez de la noce, je vous choisis pour mon garçon d'honneur... nous rirons, nous nous amuserons bien.

BALANDARD, à part.

Est-ce qu'elle se moque de moi ? (haut.) Rien que votre garçon d'honneur ?

HENRIETTE.

C'est déjà bien gentil !...

BALANDARD, lui baisant la main.

Aussi, je vous remercie !

SCÈNE SEPTIÈME.

HENRIETTE.

Vous acceptez ?

BALANDARD, lui baisant l'autre main.

De tout cœur... Comme je vous aime !

HENRIETTE, retirant ses mains.

Finissez donc !...

BALANDARD.

Vous ai-je offensée ?

HENRIETTE.

Non !... mais... (Moment de silence.) A quoi pensez-vous, monsieur Émile ?

BALANDARD.

A vous.

HENRIETTE.

Ah ! Et qu'est-ce que vous pensez de moi ?

BALANDARD.

Que vous êtes trop jolie, trop bien, pour être la femme d'un fabricant de moutarde.

HENRIETTE.

Ce n'est pas déshonorant.

BALANDARD.

Mais c'est ridicule... Vous pourriez trouver mieux.

HENRIETTE.

Et qui donc ?

BALANDARD.

Vous n'avez pas besoin d'aller bien loin pour le voir.

HENRIETTE.

Vous ?...

BALANDARD.

Eh bien, oui ! moi, Émile Balandard, je n'ai pas le plaisir de connaître M. Picot ; mais je dois être mieux que lui ; mon âge est plus assorti au vôtre que le sien; j'ai des rentes et je ne fais pas de moutarde. Il vous oublie en route et moi je vous trouve... je ne vous quitte plus, voulez-vous?

HENRIETTE.

Comme ça, tout de suite?... Donnez-moi le temps de la réflexion.

BALANDARD.

Il ne faut pas réfléchir, moi j'y vais de tout cœur. Je vous connais depuis un instant; mais je sens là que vous êtes faite pour moi, — comme je suis fait pour vous. Nous devions nous rencontrer, nous connaître, nous aimer, c'était écrit là-haut, c'est fatal. Le destin le veut. C'est fort heureux pour votre moutardier que ce soit avant le mariage, car après, je l'aurais tué et comme je n'aurais pu épouser sa veuve, j'en serais mort de chagrin.

HENRIETTE, tremblante.

Taisez-vous! taisez-vous!

BALANDARD.

Vous tremblez, vous avez froid?

HENRIETTE.

Oui, il ne fait pas chaud dans cette gare en plein vent.

BALANDARD.

Prenez mon parapluie.

Il l'ouvre et le lui donne.

HENRIETTE, le prenant.

Merci!

BALANDARD.

Prenez ma couverture!

Il la lui met sur le dos et l'enveloppe.

HENRIETTE.

Et vous?

BALANDARD.

Prenez-moi aussi ..

SCÈNE SEPTIÈME.

HENRIETTE.

Vous êtes drôle... j'ai donné ma parole à Picot, il est trop tard!

BALANDARD.

Il n'est jamais trop tard pour bien faire...

HENRIETTE.

Savez-vous ce qu'il y aurait de mieux à faire en ce moment?

BALANDARD.

Oui, je le sais.
Il l'embrasse.

HENRIETTE, riant.

Ce n'est pas ça... ce serait de souper; j'ai faim et (Elle tire de son panier du pain et des pommes.) si vous voulez accepter la moitié de mon pain et de mes pommes.
Elle lui en offre une.

BALANDARD.

Une pomme?.. Ève tu n'as pas besoin de m'offrir ce fruit défendu pour me tenter. Je ne demande qu'à perdre ma part de paradis avec toi, pour un regard de tes beaux yeux, un sourire de ta jolie bouche.

HENRIETTE.

Vous dites de trop jolies choses pour en penser un mot. — Voulez-vous, oui ou non, être sérieux?

BALANDARD.

Vous me rendez fou, donnez la pomme... j'accepte tout de vous; mais je ne sais pas manger sans boire. Il y a là une buvette, j'y vais faire une perquisition.
Il sort.

HENRIETTE, seule un instant.

Il est charmant, bien plus aimable que Picot, bien plus spirituel... C'est un vrai monsieur. Il sait parler à une femme mieux que Picot qui ne m'a jamais rien dit qui se plante devant moi comme s'il voulait pousser des feuilles. Il ne me touche même pas... Celui-là, au moins, il vous baise les mains... les joues, il a des yeux qui vous brûlent. Ce n'est pas lui bien sûr, qui m'aurait oubliée en route...

BALANDARD rentre avec des victuailles, du vin qu'il pose sur la planche aux bagages.

J'ai fait une razzia à l'aveuglette, je ne sais pas ce que j'apporte.

HENRIETTE.

Attendez, je vais mettre le couvert. Asseyez-vous là...

BALANDARD.

A côté de vous?

HENRIETTE.

Oui, côte à côte. Est-ce gentil de souper en tête à tête!

BALANDARD, l'embrassant.

Henriette! vous êtes un ange!

HENRIETTE.

Restez tranquille! mangez donc! qu'est-ce que c'est que ça?

BALANDARD.

Ça a l'air d'un pâté de... je ne sais quoi... j'ai faim aussi. Ça n'est pas trop mauvais, tapons dessus!

Il mange.

HENRIETTE.

C'est du lièvre à fond d'oignons! qu'est-ce que vous avez apporté en fait de boisson?... j'étouffe...

BALANDARD, regardant la bouteille.

Du champagne! l'aimez-vous?

HENRIETTE.

Oui, mais ça grise, le champagne!...

BALANDARD.

Ah bah! grisons-nous!...

SCÈNE SEPTIÈME.

HENRIETTE.

Je vous avertis que quand je suis grise je suis très gaie.

BALANDARD.

C'est comme moi! (Il débouche la bouteille.) Paf! au plafond! le bouchon y est resté... Et vite! votre verre!

HENRIETTE.

Ça sort comme un manche à balai, oh! que c'est drôle! à votre santé, monsieur Émile.

BALANDARD.

A la vôtre, ma petite Henriette.

Ils trinquent.

HENRIETTE.

Ça pique le nez! c'est bon! Buvons, rions, amusons-nous.

BALANDARD, l'embrassant.

Ah! mais je ne m'ennuie plus du tout. Elle est très drôle!

HENRIETTE.

Émile!...

BALANDARD.

Henriette!

HENRIETTE, tendant son verre.

A boire!... tout plein!...

BALANDARD, lui versant à boire et l'embrassant de nouveau.

A bas Picot!...

HENRIETTE.

Ma foi, oui! tant pis pour Picot!

SCÈNE VIII

PIERRE, Les Précédents, puis LE CHEF DE GARE.

On entend la trompette du cantonnier.

PIERRE, à part.

Des cris séditieux ! (Haut.) Tiens ! vous festoyez-là, voyageurs ! ne vous gênez pas... Vous auriez pu passer à la buvette...

BALANDARD.

On n'y vois pas clair dans votre buvette et je me suis permis d'y trouver tout ça à tatons.

PIERRE.

C'est mon pâté, je le reconnais ; quant au vin, c'est l'affaire du garçon, mais il n'ouvre son buffet qu'à dix heures.

BALANDARD, lui donnant un louis.

Voilà pour le pâté et le reste.

PIERRE.

Je vais vous rendre.

BALANDARD.

Gardez le tout, vous vous arrangerez avec qui de droit.

PIERRE.

C'est bien, monsieur, merci ! partez-vous par le train ?

BALANDARD.

Quel train ?

PIERRE.

Le train de marchandises, petite vitesse qui remonte sur Paris.

SCÈNE HUITIÈME.

BALANDARD, à Henriette.

Tiens! si nous allions à Paris?... C'est une occasion pour faire les emplettes de noces... comme garçon d'honneur je peux bien vous y aider.

HENRIETTE.

Dame! je ne sais pas... moi. Et Picot?

BALANDARD.

A bas Picot!

PIERRE.

Avez-vous des bagages?

BALANDARD.

Non!... pas non plus de billets.

On entend siffler la locomotive.

PIERRE, allant au guichet.

Deux premières pour Paris. (A Balandard.) Voilà, monsieur!...

BALANDARD, lui donnant quatre louis.

C'est quatre louis, je crois, tenez!

PIERRE.

Je vais vous rendre, il vous revient cinq francs.

BALANDARD.

Inutile : gardez

PIERRE, à part.

C'est un millionnaire! (Haut.) Par ici! vous ne serez pas gêné avec votre femme. Il n'y a personne dans le wagon réservé aux voyageurs. Mais vous n'aviez pas fini de souper. Je vas vous porter le reste. (Il prend les victuailles et les bouteilles qu'il met dans le panier d'Henriette.) Madame, n'oubliez pas votre panier. Venez par ici.

HENRIETTE.

Mais... et ma noce?

BALANDARD.

Nous la ferons à Paris...

Ils sortent.

SCÈNE IX

LE CHEF DE GARE, PIERRE.

LE CHEF DE GARE, ouvrant la porte de la salle d'attente.

Il n'y a plus personne pour Paris? (Revenant.) En route.
Coup de sonnette, sifflet de la machine, le train part.

PIERRE, criant.

Les voyageurs pour Viremollet... par ici!... Voilà la sortie. — L'omnibus n'est pas arrivé; mais c'est des troisièmes, vous irez bien à pied.

SCÈNE X

CRÉTINET, MADAME CRÉTINET, LES PRÉCÉDENTS.

CRÉTINET endormi, regardant autour de lui.

On est-il arrivé à Foin-la-Folie?... C'est tout comme à Viremollet...

MADAME CRÉTINET.

Nous revenons.

CRÉTINET.

Ah! oui, j'avais oublié... Eh bien, Henriette?... et Isidore sont-ils par là?...

CRÉTINET, au chef de gare.

Monsieur le chef, avez-vous vu ma fille? — Nous revenons la chercher avec son futur, Isidore Picot. Nous allions à Foin-la-Folie. — Vos employés nous ont si bien poussés, qu'ils nous ont séparés et qu'on s'est pas retrouvé!

LE CHEF DE GARE.

Mes employés ont eu tort. A l'avenir, je leur recommanderai de ne pas pousser les voyageurs.

SCÈNE ONZIÈME.

MADAME CRÉTINET.

Mais pour le présent, il nous faut notre fille. Tout le monde connaît Henriette à Fouarons.

LE CHEF DE GARE.

Moi je ne connais que mon devoir et ma consigne... je ne sais ce que vous voulez me dire.

MADAME CRÉTINET.

Ah ben! voilà du propre! si ma fille est perdue à présent!...

L'EMPLOYÉ AUX BILLETS, passant la tête.

Êtes-vous la noce à laquelle j'ai donné des billets pour Foin-la-Folie par le train de dix heures quarante-cinq?

MADAME CRÉTINET.

Oui, qu'on l'est!

L'EMPLOYÉ.

Eh bien! la mariée est partie avec son marié il y a dix minutes par le train de Paris.

Il ferme son guichet.

MADAME CRÉTINET.

En voilà un de gâchis! Qu'est-qu'elle va faire à Paris avec Isidore?

CRÉTINET.

Elle va faire des emplettes de noce, pardié!

MADAME CRÉTINET.

Mais ils ne sont pas encore mariés, c'est pas convenable! Tiens! voilà Isidore.

SCÈNE XI

ISIDORE, LES PRÉCÉDENTS.

ISIDORE.

Bonsoir de bonsoir de bon Dieu! C'est-y pas malheureux d'être arrêté comme déserteur quand on a satisfait au sort! Et ces gendarmes qui me font faire deux lieues et demie à pied avec la pluie sur le dos. Ils étaient à cheval, eux! ils ne se fatiguaient pas!

CRÉTINET.

Enfin, te voilà!

ISIDORE.

Laissez-moi dire! Et puis le maire de Viremollet qui me demande ce que je veux pour le réveiller à des heures pareilles de la nuit. Moi je ne veux rien, que je lui réponds, demandez à ces gendarmes... En fin de compte, il me met dehors très malhonnêtement en m'appelant imbécile et avec un coup de pied quelque part. Si jamais je lui donne ma voix, à celui-là... il fera chaud, comme on dit. — Je suis fâché de vous avoir fait attendre, mais il n'y a pas de mal... nos billets seront encore bons. (A Pierre.) Pas vrai, monsieur l'employé?

PIERRE.

Adressez-vous au chef de gare.

Il va au fond.

ISIDORE.

Et quand repart-il le train pour Foin-la-Folie?

LE CHEF DE GARE.

A onze heure cinquante-cinq demain!

ISIDORE.

Et l'Henriette? où donc est-elle? Est-ce qu'elle cherche toujours son panier?

MADAME CRÉTINET.

Tu ne l'as donc pas avec toi?

ISIDORE.

Son panier, elle me l'a pas donné à garder.

CRÉTINET.

Qu'est-ce qu'il dit?

SCÈNE ONZIÈME.

MADAME CRÉTINET, avec dignité.

Isidore ! Je vous parle de ma fille et non d'autre chose. Qu'avez-vous fait de ma fille ?

ISIDORE.

Mais je ne l'ai pas emmenée chez M. le maire.

MADAME CRÉTINET, avec colère.

Ah ! il ne manquerait plus que vous ayez été vous marier nuitamment sans nous et notre consentement. Qu'avez-vous été faire sur la route de Paris ?

ISIDORE.

Sur la route de Paris ? Je n'y ai pas été.

MADAME CRÉTINET.

Oui, nous savons tout. Votre histoire de gendarmes et de promenade à Viremollet est un faux-fuyant, une couleur, une menterie !

ISIDORE.

Je ne comprends rien à ce que vous rabâchez...

MADAME CRÉTINET, furieuse.

Rabâchée... Crétinet ! tu l'as entendu, il me traite de rabâchée !

On entend une sonnerie électrique prolongée.

LE CHEF DE GARE, courant au guichet.

Monsieur Auguste ! monsieur Auguste ! Voyez au télégraphe !... Pierre ! voyez sur la voie !... Un accident !

LE CHEF DE GARE, aux voyageurs.

Laissez donc la gare libre ! Allez vous disputer dehors...

CRÉTINET.

Viens, ma femme, viens !... on nous chasse ! cédons à la force.

Ils vont au fond, la sonnerie électrique continue.

LE CHEF DE GARE, frappant au guichet.

Monsieur Auguste, réveillez-vous donc ! Quoi au télégraphe ?

L'EMPLOYÉ AUX BILLETS, prenant sa tête.

Je ne sais pas encore. Je dormais .. (Se retournant pour regarder l'heure au-dessus du guichet.) Deux heures quarante ! Monsieur le chef de gare, je profiterai de la circonstance pour me permettre une petite réclamation... Si vous faisiez placer le cadran en face au-dessus des bagages, je n'attraperais plus de torticolis chaque fois que je veux voir l'heure... C'est fort incommode !...

LE CHEF DE GARE.

Votre réclamation est intempestive. Allez donc à votre télégraphe !

L'employé se retire. La sonnerie électrique s'arrête. Le chef de gare va au guichet. Pierre près de lui.

LA VOIX DE L'EMPLOYÉ AU TÉLÉGRAPHE.

Tunnel de Foin-la-Folie effondré. Embarras sur la voie. Réparations urgentes. Le train petite vitesse revient.

MADAME CRÉTINET.

Ah ! mon Dieu ! si ma fille est dans cette affaire-là !

LE CHEF DE GARE, aux employés.

Messieurs, que personne ne parle de cet accident. Les journaux de Paris s'en empareraient et cela porterait tort à la compagnie. (La sonnerie électrique reprend.) Quoi encore ?

LA VOIX DE L'EMPLOYÉ.

C'est le chef de gare de Foin-la-Folie qui demande un paquet de tabac.

LE CHEF DE GARE, furieux.

Qu'il aille au diable !

Coups de sifflet, le train de petite vitesse revient.

SCÈNE DOUZIÈME.

LE CHEF DE GARE.

Voilà le train de marchandises ! Que tout le monde descende.

PIERRE.

Par ici, messieurs les voyageurs !...

SCÈNE XII

BALANDARD, HENRIETTE, Les Précédents, puis Les Gendarmes et Le Conducteur.

BALANDARD.

Voilà un retard des plus ennuyeux. (Au chef de gare.) Quand y aura-t-il moyen de repartir pour Paris?

LE CHEF DE GARE, d'un ton brusque.

Pas avant huit jours ! Est-ce que c'est ma faute ?

BALANDARD, à Henriette.

Qu'est-ce qu'il a ce monsieur? Je ne lui ai rien fait et il a l'air furieux contre moi.

HENRIETTE.

On dirait que les voyageurs sont leurs ennemis. Tiens! voilà ma noce! (A part.) Il est bien temps!

MADAME CRÉTINET.

Henriette! ma fille! tu as déraillée?

HENRIETTE, baissant la tête.

Complètement !

MADAME CRÉTINET.

Comment te sens-tu ?

HENRIETTE, relevant la tête.

Très bien, maman. Rien de grave!

MADAME CRÉTINET.

Mais qu'est-ce tu allais faire à Paris, toute seule ? Quelle imprudence!

HENRIETTE, présentant Balandard.

Oh! j'ai rencontré monsieur, qui a été bien aimable pour moi.

ISIDORE.

On se passera bien de son amabilité. Ça ne me convient pas, à moi, que vous vous promeniez ainsi avec le premier venu.

HENRIETTE.

C'est bien malheureux que cela ne vous plaise pas!... Pourquoi me laissez-vous en plan ?

ISIDORE.

J'ai été arrêté comme déserteur. Bonsoir de bonsoir! je ne suis pas un déserteur de l'armée; mais pour un peu, je déserterais bien le mariage!

MADAME CRÉTINET.

Voyons, Isidore, voyons, du calme! il ne faut pas de colère!

ISIDORE.

Je ne suis pas en colère, je suis embêté ; et ce monsieur-là! (Allant à Balandard.) je lui défends!...

BALANDARD, menaçant.

Qu'est-ce que tu me défends, toi? Fais attention à ce que tu vas répondre. Je te préviens que je suis très fort, pas endurant du tout, et que pour commencer je vais te casser en deux!

ISIDORE, se reculant.

Cassez rien, encore...

HENRIETTE, à Isidore.

Taisez-vous donc, c'est le nouveau sous-préfet.

BALANDARD, à part, riant.

Elle est pleine d'esprit...

SCÈNE DOUZIÈME.

ISIDORE.

Le... sous-préfet? (Saluant.) Monsieur le sous-préfet... excusez-moi...

MADAME CRÉTINET, à Henriette.

Tu connais le sous-préfet?

HENRIETTE.

Oui, maman, et il veut être mon garçon d'honneur.

MADAME CRÉTINET.

Quel honneur! (A Crétinet.) Salue donc, toi, vieille bête?

CRÉTINET.

Qui?... Je ne comprends pas..

MADAME CRÉTINET, à part.

Je comprends bien, moi... (Haut.) Demande-lui donc un bureau de tabac...

LE GENDARME, s'approchant d'Isidore.

Dites donc, jeune homme... Vous m'avez faussé compagnie; mais je ne vous lâche pas.

ISIDORE.

Qu'est-ce que vous voulez encore, vous?

LE GENDARME.

Vous êtes réserviste et voilà huit jours que vous devriez être au corps. Vous allez me suivre.

CRÉTINET.

Qu'est-ce qu'il dit?

MADAME CRÉTINET.

On arrête notre gendre.

CRÉTINET.

Encore? Je trouve qu'il a trop souvent affaire avec la gendarmerie.

MADAME CRÉTINET, à Balandard.

Monsieur le sous-préfet, je demande votre protection...

LE GENDARME

Il y a un sous-préfet ici, et on ne me le dit pas! (Levant son bicorne.) Monsieur le sous-préfet, qu'y-a-t-il de vos ordres?

ISIDORE.

Monsieur le sous-préfet. Vous savez que je vais me marier... ma future a dû vous mettre au courant... puisque vous me faites celui d'être mon garçon d'honneur... trop d'honneur!... accordez-moi un délai; je ferai mes vingt-huit jours l'année prochaine.

BALANDARD.

Impossible! La loi est formelle!

LE GENDARME.

Jeune récidiviste, vous avez entendu la loi sortir de la bouche du gouvernement. (Il salue.) Il ne peut obtempérer à votre demande.

MADAME CRÉTINET.

Va, mon garçon, va! Henriette patientera bien vingt-huit jours!

HENRIETTE.

Oh! moi, je lui donne le mois tout entier.

ISIDORE.

C'est comme qui dirait mon congé.

HENRIETTE.

Prenez-le comme vous voudrez!

ISIDORE, dignement.

Bonsoir.

Il sort avec le gendarme.

HENRIETTE, de même.

Bonjour!

On entend les grelots de l'omnibus.

SCÈNE DOUZIÈME.

LE CONDUCTEUR.

Les voyageurs pour Viremollet, en voiture !

HENRIETTE.

Ah ! et mon panier ?

MADAME CRÉTINET.

Ah ! Il est joli, tu l'as écrasé en déraillant.

HENRIETTE.

En ce cas !... (A Balandard.) mon sous-préfet, ton bras !

BALANDARD, bas à Henriette, en lui offrant le bras.

Il n'y a pas de sous-préfectures. Où allons-nous ?

HENRIETTE.

A la maison, pardi ! en attendant la mairie.

Rideau.

LA ROSIÈRE DE VIREMOLLET

Pastorale d'après nature, en un acte,
jouée pour la première fois, à Nohant, le 18 octobre 1879.

PERSONNAGES

MORDORÉ, maire.
CARNAT, conseiller.
SYLVINET, id.
FORCHAT, id.
PIVERT, id.
CHIGNOLET, id.
SOUPIZOT, id.
BASSINET, garde champêtre.

BOQUILLON, amoureux.
LA RAGOTTE, aubergiste.
JUSTINE, sa fille.
SYLVAINE.
NANNETTE.
MÉLIE.

La scène se passe à Viremollet, en 1879.

Le théâtre représente un intérieur d'auberge. Cheminée à gauche du spectateur. Porte d'entrée au deuxième plan. Armoire praticable à droite. Escalier à deux paliers montant au premier étage avec porte. Dressoir avec vaisselle. Horloge au fond à gauche. Au premier plan, chaises et table sur laquelle est une couronne de roses.

Au lever du rideau, le théâtre est vide. Il tonne et il pleut. Dehors on entend les miaulements d'un chat.

SCÈNE PREMIÈRE

JUSTINE, puis BOQUILLON.

JUSTINE, *paraissant sur le haut de l'escalier.*

Qu'est-ce qui miaule comme ça? quelque chatte folle? à chat! à chat!

BOQUILLON, du dehors.

C'est moi, Boquillon... ouvre donc, v'là l'orage!

Tonnerre.

JUSTINE.

Boquillon, le plus joli homme de Viremollet! (Elle ouvre.) Quoi que vous voulez?

BOQUILLON, un bouquet à la main.

Brouff! Jeune Justine, c'est aujourd'hui ta fête et je te porte z'un bouquet de roses en boutons, emblème de la jeunesse et de l'innocence...

JUSTINE.

Merci, monsieur Boquillon; mais ma mère est pas encore levée et je peux pas l'accepter sans sa présence. Alle a peur du tonnerre et alle se cache sous sa couvarte.

BOQUILLON.

Elle se prélasse, tant mieux! Puisque nous sommes seuls, z'en tête à tête, je peux t'entretenir de mes sentiments imperpétueux. Laisse-moi déposer un baiser sur tes beaux yeux bleu faïence!... tu ne veux pas? sur ta jolie n'oreille gauche, en attendant le mariage.

JUSTINE.

Vous voudriez m'épouser? C'est-il bien vrai?

BOQUILLON.

J'en jure sur mon drapeau territorial. Accepte mon bouquet.

Elle prend le bouquet.

JUSTINE.

Vous me confusionnez. J'en suis toute rouge. Je dis pas non! mais plus tard. Je suis trop jeunette. J'aurai que douze ans aux pommes.

BOQUILLON.

Ah! maman Sainte-Breloque, ça ne fait rien... dans une âme bien née, la valeur n'attend pas le nombre

SCÈNE PREMIÈRE.

des années. Et puis, voilà le printemps qu'arrive avec des feuilles et pis des fleurs et tout le tremblement. Tout partout dans la nature on s'enroucoule. Les petits l'insectes ils se courent après comme des mâtins en berdouillant dans les herbages, les papillons farfouillent dans les fleurs, les z'hannetons grimpent deux à deux sur les arbres et les cœurs sensibles poussent des soupirs épastrouillants. (Il soupire.) Ah! ah! c'est vrai que le printemps ramène aussi les punaises dans les bois... de lit, et les punaises c'est des mauvaises affaires quand il y en a des gros tas. Nous sons aussi dans la saison des roses et des rosières et, d'après la couronne que je vois ici présente, m'est avis que le maire et son conseil vont procéder aujourd'hui au choix d'une postulante.

JUSTINE.

C'est malheureux tout de même que j'aie pas l'âge pour concourir!

BOQUILLON.

Pourquoi que tu ne serais pas rosière? tu remplis toutes les conditions. La vertu fait tout! Et puis avec des protections. Il n'y a que ça aujourd'hui. D'ailleurs M. le maire qu'est un père pour toi, c'est-à-dire une mère, c'est le maire de ses sujets, non! le père... v'là que je m'embistrouille!...

LA VOIX DE LA RAGOTTE.

Justine! Avec qui donc que tu causes en bas?

JUSTINE, à Boquillon.

Faut t'en aller!...

BOQUILLON.

Ah! bouffre! oui, je m'en vas. (Il va à la porte, tonnerre, pluie.) Oh! il pleut à pas mettre un chien dehors!... Et puis v'là le garde champêtre qu'arrive par ici.

JUSTINE.

Cache-toi !

BOQUILLON.

Où ça ?

<small>Il monte la moitié de l'escalier.</small>

JUSTINE.

Pas par là ! c'est la chambre de ma mère. Fourre-toi là, dans l'armoire !

BOQUILLON.

C'est trop petit ! j'entrerai jamais là dedans. Et puis ça sent le fromage.

JUSTINE.

Va donc !

<small>Elle le pousse dans l'armoire, il entre dedans.</small>

BOQUILLON.

Tu m'ouvriras; quand le garde champêtre sera parti !

JUSTINE.

Oui, oui, asse pas peur. (<small>Elle ferme l'armoire. On entend un bruit de vaisselle cassée.</small>) Ah ! mon Dieu ! il casse toute la vaisselle !...

SCÈNE II

LE GARDE, JUSTINE, puis LA RAGOTTE.

LE GARDE, se secouant.

En voilà une ondée !

JUSTINE.

Ça fait un cheti temps, monsieur Bassinet.

LE GARDE.

Dame ! comment qu'il serait bon, il marche comme les affaires, la politique et le reste. Bonjour, jeune ingénue. Ta mère a-t-elle préparé tout ce qui faut pour la séance du conseil municipal ?

SCÈNE DEUXIÈME.

LA RAGOTTE, *descendant l'escalier du fond.*

Oui, monsieur le garde! depuis zhier.

LE GARDE.

C'est bien! alors tout est en ordre. La table, l'écritoire, le coq civil, les papiers!... Ça vous dérange peut-être un peu que le conseil éculubre ses décisions et tienne ses séances dans votre cabaret, mais il en sera t'ainsite tant qu'on n'aura pas constructionné la mairerie; mais les fonds manquent, c'est comme ça partout. D'ailleurs, pour la location de votre bocal, il vous est alloué quinze francs par an.

LA RAGOTTE.

Oh! ça n'est pas lourd; mais ça ne me gêne pas... ça fait venir de la pratique.

LE GARDE.

Enlevez, s'il y a lieu, les verres, les bouteilles, toutes vos miettes... que je ne reçoive plus de reproches de M. le maire. La dernière fois le conseil a siégé dans les flaques de vin. On m'a accusé d'être compréhensible à cause de vos ordures et je veux pus être compréhensible.

LA RAGOTTE.

C'est donc aujourd'hui qu'on prime la fille la plus sage de la commune?

LE GARDE.

Oui, une couronne de roses et une action sur le canal de Panama.

LA RAGOTTE.

Les roses ça sent bon; mais le Panama, quoi que c'est que ça?...

JUSTINE.

Dites donc, monsieur le garde, je peux-t'y concourir pour le prix de vertu?

LE GARDE.

Je n'y vois pas d'inconvénient, tant plus les postulantes sont jeunes, tant plus elles sont prisées. — Je vas l'immaculer sur la liste.

LA RAGOTTE.

Dame ! Pourquoi qu'elle attraperait pas ce Panama plutôt que les autres ?... Mais v'là monsieur le maire, c'est encore le plus alerte de tout le conseil !

SCÈNE III

LE MAIRE, avec un parapluie, LES PRÉCÉDENTS.

LE MAIRE.

Bonjour, Ragotte. Bonjour, Justine. Garde, tout est-il en ordre ?

LE GARDE.

Oui, monsieur le maire.

LE MAIRE.

Combien de concurrentes à la couronne de roses cette année ?

LE GARDE.

Quatre, monsieur le maire : Sylvaine Forchat, la fille du braconnier ; Nannette Carnat, la fille du conseiller ; Mélie Chignolet, la fille du conseiller, et Justine Ragot, ici présente.

LE MAIRE.

Quoi ? Justine se met sur les rangs, elle est encore bien jeune...

LA RAGOTTE.

C'est pas un défaut, je pense. D'ailleurs, je vous la recommande. Vous pouvez pas passer par-dessus. Vous le savez bin.

LE MAIRE.

Nous verrons ! nous verrons !

SCÈNE IV

CARNAT, SYLVINET, FORCHAT, PIVERT, CHIGNOLET, LES PRÉCÉDENTS.

LE GARDE.

Voilà les conseillers !

LE MAIRE, s'asseyant.

Entrez, messieurs ! Que les personnes étrangères au conseil évacuent la salle.

LE GARDE.

Mère Ragotte, jeune postulante, évacuez ! comme l'a dit monsieur le maire. Moi-même j'évacue, un garde champêtre ne peut assister aux séances.

Les femmes et le garde sortent par l'escalier gauche.

SCÈNE V

LE MAIRE, LES CONSEILLERS.

LE MAIRE, à la table.

Messieurs les conseillers, prenez place !

Les conseillers s'assoient en se faisant des politesses.

LE MAIRE.

Je vais faire l'appel... Carnat !

CARNAT.

Je suis bin là !

LE MAIRE.

Dites : présent !.. tout simplement. — Pivert.

PIVERT.

Oui, monsieur, présent tout simplement.

LE MAIRE.

Forchat !

FORCHAT.

Vous m'avez bin vu, je sons venus ensemble.

LE MAIRE.

Sylvinet!

SYLVINET.

Oui, monsieur.

LE MAIRE.

Chignolet!

CHIGNOLET.

Présent!

LE MAIRE.

Soupizot!

UNE VOIX.

Absent!

LE MAIRE.

Où est-il ? Qu'importe! Messieurs, la séance est ouverte. La réunion a pour objet de voter d'abord le budget et ensuite de nous entendre sur le choix d'une rosière.

FORCHAT.

Moi, j'ai ma fille Sylvaine que je présente.

CARNAT.

Après ma nièce Nannette.

SYLVINET.

Faut pas oublier la Mélie.

LE MAIRE.

Silence! d'abord le budget.

Il lit.

Recettes.

Droits d'octroi . . . . Zéro.
Biens communaux . . . . Zéro.
Évaluation en argent des droits de prestation . . . . 10 centimes.
Intérêts des fonds placés sur le 5 0/0 30 francs. mais, depuis la conversion, vous pouvez vous fouiller sur le 4 et 1/2.

SCÈNE CINQUIÈME.

UN CONSEILLER.

Qui donc nous a joué ce tour-là? C'est notre député, passé ministre. Je le retiens! De quoi qui se mêle? On le verra aux prochaines élections.

LE MAIRE.

Silence! Nous n'avons pas à entrer dans les vues ou bévues du gouvernement. Je continue :

Dépenses.

Traitement du secrétaire de la mairie . .	Zéro.
Frais de bureau	10 francs.
Loyer de la salle de mairie	15 —
Traitement du garde champêtre	200 —
Frais d'éclairage et entretien des réverbères	Zéro.
Frais de police	Zéro.
Frais de salubrité	Zéro.
Supplément de traitement à M. le curé . .	200 francs.
Traitement des instituteurs	Zéro.
Dépenses pour l'instruction	Zéro.
Travaux sur les chemins vicinaux	20 francs.
Fêtes publiques	Zéro.
Dépenses imprévues	5 francs.

Récapitulation.

Recettes. Total : 30 francs 10 centimes.
Dépenses. Total : 450 francs.

CARNAT.

C'est bin cher! Jamais j'arriverons à combler le déficique!

FORCHAT.

Faut diminuer quelque chose sur le budget, le traitement du garde champêtre... Il y a pas besoin de garde. C'est le domestique du maire.

18.

CHIGNOLET.

Moi, je suis pour la supprimation du traitement du curé. Deux cents francs, c'est trop. Il a bin assez de son casuel.

LE MAIRE.

Plus de religion, selon vous?

SYLVINET.

On en veut bin, pourvu qu'alle coûte rin!

FORCHAT.

Faut couper dans le vif! Ça contentera les électeurs qu'ont rin et que m'ont nommé pour soutenir leurs droits.

LE MAIRE.

Le mandat impératif!

CARNAT.

L'impératrife! Ah! que ça marchait bin mieux dans son temps, la bête à laine, le bestiau, la cochonnerie, ça se vendait, mon ami... Aujourd'hui, ça va pas fort!... le blé est pour rin... on en fait par habitude... Et puis le temps s'en mêle..., ça marchait mieux du temps de l'empereur, pas moins!

LE MAIRE.

Quand vous aurez fini de parler politique, je reprendrai. (Boquillon éternue dans l'armoire et pousse un gémissement). A vos souhaits! messieurs les conseillers.

CARNAT.

Merci, monsieur le maire, vous êtes bin honnête.

LE MAIRE.

Messieurs, vous devez bien comprendre que les conseils municipaux ne sont appelés qu'à émettre des vœux. Les communes sont regardées comme des mineures dont le tuteur est le ministre de l'intérieur, monsieur... je ne sais plus son nom, ça change si souvent. La loi est formelle. Vous n'avez rien à voir dans le budget de l'État, pas plus que dans celui du département. Vous êtes appelés à voter d'office les articles qui regardent l'État d'un côté, de l'autre, ceux du département, la grande voirie, les armées de terre et de mer, etc., etc...

PIVERT.

M'est avis que ces dépenses-là sont bien mal à propos. Si les gars de notre commune, au lieu de partir pour le service militaire, restaient chez eux, il y aurait pas besoin de payer des impôts pour les habiller et les nourrir. Ils seraient bien plus utiles pour travailler leurs terres que d'aller crever en Chine.

LE MAIRE.

Vous ne voulez plus d'armée? C'est incroyable! Où allons-nous?

SCÈNE VI

SOUPIZOT, LES PRÉCÉDENTS.

CARNAT.

Messieurs, v'là Soupizot!

LE MAIRE.

C'est pas malheureux, arrivez donc !

SOUPIZOT.

Faites excuse, monsieur le maire, si je suis un petit en retard; mais c'est à cause de ma bourrique qui vient de mettre bas. Ah ! qu'elle a souffert, la pauvre bête !...

CARNAT.

C'est-y un ânon ?

SOUPIZOT.

C'est bien un bourriquet.

CARNAT.

Est-il bien gentil ?

SOUPIZOT.

Dam ! Il est de bonne venue; mais c'est encore si jeune !

CARNAT.

Moi, j'ai ma grande treue que veut pas tarder à cocheter.

PIVERT.

C'est tout comme ma vache que va vêler la semaine que vint, je pense.

LE MAIRE.

Quand vous aurez fini de parler vaches et cochons nous pourrons peut-être continuer la séance.

SOUPIZOT.

D'accord, monsieur le maire. Et votre santé ?

LE MAIRE.

Très bien, merci, asseyez-vous.

SOUPIZOT.

Là où qu'ous en êtes de la séance ?

LE MAIRE.

A la question du chemin de fer. Messieurs, il ne s'agit nullement de voter des fonds, mais simplement d'adhérer aux vœux émis par le conseil général, afin d'obtenir le prolongement de la voie ferrée, de Fouarons à la Drillette, voie qui traverserait notre commune. Il se présente une Compagnie sérieuse à la tête de laquelle figure le nom de M. Lesseps.

CARNAT.

C'est-y les ceps de vigne ? ils ont le phylloxéra !

LE MAIRE.

Vous faites des calembours, il s'agit du grand Français, le grand perceur d'isthmes.

SCÈNE SIXIÈME.

CARNAT.

J'y comprends rien.

LE MAIRE.

Vous n'êtes pas le seul... je continue.. cette Compagnie égypto-suezo-panomanesque est prête à demander la concession, à la condition que le département achèterait les terrains. Au cas où l'affaire se ferait, la commune serait appelée à participer pour une somme minime aux frais généraux, et la susdite Compagnie s'engagerait, si l'affaire réussit, à la rembourser en actions de Panama avec intérêts à quinze pour cent... Qu'en pensez-vous, messieurs ?

CARNAT.

J'en pense rin. (A Soupizot.) Et vous ?

SOUPIZOT.

Faut pas de chemin de fer chez nous. Ça sert qu'à déranger les bestiaux, ça fait tout renchérir, ça amène des Parisiens que veulent tout bousculer, on a bien assez de révolutions comme ça !

LE MAIRE.

Mais les voyageurs sont une source de richesses pour le pays. Voyez la Suisse, l'Italie...

SOUPIZOT.

Je connaissons pas ces communes-là !... et je voulons pas de ceux inventions du diable. Faut être un fin dormeur, à nuitée ça siffle.

TOUS.

Non ! pas de chemin de fer, non ! Refusé.

LE MAIRE, à part.

Quel tas de sauvages ! Je ne puis pourtant pas donner à ma commune un tel brevet d'imbécillité ; je vais mettre, accepté à l'unanimité.

Il écrit.

FORCHAT.

Et le prix de vertu?

LE MAIRE.

Il s'agit d'abord de signer le budget. Savez-vous écrire?

FORCHAT.

Grâce à Dieu, non! Il y a que Carnat qui save signer son nom, ici.

LE MAIRE.

Père Carnat, à vous la plume...

CARNAT, se levant.

Où que faut que je fasse ma patarafe? Au diable la faute! c't encre tient pas à la plume; j'ai fait un pâté; mais pas par exprès... ça sera rien en le lichant!

Il lèche l'encre.

LE MAIRE.

Vieux saligot! c'est pire! Voilà un budget gâté. Vous apportez dans tous vos actes un esprit d'opposition déplorable.

CARNAT.

Vous fâchez pas! Voilà!

Il signe.

LE MAIRE.

Vieille bête! Vous avez signé à la place du préfet. (Bouillon gémit dans son armoire.) Mais qui donc se plaint ainsi? Est-ce vous?

CARNAT.

Non, c'est pas moi.

SYLVINET.

C'est comme un vent.

PIVERT.

C'est queuque âme en peine.

CHIGNOLET.

Taisez-vous donc; si fasait nuit vous fouateriez bien la peur.

SCÈNE SIXIÈME.

LE MAIRE

Passons à la question de la rosière.

FORCHAT.

Ah! c'est ça le plus intéressant.

LE MAIRE.

Les concurrentes sont Sylvaine, Mélie, Nannette et Justine. Si vous me demandez mon avis, je vous désignerai Justine, la fille de la maison.

FORCHAT.

Pourquoi celle-là plutôt qu'une autre? on sait ce que l'on a à faire; on se laissera pas faire la loi par les bourgeois, on est plus au temps de la dîme, on n'est électeu et on passera pas par-dessus nos droits.

LE MAIRE.

Personne ne les conteste, vos droits. (A part.) Quels idiots!

FORCHAT.

Faut voter.

Tous se lèvent.

TOUS.

Oui, c'est bien dit, Votons! la urne! ousqu'elle est la boîte à la malice?

LE MAIRE.

Je ne l'ai pas apportée.

CARNAT.

La boîte au sel sera bien aussi bonne.

TOUS.

C'est ça le salignier.

Un conseiller apporte la boîte.

LE MAIRE.

Parfait pour ce que vous allez faire.

Les conseillers se lèvent, se mettent en tas au deuxième plan et se parlent à l'oreille.

SYLVINET.

Faites-moi un bulletin pour Mélie!

CARNAT.
Tu vas bin voter pour ma fille Nannette?
FORCHAT.
En v'là un tout préparé pour la Mélie!
LE MAIRE, à part.
Oui, oui, consultez-vous! Tas de crétins! je vais en profiter pour saler l'élection de Justine. (Il écrit des bulletins.) C'est peut-être un peu tricher; mais faut savoir jouer du scrutin. Je mets une demi-douzaine de bulletins d'avance dans la salière, je pense que ça n'est pas de trop! D'ailleurs! ma voix en vaut deux, (Il met un paquet de bulletins dans la boîte.) Messieurs les conseillers, y êtes-vous? Dépêchons-nous un peu!
LES CONSEILLERS, apportant leurs bulletins.
Voilà! voilà!
LE MAIRE.
Collez ça là dedans.
TOUS.
Voilà, voilà, ça y est!
LE MAIRE,
Est-ce fini?
TOUS.
Oui, oui; l'affaire est dans le sac!
LE MAIRE.
Messieurs les conseillers, je vais immédiatement procéder au dépouillement. (Il tire les bulletins de la boîte au sel.) — Sylvaine! un! — Justine! un. — Nannette, un. — Mélie, un.
CARNAT.
Alles se ballottent.
FORCHAT.
Alles se ballotteront pas longtemps. Ma fille l'emportera bin!

SCÈNE SIXIÈME.

LE MAIRE.

Silence... Justine deux! Justine trois! Justine quatre! Justine cinq! Justine six! Je crois inutile de continuer.

FORCHAT.

Y a qu' des traîtes dans ce conseil!

SYLVINET.

Le maire nous a joué le tour!

SOUPIZOT.

Une bonne farce que le prix de vartu!...

Troisième gémissement de Boquillon dans son armoire.

LE MAIRE.

Encore?... qu'est-ce que vous avez donc mangé, père Carnat?

CARNAT.

C'est pas moi... ça vient de ct' armoire...

LE MAIRE, se tournant vers l'armoire.

Ouvrez, au nom de la loi!...

BOQUILLON, en dedans.

Ouvrez vous-même, je suis fermé en dehors et je m'asphyxie.

LE MAIRE, ouvrant l'armoire.

Que faites-vous là, jeune territorial?

BOQUILLON, tombe, puis se relève

Je me promenais. — Ah! maman Sainte-Breloque, j'aimais le fromage; mais j'en veux plus... quel miasme! mes enfants, quel miasme! C'est une axphyxaison générale.

CARNAT.

C'est un amoureux de la Justine...

BOQUILLON.

Moi! sacré matin! je venais pour chercher quatre

sous de tabac... je me suis trompé de porte, voilà tout.

FORCHAT.

En attendant, c't' élection est pas valide?

BOQUILLON.

Pourquoi qu'elle serait invalide?

FORCHAT.

On va la faire casser!

BOQUILLON.

Tu feras rien casser, ou c'est moi que je te casse!

Il le jette par terre, les jambes en l'air.

LE MAIRE, s'interposant.

Messieurs, du calme. (Tous les conseillers s'en mêlent, le maire est renversé. Bousculade générale. Coups de poing. Le maire prend un balai et chasse les conseillers. Il est furieux.) Allez vous battre dehors! (Les conseillers sortent.) Ouf! j'en ai chaud! (Il revient.) Garde, faites entrer les concurrentes!

SCÈNE VII

SYLVAINE, NANNETTE, MÉLIE, JUSTINE, RAGOTTE, LE GARDE, LE MAIRE, BOQUILLON.

SYLVAINE.

Quoi que mon père vient de me dire, que c'est Justine qu'est nommée?

NANNETTE.

Ça se peut pas, alle a pas encore communié.

MÉLIE.

Elle est trop petite, c'est un trognon de chou.

JUSTINE, se rebiffant.

A cause que je serais pas élute rosière aussi bin que vous autres? J'ai jamais fait parler de moi comme la Sylvaine, la fille d'un voleur, d'un sorcier!...

SCÈNE SEPTIÈME.

SYLVAINE.

Mouche-te donc, t'as la meule au nez!

NANNETTE.

V'là-t'y pas une jolie rosière qu'a pas seulement de père, une champi!

JUSTINE.

J'en ai plus que toi, des pères!

LA RAGOTTE.

Taisez vos langues de vipère! Je veux rin dire; mais j'en sais long sur vos vertus champêtres.

LE MAIRE.

Silence, tout le monde! apaisez-vous! (Allocution aux concurrentes.) Jeunes concurrentes à la rose, je comprends votre dépit; vous êtes toutes jeunes, toutes belles, toutes plus ou moins méritantes! Que ne suis-je rosier pour offrir à chacune de vous une couronne de vertu, cueillie parmi les roses de mon jardin municipal! Mais il n'y a pas de roses sans épines et, dans la circonstance actuelle, la majorité des suffrages, la *vox populi* en a décidé autrement. C'est pourquoi Justine Ragot ayant obtenu le plus de voix a été élue. C'est elle qui, cette année, portera au front les roses et les épines de la vertu.

Il la couronne.

JUSTINE, embrassant le maire.

Ah! merci, papa!

LE MAIRE.

Tu vas te taire, n'est-ce pas? La recherche de la paternité est interdite.

BOQUILLON, embrassant le maire.

Puisque vous êtes un père pour elle, soyez une mère pour moi!

LE MAIRE.

Oh! toi, tu m'embêtes! — Garde tes baisers! Nous verrons ça plus tard, quand elle sera mûre... dans huit ans! En attendant, sois-lui fidèle, sers la patrie et offre-lui ton bras, c'est-à-dire offre ton bras à Justine, pour témoigner du triomphe de l'innocence.

Rideau.

ZUT !
OU
LA PETITE CHAUSSETTE BLEUE

A-propos plein de saveur et de haut goût
EN UN ACTE.
Castigat ridendo mores.
Joué pour la première fois à Paris, le 8 février 1884

PERSONNAGES

MM. BALANDARD.
DUFIGNON, député.
MADAME DUFIGNON, son épouse.

MADEMOISELLE VIRGINIE, leur fille.
UNE BONNE.
LE POMPIER.

La scène se passe à Juvisy, en 1884.

D'un côté à droite du spectateur, une salle à manger. Pendule, dressoirs, assiettes et appliques aux murs. Au fond, grand vitrail avec porte à deux battants ouvrant sur un jardin. Au milieu, une table sur laquelle le couvert est mis. Chaises à volonté.

De l'autre côté à gauche, un cabinet de toilette servant d'office. Garde-manger suspendu au plafond, quelques rayons sur lesquels sont des pots de confitures et des livres et une guitare attachée par un clou. Au fond, un siège avec trois trous recouverts d'un couvercle ; au dessus, sur le mur, trois étiquettes sur lesquelles on lit: MONSIEUR, MADAME, MADEMOISELLE. Accessoires, comme balai, cruche, etc. Les deux pièces communiquent par une porte vitrée. Il fait jour.

SCÈNE PREMIÈRE

BALANDARD, entrant par le fond dans la salle à manger.

BALANDARD, au public.

Mesdames et messieurs, l'usage du prologue dans les pièces du théâtre moderne s'est généralement perdu. Il n'est plus de mode ! C'est peut-être un tort ; car il est plus facile pour l'auteur d'un scénario d'exposer les personnages, l'époque et les lieux de l'action, que de faire trois ou quatre scènes préliminaires qui font longueur. Il est plus agréable aussi pour le spectateur aussi intelligent qu'éclairé auquel j'ai affaire, de savoir tout de suite de quoi il est question. J'entre donc en matière, sans plus de préambules. Je me nomme Pierre Balandard. Vous me connaissez tous, n'est-ce pas? assez! Nous sommes à Juvisy (Seine-et-Oise), station de Paris à Orléans (20 kilom.), renommée par sa bifurcation du chemin de fer de Corbeil et par sa caserne de gendarmerie. Nous sommes donc à Juvisy chez M. Dufignon, fabricant d'engrais naturels, député de Seine-et-Oise, lequel habite avec madame Dufignon, son épouse, et mademoiselle Virginie Dufignon, sa fille, cette villa qui paraît aussi riante que confortable. J'ai rencontré cette jeune personne tout récemment au bal de la présidence. J'ai piqué une polka avec elle; je ne lui ai rien dit par convenance. Elle ne m'a rien répondu par le même motif, mais elle m'a plu; oui, Virginie m'a plu, et comme j'ai fait le sacrifice de mon célibat et que je me suis décidé à associer à ma vie une compagne, que l'on dit intelligente, laquelle, du côté plastique, ne laisse rien à désirer, j'ai fait ma demande au père et j'ai été agréé par lui-même. Aujourd'hui, je dois être présenté à la mère et je vais pouvoir faire part de mes sentiments à la fille. J'ai apporté un bouquet de bleuets, couleur d'espérance, et je voudrais qu'elle devinât l'azur de mes sentiments en le trouvant à sa place. (Il cherche sur la table.) Aucun indice pour savoir où elle se met à table. Où déposer ce bouquet? (Il va et vient, puis entre dans l'office.) Tiens, cabinet de toilette et le reste! (Il lit les étiquettes.) MONSIEUR, MADAME, MADEMOISELLE. Voilà bien une idée de fabricant de guano! C'est un homme d'ordre. Mais voilà mon affaire!

Le troisième à droite le trou favori de la jeune personne! (Il pose son bouquet sur le couvercle.) Ça y est! maintenant, filons. Il est encore trop tôt pour me présenter; je vais faire un tour dans le parc, qui me paraît planturueux!

Il sort.

SCÈNE II

LA BONNE balaye dans la salle à manger, épousète avec un plumeau dans l'office, puis pose un café au lait. MADAME DUFIGNON, entrant par la porte de côté dans la salle à manger.

MADAME DUFIGNON.

Marie!... Marie!... Elle ne répond pas!... (Elle entre dans l'office.) Marie!... que faites-vous?

LA BONNE.

Mais rien, madame Dufignon, j'apportais votre café au lait.

MADAME DUFIGNON.

C'est bien! j'ai une faim que je n'en vois plus clair; mais pourquoi ne répondez-vous pas, quand je vous appelle?

LA BONNE.

Vous appelez Marie et je me nomme Bamboula.

MADAME DUFIGNON.

Toutes mes bonnes s'appellent Marie, et je suis habituée à ce nom-là! M. Dufignon est-il revenu de Paris?

LA BONNE.

Je n'ai vu personne!

MADAME DUFIGNON.

Ah! il tarde bien! Qu'est-ce ça veut dire. Un bouquet sur le couvercle de ma fille?

LA BONNE.

Je ne sais pas madame, c'est peut-être un amoureux pour mademoiselle.

MADAME DUFIGNON.

Pourquoi cette supposition saugrenue?

LA BONNE.

A moins que ce ne soit pour madame, qui n'est pas encore d'âge à faire fuir un homme.

MADAME DUFIGNON.

Tais-toi, fille du désert; va me chercher ma fille, je veux une explication.

LA BONNE.

J'y vais, madame.

Elle sort.

SCÈNE III

MADAME DUFIGNON, puis VIRGINIE DUFIGNON.

MADAME DUFIGNON.

Si je prenais d'abord mon café, je l'adore; mais il a l'inconvénient de se précipiter trop vite. Ici, je n'aurai pas loin à aller. (Elle boit son café.) Excellent, délicieux! Ah! je m'y attendais! (Elle lève le couvercle et va pour s'asseoir, on entend siffler le vent.) Oh! le courant d'air! quand cette porte n'est pas fermée.

Elle va pour fermer la porte; mais des papiers poussés par le courant d'air s'envolent du trou, ils tourbillonnent, enfilent la porte de la salle à manger et disparaissent par la porte du jardin au moment où Virginie Dufignon entre un papier se colle dans ses cheveux.

VIRGINIE.

Quels sont ces papillons blancs?

MADAME DUFIGNON.

Rien! c'est le vent! ça vient d'en bas! ôte donc ça!

Elle enlève le papier.

SCÈNE TROISIÈME.

VIRGINIE.

Naturalia non sunt turpia ! Bonjour, petite mère, vous m'avez demandée?

MADAME DUFIGNON.

J'ai à vous parler, ma fille. Venez par ici! (Elles passent dans le cabinet.) J'irai droit au fait. (Montrant le bouquet.) Que signifient ces fleurs à votre adresse déposées là à votre place habituelle. Ce sont des bleuets des champs.

VIRGINIE.

Ça des bleuets? jamais! Ce sont des *centranthus macrosiphon variété cornucopia*.

MADAME DUFIGNON.

Moi, j'ai cru que c'étaient des bleuets.

VIRGINIE.

On croit tant de choses qui ne sont pas. *Errare humanum est.*

MADAME DUFIGNON.

Vous crachez du latin, comme s'il en pleuvait. Je sais que vous êtes très instruite; mais ce n'est pas là le genre d'éducation que j'aurais voulu pour vous si j'avais été maîtresse au logis. J'ai laissé votre père pousser trop loin vos études laïques et j'ai négligé votre étude religieuse. Vous n'êtes plus une enfant et bientôt vous deviendrez femme! Sachez, ma fille, qu'une demoiselle ne doit, sous aucun prétexte, se laisser poser des bouquets dans les cabinets; quand vous serez mariée, vous ferez ce qu'il vous plaira ou plutôt ce qu'il plaira à votre mari. Le mien exige que je l'accompagne toutes les fois qu'il vient ici. J'ai cédé à ce désir, bien que j'aime mieux être seule. Mais votre pauvre père est tellement absorbé par les travaux de la Chambre, que nous n'avons que ce moment pour causer en paix de nos intérêts et de l'avenir de notre enfant.

VIRGINIE.

Et alors pour conclure ? *Breviter concludendo.*

MADAME DUFIGNON.

Précipitez ces fleurs au fond des cavernes infectes.

VIRGINIE.

Cette mesure me semble bien radicale.

MADAME DUFIGNON.

Ah! vous savez alors qui dépose des macroscornes au pied sur votre trou? Je sais ce qui me reste à faire.

VIRGINIE.

Vous êtes *amphigourique.*

MADAME DUFIGNON.

Qu'est-ce que tu dis ?

VIRGINIE.

Je veux dire que vous n'êtes pas claire. Votre *syllogisme*, parfait dans ses *prémisses*, pêche par ses *conclusion*. Vous abusez des *figures gorgiaques* dès la *protase* et l'*exorde*.

MADAME DUFIGNON.

Tu m'ennuies avec tes fleurs de rhétorique. Fiche-moi la paix.

VIRGINIE.

Ce lieu commun est un *argumentum ad hominem* ou plutôt *ad feminam.*

Elle sort.

SCÈNE IV

DUFIGNON, MADAME DUFIGNON.

DUFIGNON, entrant avec sa valise et allant au cabinet.

Ah! ma petite femme, tu es là? ne te dérange pas.

SCÈNE QUATRIÈME

MADAME DUFIGNON.

Oh, rien ne me dérange, si ce n'est cette prise d'air qui enlève tout ce qu'on jette dans la fosse d'aisances.

DUFIGNON.

C'est une réparation à faire. Je verrai ça.

MADAME DUFIGNON.

Il est bien temps d'arriver de Paris!

DUFIGNON.

Que veux-tu? on n'en finit pas à la Chambre, et nous nous sommes donné un congé. Ç'a été difficile à enlever. Enfin, ça y est. Si je n'avais pas voté contre le ministère tout était perdu. Nos ministres ne sont pas jobards car, ici-bas, il n'y a que des jobards et des farceurs! Moi! je ne suis pas un homme ordinaire, j'ai senti d'où venait le vent et je me suis retourné.

MADAME DUFIGNON.

Comme une girouette.

DUFIGNON.

Il y a girouette et girouette! une voix n'est rien, dit-on. C'est rien, c'est beaucoup. Député par vocation et par manœuvre électorale, j'ai toujours voté avec les plus forts, et aujourd'hui je penche vers la réaction. Mais qu'as-tu? tu sembles de mauvaise humeur.

MADAME DUFIGNON.

Il y a de quoi! Il faut que je vous fasse part d'un fait aussi étrange qu'inattendu.

DUFIGNON.

Voyons le fait! Va, j'ai été tellement occupé à la Chambre que je n'ai pas eu le temps matériel de vaquer aux nécessités de l'existence. Donne-moi mes rasoirs et ma savonnette.

MADAME DUFIGNON.

Vous allez faire votre barbe?

DUFIGNON.

Oui, tu m'embrasseras après. T'auras l'étrenne. Explique-toi.

<small>Il fait sa toilette et se rase.</small>

MADAME DUFIGNON.

Eh bien, j'ai trouvé ici parmi les couvercles un bouquet de bleuets pour notre fille.

DUFIGNON.

Ah ! parfait ! c'est ce cher M. Balandard, notre futur gendre ! Ah ! tu n'es pas au courant ! c'est que je n'ai pas encore eu le temps de m'expliquer. Où est-il ?

MADAME DUFIGNON, sombre.

Je ne sais pas ? Et alors vous allez marier notre fille à cet homme que vous ne connaissez pas ?

DUFIGNON.

Il me suffit de voir un homme une fois pour le juger. J'ai un coup d'œil d'aigle. Les renseignements sur lui sont excellents. C'est un gaillard très intelligent.

MADAME DUFIGNON.

Qu'est-ce qu'il vend ?

DUFIGNON.

Il ne vend rien : il ne travaille pas; mais il fait travailler les autres, le seul moyen de devenir millionnaire aujourd'hui.

MADAME DUFIGNON.

Encore un libre penseur, je parie ?

DUFIGNON.

Mais sans doute ! Comme moi, comme ma fille. Il faut des époux assortis.

MADAME DUFIGNON.

Oh oui ! Ah ! tenez, monsieur Dufignon, vous avez beau être député et passer pour un homme très fort, mon gros bon sens me dit que vous n'avez pas bien

SCÈNE QUATRIÈME.

conduit l'éducation de notre fille, vous avez fait d'elle un bas bleu ou plutôt une petite chaussette bleue. Ah! si je n'avais pas été si faible avec vous!... mais j'ai été trop faible!

DUFIGNON.

Vous l'auriez élevée sur les genoux de l'Église, vous lui auriez faussé le jugement! mais moi, j'ai fait d'elle une fille libre et forte. Je veux qu'elle puisse connaître les hommes de valeur et voter comme moi pour un Tirard quand elle jouira de ses droits électoraux; ce qui ne peut tarder. Taisez-vous, vous m'avez fait couper.

MADAME DUFIGNON.

Les femmes électeurs! Eh bien, ça ne va pas déjà si bien! Ça sera un joli gâchis!

DUFIGNON.

La République n'est pas un gâchis, vous parlez comme un maçon!

MADAME DUFIGNON.

Moi, un maçon? C'est égal, un peu de religion ne peut nuire aux femmes... Alors vous pensez, gros matérialiste, ne pas marier votre fille à l'église.

DUFIGNON.

Je le pense bien!

MADAME DUFIGNON.

Nous nous y sommes pourtant mariés tous les deux et nous n'en sommes pas morts.— Qu'est-ce que dira le monde de Juvisy? Elle ne sera reçue nulle part, on dira qu'elle n'est pas mariée et M. le curé dans son sermon la traitera de concubine?

DUFIGNON.

Le monde! le curé, le trône et l'autel! Et patati et patata! allons! vous me faites couper encore. — Ah! ma chère. Êtes-vous assez encroutée? En voilà des préjugés!

MADAME DUFIGNON.

Je vous conseille de vous en plaindre. Si je n'avais pas de préjugés, vous seriez un joli coco!

DUFIGNON.

En voilà assez! n'est-ce pas? Veillez à ce que le déjeuner soit bon! ce qui n'est pas toujours, quoique vous vous piquiez d'entendre quelque chose en cuisine. Je vous préviens que notre futur gendre est très difficile. Je vais au-devant de lui; il est si timide!...

Il sort.

SCÈNE V

MADAME DUFIGNON, puis LA BONNE.

MADAME DUFIGNON.

Ah! ce n'est pas drôle le mariage! j'en sais quelque chose : vous croyez épouser un agneau — les hommes sont si trompeurs, avant! — et vous tombez sur un tyran. Je ne suis pas pour le divorce; mais il a pourtant un bon côté! Vive M. Naquet! (Appelant.) Marie!

LA BONNE.

Madame m'appelle?

MADAME DUFIGNON.

Un couvert de plus pour notre futur gendre!... Qu'est-ce qu'il y a pour déjeuner?

LA BONNE.

Le reste des huîtres d'hier, un poulet froid d'avant-hier, et le pâté que madame a confectionné.

MADAME DUFIGNON.

Avec du beurre et des radis; ça peut marcher! Appelle ma fille pour t'aider; moi je vais me donner un coup de bandoline, je suis tout ébouriffée!

Elle sort.

SCÈNE VI

LA BONNE.

Que j'appelle mademoiselle? Ah bien! En voilà une qui ne s'occupe pas du ménage! (Elle arrange les chaises, va à l'office, baisse son garde-manger et sort le poulet.) Il sent bien un peu! (Elle en tire le pâté.) — Pas frais du tout depuis huit jours! Il a comme un goût. (Elle prend un plat d'huîtres.) Tiens! elles se sont ouvertes toutes seules. — Comme ça se trouve! je ne savais pas comment les ouvrir. (Elle remonte le garde-manger et passe dans la salle à manger. — Elle pose le poulet sur la table.) Je passerai les huîtres.

Elle sort.

SCÈNE VII

BALANDARD, DUFIGNON, entrent par le fond.

DUFIGNON.

Entrez donc, mon cher ami! C'est ma salle à manger!... Vous voyez quatre couverts. Vous étiez attendu! impatiemment...

BALANDARD.

Trop aimable!

DUFIGNON.

Oh! pas de compliments, pas de cérémonies... ici, nous sommes en famille et nous ne ferons bientôt plus qu'un! Vous avez visité le parc?

BALANDARD.

Très confortable! de beaux ombrages.

DUFIGNON.

Quatre hectares! sans compter la fabrique de guano. Je vous ferai visiter les lieux après déjeuner. C'est la dot de ma fille. cela peut rapporter dans les vingt-cinq mille francs, bon an mal an.

BALANDARD.

Vous êtes dans l'aisance.

DUFIGNON.

Mais oui, car je possède encore quelques lopins de prés, vignes, sans compter mes capitaux placés en actions de Suez et de Panama, une fière valeur... J'avais pris de l'Union...

BALANDARD.

Vous avez été nettoyé.

DUFIGNON.

Complètement!

SCÈNE VIII

La Bonne, Les précédents.

LA BONNE, une serviette sous le bras.

Monsieur est servi.

BALANDARD, à Dufignon.

Vous avez habité les colonies?

DUFIGNON.

Moi jamais! Pourquoi?

BALANDARD.

Je croyais, à cause de cette femme de couleur, madame Dufignon...

DUFIGNON.

Ah! vous croyez que c'est là votre future belle-mère? mais non, c'est ma bonne; on ne trouve plus de blanches pour servir, et comme cette race est habituée à l'esclavage, la domesticité c'est la liberté relative! Et puis je n'ai pas de préjugés!...

BALANDARD.

Ni moi non plus! C'est une belle brune!

DUFIGNON.

J'entend ces dames! Tenez-vous!

BALANDARD, à part.

Drôle de bonhomme! En guano!

SCÈNE IX

MADAME DUFIGNON, VIRGINIE,
LES PRÉCÉDENTS.

DUFIGNON, à sa femme.

Bobonne! je te présente mon bien cher ami, Balandard!... (Bas, à sa fille.) Sois aimable! fais des frais! comment le trouves-tu?

VIRGINIE.

Mais à première vue, son *faciès* est présentable.

BALANDARD.

Mademoiselle, je n'ose espérer que vous vous souveniez du dernier bal de la présidence, où j'ai eu le bonheur de valser avec une personne aussi charmante que vous?

VIRGINIE.

C'est peut-être un peu d'*hyperbole*.

BALANDARD.

Hyperbole? je ne le crois pas. Nous avons, M. votre père et moi, beaucoup parlé de vous et je suis heureux de connaître une perle d'instruction, telle que vous l'êtes.

VIRGINIE.

Oh! perle d'instruction! j'aime cette *catachrèse*!... mais, de grâce, épargnez ma modeste *entité*!... Je ne suis qu'une jeune *lauréate*.

DUFIGNON.

Lauréate! lauréate! mieux que ça! Sortie première du lycée Fénelon, tu as remporté huit prix, dix accessits; oui, mon cher Balandard; dix-huit en tout! Elle a même passé sa thèse en latin et a été décorée des palmes de l'Académie pour une ode en grec dédiée à M. Grévy.

BALANDARD.

Est-ce qu'il l'a lue?

DUFIGNON.

Allons! à table!   *Bruits d'assiettes, de fourchettes et verres.*

LA BONNE, *passant les huîtres.*

Monsieur le gendre, une huître!

VIRGINIE.

Prenez donc de ces intéressants mollusques. C'est l'*ostrea edulis*, notre grand'mère!...

BALANDARD, *riant.*

Ah! charmant!...

VIRGINIE.

Ne riez pas! La nature est une et vous l'avez divisée.

BALANDARD.

Pas moi, je vous assure!

VIRGINIE.

Je veux bien croire que vous ne vous opposez pas aux progrès dans les sciences naturelles. Il y a trois ans, on nous disait encore : Par les rapports et la filiation des êtres organisés, vous êtes les fils des singes. Cela est; mais grâce à la vivisection et aux travaux d'Hæckel, le savant allemand; nous pouvons et nous devons remonter plus loin dans l'échelle naturelle. Comme pères et grands-pères, les singes et les chiens sont dépassés. Les huîtres seules ont le droit de se dire nos ancêtres.

SCÈNE NEUVIÈME.

BALANDARD, à part.

Elle est pleine d'esprit ! (Haut.) Le fait est qu'en les regardant avec attention, je leur trouve quelque chose d'humain... de profil.

DUFIGNON.

Dis donc, petite femme, ne trouves-tu pas que notre futur gendre a un faux air de M. de Lesseps, le Grand Français ?

BALANDARD.

Farceur !

MADAME DUFIGNON.

Je ne trouve pas. Monsieur ressemble à l'archevêque de Bourges.

VIRGINIE.

Ah par exemple ! quelle *synecdoche !* Monsieur a le profil romain. Il me rappelle Vespasianus à l'œil glauque et clignotant, *oculo glauco et titilando,* comme dit Pétrone, le critique véridique et sévère des voluptés impériales.

BALANDARD.

Pétrone ! il est raide pour une jeune fille ! Vous l'avez lu ?

VIRGINIE.

Tout entier !...

BALANDARD, à part.

Ils ont l'air de se moquer de moi ! (Haut.) Alors je ressemble à ce bon Vespasien, l'inventeur des lunettes...

DUFIGNON.

Tiens ! je ne savais pas qu'il fût opticien !...

VIRGINIE.

Je comprends ce que monsieur veut dire. Il manie l'*ironie* par l'*hypallage*.

MADAME DUFIGNON.

Prenez donc un peu de beurre.

BALANDARD.

Il y a dessus une petite bête qui a des pattes : ça a l'air d'une punaise ?

VIRGINIE.

C'est un petit *coléoptère* de la tribu des *plini-les*, le *plinus bipunctatus* ou *pelio*, dont la larve vit dans les parquets.

BALANDARD.

Vous savez aussi l'histoire des insectes ?

VIRGINIE.

Vous voulez dire l'entomologie ?... sans doute. Cette classe de l'histoire naturelle se divise en plusieurs ordres. Nous avons les *orthoptères*, les *hémiptères*, *névroptères*, *lépidoptères*, *hyménoptères*, *coléoptères*, *diptères*, et *aptères*.

MADAME DUFIGNON.

Ma fille ! découpe donc le poulet !

VIRGINIE.

Moi ! quelle plaisanterie ! Je ne suis pas apte à ces menus détails de ménage. Ah ! s'il s'agissait de dissection ou de vivisection, je ne dis pas !..

BALANDARD.

Charmant ! vous vivisectez ?

VIRGINIE.

De temps à autre ! Il le faut bien ! Vous comprenez, la science !...

BALANDARD.

Parfaitement !

MADAME DUFIGNON.

Mais vous ne mangez pas ! Prenez donc une aile de poulet. Il est excellent.

BALANDARD.

Parfait ! il sent la truffe.

SCÈNE NEUVIÈME.

MADAME DUFIGNON.

Il n'est pourtant pas truffé.

BALANDARD.

C'est du faisan ? Je ne l'aime pas.

MADAME DUFIGNON.

Mais non ; c'est du poulet. Il est frais comme l'œil. Le garde-manger est très bien aéré.

BALANDARD.

Je ne dis pas non ; mais l'émotion... ne faites pas attention.

DUFIGNON.

Je te disais bien, ma petite femme, que notre gendre était très difficile !... Si on allait chercher autre chose ? Boule-de-Neige, apportez le pâté !... (La bonne enlève le poulet et pose le pâté sur la table.) Mon bon ami, une tranche ?

BALANDARD.

Non, merci ! rien, j'ai fini. Je suis très sobre.

VIRGINIE.

Monsieur a raison ! La sobriété est un brevet de longue vie. Le poulet, c'est fade. Vous croyez manger de la volaille et vous ingurgitez un mélange d'*albumine*, de *phosphate de chaux*, de *fibrine*, de *cellulose*, qui n'est d'aucun profit. Mangez du poulet tous les jours et vous mourrez du *diabète*.

BALANDARD.

Le *diabète* ?

VIRGINIE.

Oui, c'est la maladie du jour, très curieuse à étudier, à cause des analyses. C'est justement le sujet de ma thèse, au concours général. Mangez du bœuf pour rougir le sang artériel et donner de la force aux muscles. Prenez du pâté, ça engraisse, je vous recommande le lard qui fait grossir les os et embaume les *viscères*.

BALANDARD.

Soit ! pour vous faire plaisir.

VIRGINIE.

Passez-moi l'*hydroclise*.

BALANDARD.

L'hydro-quoi ?

VIRGINIE.

La carafe, ça vient d'*hydro*, eau en grec, et de *clyso*, je coule, édulcorez avec un peu du contenu de cette *œnochoé*.

BALANDARD.

Énoch ! c'est de l'histoire sainte ?

VIRGINIE.

Oh ! je ne l'ai jamais apprise... C'est un peu naïf !... Mais il ne s'agit pas d'Énoch qui fut transporté au ciel. La Bible ne dit pas dans quelle partie ; ce qui est vague...

MADAME DUFIGNON.

Mais c'est au paradis !

VIRGINIE.

Où prenez-vous ce pays illusoire ?

MADAME DUFIGNON.

C'est le séjour des bienheureux, à la droite du Seigneur, entouré de ses anges et de ses apôtres.

VIRGINIE.

Connais pas ça !... Passez-moi cette *amphore*, que le *vulgus* nomme bouteille, et versez dans mon *cratère* cet amalgame de *protoxyde d'hydrogène*, d'*alcool* et de *tannin* teinté d'*acide oxalique*.

MADAME DUFIGNON.

Il n'y a pas besoin de tant de mots pour dire du vin.

DUFIGNON.

On est bien obligé d'en fabriquer depuis que le *phylloxéra* a détruit la vigne.

VIRGINIE.

Ah! vous croyez au *phylloxéra*, mon père! Vous êtes naïf! Il n'existe pas. C'est un prétexte pour les propriétaires, afin de vendre leurs falsifications plus cher.

BALANDARD, reculant sa chaise.

Vous êtes parfaite, accomplie, épatante!

VIRGINIE.

Vous êtes *épanaleptique*.

BALANDARD, se rapprochant.

Épileptique? moi, jamais!

VIRGINIE.

Je veux dire que vous vous répétez.

BALANDARD.

Oui, je rabâche. Je vous avoue que je ne comprends pas toujours vos mots savants.

VIRGINIE.

De votre côté, vous parlez une langue dépourvue d'élégance; je vous le dis sans *métabase*.

BALANDARD.

Métabase!

VIRGINIE.

Oui; c'est-à-dire, sans *circonlocution, ex abrupto*.

MADAME DUFIGNON, se levant.

Je crois que nous ferions bien d'aller prendre le café au salon.

VIRGINIE.

Ma foi! moi, je reste avec les hommes. Nous avons été assez sérieux, nous allons fumer et dire des bêtises!

BALANDARD.

Ça me va!

MADAME DUFIGNON.

Oh! fumer! pas ici, l'odeur du tabac reste dans les tentures.

VIRGINIE.

Mais l'odeur de la nicotine chasse les microbes, ces invisibles qui, par l'aspiration de nos organes respiratoires, s'introduisent dans nos viscères et sont le germe latent de toutes nos maladies.

DUFIGNON.

Raison de plus pour fumer, une fois n'est pas coutume. (A sa femme.) Viens, bobonne!

MADAME DUFIGNON.

Mais ce n'est pas convenable de les laisser tête à tête!

DUFIGNON.

Si fait! il faut qu'ils se connaissent!

Ils sortent au fond.

SCÈNE X

BALANDARD, VIRGINIE.

VIRGINIE, à Balandard.

Puisque ma mère ne veut pas qu'on fume ici, venez donc, j'ai des cigares par là.

Elle le fait passer dans le cabinet.

BALANDARD.

Où m'entraînez-vous?

VIRGINIE.

Dans mon cabinet de travail. C'est en même temps le garde-manger.

BALANDARD.

Ah! bien, je m'explique le goût du poulet!... Tiens! une guitare? (Grattant sur les cordes.) Vous en pincez?

SCÈNE DIXIÈME.

VIRGINIE.

Non, c'est ma mère... pour donner des idées riantes à mon père quand il vient ici!

BALANDARD, grattant les cordes.

Un joli son! Vous aimez la musique?

VIRGINIE.

Je la déteste; c'est un art de convention, il n'existe pas! C'est bon pour les peuples sauvages... moi, je suis tout aux études sérieuses. Voilà mes livres.

BALANDARD.

Des dictionnaires latins, grecs, allemands... ça vous amuse?

VIRGINIE.

Das ist sehr schön!

BALANDARD.

Pardon! vous dites?

VIRGINIE.

Je dis c'est admirable! Vous ne savez pas l'allemand?

BALANDARD.

Pas un traître mot!... Je croyais que nous allions dire des bêtises!

VIRGINIE.

Je vous passe cet *épitrope*.

BALANDARD.

Moi, je vous passe ce langage incompréhensible! Vous me plaisez quand même et mon cœur est plein de votre aimable personne.

VIRGINIE.

Je ne vois pas ce que votre cœur vient faire en cette occurrence. Le cœur *cube* des sentiments et non une matérialité comme ma personne. C'est du *spinosisme* pur, ce que vous dites là!

BALANDARD.

Ça m'est égal! vous êtes jeune et belle, vous devez être ma femme... Laisse-moi t'embrasser!

VIRGINIE.

Non! vous obéissez à un instinct qui vous porte vers moi parce que, physiquement et moralement, je vous semble avoir les qualités de vos défauts, et *vice versâ!* Pour arriver à une parfaite finalité, nous devons nous *neutraliser* l'un l'autre comme les *alcalis* et les *acides* se neutralisent dans les *sels neutres.*

BALANDARD.

Va pour neutraliser... je veux bien. Oh! ma Nini, neutralisons-nous.

Il gratte la guitare.

VIRGINIE.

Finissez donc, monsieur! votre guitare m'agace.

BALANDARD.

Ce n'est pas ma guitare... c'est l'inconnu qui vous trouble, c'est le mystère que vous sentez autour du mariage et que vous ignorez encore.

VIRGINIE.

Oh! quant à cela, j'en sais autant que vous.

BALANDARD, effrayé.

Oh! mon Dieu!

VIRGINIE.

Rassurez-vous, je n'ai que les théories que l'on nous a enseignées en philosophie. L'amour est une *névrose* de l'âme bien connue des physiologistes. Il a deux *ressorts* : l'un, immatériel, éthéré, la *céladonie*; l'autre, matériel, la *lubricitas.* Êtes-vous, comme le dit Fourier, *céladonique* ou *lubricus?*

BALANDARD.

En principe je serais céladon, mais il y a des moments où je penche...

SCÈNE ONZIÈME.

VIRGINIE, avec un soupir.

Ah! je vois avec regret que votre amour n'a rien de commun avec celui de Schopenhauer.

BALANDARD.

Qui, Schopenhauer?... un rival? (A part.) Mon bottier s'appelle Schopenhauer.

VIRGINIE.

Non, Schopenhauer est un philosophe qui connait l'amour et a su le contenir dans les bornes métaphysiques d'où il ne doit jamais sortir. Si vous m'aimez, vous le lirez en allemand ; car en français il perd beaucoup.

BALANDARD, tragique.

Oui! je le lirai!... Je vais l'acheter tout de suite. (A part.) Je suis complètement aplati!... Zut!...

Il sort du cabinet et va s'asseoir dans la salle à manger.

VIRGINIE, à part.

Zut! Que veut dire ce mot? Consultons le dictionnaire de Littré. (Elle prend un livre sur la bibliothèque, le feuillette.) S... P... Q... R... C'est la formule romaine!... Z... la dernière lettre... et le dernier mot, le mot de la fin ! (Elle lit.) « Zut — interjection très familière, par laquelle on exprime que les efforts faits pour atteindre un but sont en pure perte. »

Elle s'évanouit sur les couvercles.

SCÈNE XI

BALANDARD, LA BONNE, DUFIGNON et MADAME DUFIGNON, au fond.

BALANDARD, étourdi, assis.

Oh! oui. Zut!

LA BONNE.

Monsieur ne se sent pas bien ? Monsieur veut-il un petit verre de rhum ?

BALANDARD.

Oui, ça me remettra ! Connais-tu Schopenhauer, toi ?

LA BONNE.

Non, monsieur.

BALANDARD.

Sais-tu raccommoder des chaussettes pas bleues ?

LA BONNE.

Oui, monsieur.

BALANDARD.

En ce cas, je t'épouse.

LA BONNE.

Ce serait avec plaisir ; mais je suis mariée et mère de famille.

BALANDARD.

Zut ! zut ! zut !

Il prend son chapeau et va pour sortir.

DUFIGNON.

Où vas-tu, mon fils ?

BALANDARD, à part.

Il me tutoie à présent ! (Haut.) Je vais acheter Schopenhauer pour le lire en famille... la semaine prochaine. (A part.) Je vais aller déjeuner.

Il sort.

DUFIGNON.

Comprends pas.

MADAME DUFIGNON.

Oh ! je comprends, moi ! il s'en va ! C'est le fruit de la belle éducation que vous avez donnée à votre fille ! Si vous lui aviez inculqué quelques principes religieux, nous n'en serions pas là !..

SCÈNE ONZIÈME.

DUFIGNON.

Alors!... Demain je la flanque au couvent et je vote désormais avec l'extrême droite.

VIRGINIE, dans le cabinet.

Oh! de l'oxygène! de l'air! (Elle lève un des couvercles en se débattant.) Rien que des vapeurs ammoniacales!!!

Les papiers s'envolent et tourbillonnent partout. Elle retombe asphyxiée. La toile baisse.

BALANDARD, au public, devant le deuxième rideau de manœuvre.

Mesdames et messieurs,

Public aussi intelligent qu'éclairé, je suis confus de l'accueil bienveillant que vous daignez faire aux quelques bluettes que j'ai fait jouer et jouées moi-même devant vous. Permettez-moi de vous en témoigner ici toute ma gratitude.

Mesdemoiselles, les plus belles fleurs de mon parterre (car je n'ai qu'un parterre à ma disposition), si parfois dans mes petites scènes il s'est glissé quelques pointes, pardonnez-moi; mais un peu de poivre ne peut pas nuire dans une salade comme celle que je viens de vous présenter. Je sais bien que comme auteur, je n'aurais pas dû jouer dans ma pièce ; quand je dis ma pièce, permettez, elle n'est pas de moi seul. J'ai emprunté avec sa permission, à l'un de mes plus aimables confrères, M. Albert Millaud, pas mal de scènes et de mots des plus spirituels. Quant au comité de lecture, il a décidé que je devais paraître en personne sur la scène, car j'ai un comité, comme au Théâtre-Français et même à l'Odéon. Je ne veux pas dire de mal de ce genre de laminoir; pourtant, je vous ferai remarquer que les trois quarts du temps les gens appelés à juger soit des poètes, soit des auteurs dramatiques ou autres coupables d'œuvres littéraires, se mêlent souvent de ce qui ne les regarde pas; vu qu'ils n'y entendent pas grand'chose. Pour prendre un exemple ; moi, je n'irais pas dire à un marchand de pruneaux que ses pruneaux sont bons ou mauvais. D'abord, je n'aime pas les pruneaux, et je n'en fais pas ; mais ce qui me surprend, c'est que ledit marchand de pruneaux vienne décider que ma comédie est bonne ou mauvaise ! Ainsi va le monde en littérature comme en politique. Si les marchands de pruneaux sans être épiciers de naissance, mettent les mains dans le pétrin, ce ne sont alors que des pâtissiers, qui font naturellement des boulettes...

LE POMPIER, entrant.

Voulez-vous un verre d'eau ?

BALANDARD.

Pourquoi ?

LE POMPIER.

Vous avez bien assez bavardé ce soir, vous devez avoir soif...

BALANDARD, au public.

Il me blague ! Il est du comité !

LE POMPIER.

J'éteins le gaz !...

BALANDARD.

Bonsoir !...

Rideau.

BALANDARD AUX ENFERS

Mystère en quatre tableaux avec un prologue.
Joué pour la première fois à Paris, le 19 avril 1886.

PERSONNAGES

BALANDARD.	FRÈRE RIBOULARD.
PLUTON.	Le Régisseur.
ANACRÉON.	Mme LA CHIMÈRE.
CARON, nocher.	PROSERPINE.
MINOS.	CLOTHO.
RHADAMANTE.	LACHÉSIS.
ÉAQUE.	ATROPOS.
SATANAS.	SŒUR CÉLESTE.
LUCIFER, portier.	SŒUR SCOLASTIQUE.
ASTAROTH.	COCODETTE.
BELZÉBUTH.	LA VÉRITÉ.
Un Huissier.	LA COCADRILLE.
GRELUCHE.	CERBÈRE.
TRINGLET.	Une Cuisinière.
GAMAHUT.	Un Facteur.

L'action se passe en 1886 à Foin-la-Folie et aux Enfers.

PROLOGUE

LE RÉGISSEUR, devant le rideau de manœuvre.

Mesdames et messieurs, la pièce que nous allons avoir l'honneur de représenter devant vous et qui a pour titre : *Balandard aux Enfers*, est ce qu'on appelait au moyen âge, une *Sotie*, c'était un acte, un tableau ou une scène qui faisait partie des mystères, joués par les confrères de la Passion. Ces farces satiriques, dont le directeur s'intitulait le *Prince des sots*, ne respectaient alors, sous le masque de Thespis, ni roi, ni dieu, ni diable; c'est pourquoi elles furent interdites, par arrêt du parlement, sous le bon roi François Ier, qui n'aimait pas à être critiqué. Mais, bien avant le moyen âge et la renaissance, l'antiquité avait déjà mis en scène et bafoué sous le nom d'*atellanes*, les vices et les travers de ses dieux et héros de la mythologie païenne. Aujourd'hui que les sots sont plus nombreux que jamais et qu'il est permis de toucher à toutes les religions passées, présentes et futures, M. Balandard, qui n'est pas un sot, a cru bien faire, pour plaire à son public, pas plus sot que lui, de remettre en lumière avec les exigences de l'art moderne un fragment de ces mystères dont la représentation durait parfois toute la semaine sainte. Tranquillisez-vous, nous n'en aurons que pour une heure au plus. Là-dessus, aimable compagnie, je vous souhaite joie et santé, et sollicite votre indulgence pour un jeune auteur.

Premier Tableau.

A droite, une villa à contrevents verts avec véranda et perron descendant dans un parterre de fleurs. Caisses d'orangers. Jardin planté de massifs, fermé par une grille à travers laquelle on voit, au troisième plan, des arbres se découpant sur un fond de lac et montagnes. Il fait jour, les oiseaux chantent, des hérons passent et vont vers le lac. Au premier plan, un ruisseau dans les rochers.

SCÈNE PREMIÈRE

BALANDARD, en robe de chambre et coiffé d'un bonnet grec, descend les marches du perron.

Voici le jour! Les oisillons gazouillent dans les ramures des vieux chênes, les hérons au long bec vont pêcher leur déjeuner matinal dans le lac de Foin-la-Folie. Heureux ceux dont toute l'ambition est de vivre de peu et d'être contents de tout. Je suis devenu de ceux-là, moi, Balandard, né ici dans les bois, vivant dans les bois, et devant mourir dans les bois. Ce n'est pas que j'y aie toujours vécu, mais fatigué de la vie de Paris où j'ai eu plus de déboires et d'ennuis que de profits et d'amusements, je reviens avec plaisir respirer l'air salubre de mes montagnes. Et puis je deviens vieux, je grisonne; j'ai besoin de calme, car mes essais de mariage ou de collage n'ont pas été heureux. Je vis pourtant un peu seul, car, en fait de compagnie, j'ai mon jardinier, une espèce de sauvage qui plante les raves, la racine en l'air, et ma cuisinière qui brûle tout jusqu'à son tablier. Je ne suis guère dérangé par les indifférents ou les gens qui n'ont que du temps à perdre. (Allant et venant.) Que dit le clair ruisseau? Il chante et murmure sur ses petits cailloux en attendant qu'il gronde et bouillonne l'hiver. Permets-moi de humer une gorgée de ta belle eau limpide. (Il boit.) Bonjour, grand chêne, mon vieux camarade. Qu'est-ce que tu dis ce matin? Rien, comme d'habitude. Tes feuilles s'étendent pour absorber la rosée matinale. Tu as soif comme moi? attends, je vais te donner à boire. (Il prend un arrosoir, puise de l'eau et arrose le pied de l'arbre.) Les montagnes sont roses, le ciel est clair, c'est signe de beau temps. Ah! voyons un peu où en sont mes choux? Ils viennent bien. En voilà deux qui pomment! Eh! gaillards! vous vous convenez là, auprès de cette source. (On entend un coup de timbre à la grille.) Allons, bon! une visite? Je vais passer un habit

Il rentre dans la maison.

SCÈNE II

LE FACTEUR DE LA POSTE, en dehors de la grille.

Ils dorment donc tous à Foin-la-Folie (Il resonne.) Personne ne vient! (criant.) Monsieur Balandard! C'est un lettre et le *Figaro*! Vous les trouverez par terre.

Il jette le journal et la lettre à travers les barreaux et sort.

SCÈNE III

BALANDARD, ayant passé un habit et coiffé d'un chapeau noir.

Me voici! (A part.) Suis-je drôlement servi? Pas de cuisinière, pas de jardinier. (Voyant la lettre et le journal à terre.) Ah! c'est le piéton! (Il ramasse la lettre et le journal; il ouvre la lettre et lit.) « Mon cher ami, as-tu Anacréon chez toi? J'ai besoin de lui pour monter une pièce grecque, et je compte

sur toi pour me l'envoyer ou me l'apporter le plus tôt possible. — Mes amitiés et remerciements. — POREL. »
(Pendant qu'il lit, la Chimère de la Fable ayant une tête, des seins, des bras et un corps de femme jusqu'aux hanches, avec des ailes de vautour dans le dos une croupe de lionne avec une longue queue et quatre pattes vole par-dessus la grille, et vient se poser sans bruit devant Balandard) Mais qu'est-ce qu'il demande? Je n'ai pas ça ici. Il faut croire que l'Odéon a une bibliothèque bien maigre! Quand à l'auteur des odes anacréontiques, mort depuis des siècles, où veut-il que je le prenne?

SCÈNE IV

LA CHIMÈRE, BALANDARD.

LA CHIMÈRE.
Où le prendre? Aux Enfers!

BALANDARD, levant la tête.
Hein? Qu'est-ce que c'est? Une bête qui parle. Pauvre bête!

LA CHIMÈRE.
Je suis la Chimère!

BALANDARD.
Allons donc, c'est chimérique, ça n'existe pas.

LA CHIMÈRE.
Et pourtant me voici! car je suis bien la Chimère, ou le Sphinx, si tu veux; c'est la même chose. En somme je suis la fantaisie, l'imagination, la folle du logis, car j'habite dans la cervelle de tous les humains. Je franchis les océans, je dépasse les horizons, je plane au-dessus des abîmes. L'espace n'a pas de limites pour moi et mon humeur fantasque ne connaît aucun frein. Je suis jeune, je suis belle, je suis triste ou gaie, selon

mon caprice. Je fais et défais les dieux, je renverse les sociétés. Je me ris de la matière et nul être pensant ne peut se passer de moi.

BALANDARD.

Allons, je deviens fou ! Il ne me manquait plus que ça !

LA CHIMÈRE.

N'as-tu pas fait tout ce que tu as pu pour le devenir ? Tu m'as attirée par tes folies. J'aime les gens comme toi qui ne doutent de rien, qui vont de l'avant sans réfléchir, qui se rient du convenu et de la bêtise humaine. Tu m'as toujours rendu un culte à ton insu peut-être ; mais j'aime les gens qui sont drôles et spirituels et savent m'apprécier. Enfin, que veux-tu ? je suis éprise de ton esprit, de ton organe enchanteur et je suis amoureuse de ton nez. Viens, donne-moi un baiser.

BALANDARD, stupéfait.

Mais, ma chère, vous avez la queue trop longue.

LA CHIMÈRE.

Ne suis-je pas belle ? Ne suis-je pas ton amie ?

BALANDARD.

Sans doute, vous êtes jolie, originale. Vous avez du chien, vous avez des yeux terribles, des lèvres à manger tous les cœurs, des cheveux ébouriffés ; j'aime ça, les cheveux ébouriffés. Vous avez des formes rebondies que j'apprécie...

LA CHIMÈRE.

Alors du moment que je te plais, je ne suis point prude et je ferai toutes les avances.

Elle l'attire à elle avec ses bras et lui posant ses pattes sur les épaules, elle lui lèche le nez.

BALANDARD.

Tu appelles ça un baiser, toi ? mais c'est un coup de

torchon, une lichade de chien. Attends ! je vas te montrer.

Il la prend par les oreilles et lui donne un baiser.

LA CHIMÈRE.

Assez ! tu me troubles. Parlons du poète Anacréon, dont ton ami Porel a besoin pour monter une pièce grecque au théâtre de l'Odéon. Il n'y a qu'un moyen de trouver cet Anacréon, c'est d'aller le découvrir aux Enfers, où il doit être comme païen d'abord et comme poète fort léger ensuite. Monte sur ma croupe et partons pour le pays de la fantaisie.

Coup de tam-tam.

SCÈNE V

LA VÉRITÉ DE LA FABLE, *toute nue, un miroir à la main.*

Balandard ! réfléchis avant de t'engager davantage avec la Chimère, folle fille de l'imagination.

BALANDARD, à part.

Belle fille aussi celle-ci et sans aucun voile ! (Haut.) Que désirez-vous, mademoiselle ?

LA VÉRITÉ.

Je suis la Vérité, la Raison !

LA CHIMÈRE.

Arrière ! convention forgée par les hommes ! Tu me traites de folle, parce que tu ne peux pas me comprendre. Il n'est pas un mortel qui puisse se passer de moi, tandis que l'on te fuit comme ennuyeuse et maussade.

BALANDARD.

Assez, mesdemoiselles. Vous pouvez vous disputer longtemps sans vous convaincre et sans convaincre personne. Je vous apprécie toutes les deux.

LA VÉRITÉ.

J'avoue que cette monstrueuse fantaisie est plus puissante que moi dans ton cerveau en délire. Tu étais bien calme, bien raisonnable depuis quelque temps, et voilà le besoin des distractions qui te reprend. Si cette évaporée était au moins une femme, je te comprendrais, mais c'est de la débauche d'imagination. Va! tu me reviendras.

Elle disparait.

LA CHIMÈRE.

Laisse partir cette mal embouchée, elle nous ennuie. Viens, homme d'esprit, mon chéri, nous allons bien rire tous les deux. Monte en croupe et tiens-toi bien!

BALANDARD.

Soit! j'enfourche la Chimère. En route!

Il se place sur le dos de la Chimère. Elle étend ses ailes et s'envole
Le rideau baisse.

Deuxième Tableau.

Devant le rideau représentant l'entrée des Enfers.

SCÈNE PREMIÈRE

BALANDARD, en croupe sur la Chimère.

LA CHIMÈRE.

Nous voici arrivés à la porte des Enfers! Descends, si tu n'es pas fatigué.

BALANDARD, sautant à terre.

Moi, pas du tout : mais quelle course à travers l'espace! L'électricité ne va pas encore si vite que toi. Plus rapide que la pensée. C'est une manière de voyager fort agréable, tu n'as pas le trot dur et tu as le dos gras.

LA CHIMÈRE.

Tu es toujours aimable, mon chéri. Mais songe que nous ne sommes encore qu'à la porte du royaume de Pluton et que bien des empêchements vont surgir.

BALANDARD.

Je n'ai jamais reculé? Qu'est-ce que Porel penserait de moi si je ne lui rapportais pas Anacréon? Mais tu sembles craindre pour ton compte.

SCÈNE II

CERBÈRE, entre en jappant, puis va flairer la Chimère.

BALANDARD.

Voilà un chien qui a de la tête, mais trop de mâchoires pour un seul ventre... un gouffre à la soupe.

LA CHIMÈRE.

C'est Cerbère, le chien infernal qui nous interdit l'entrée.

BALANDARD.

Pourquoi rougis-tu, jeune lionne ?

LA CHIMÈRE.

C'est ce tricéphale qui n'en finit pas de me flairer avec tous ses nez.

<small>Elle lui envoie une bouffée de fumée et le cingle avec sa queue de lionne.</small>

BALANDARD.

Il est inconvenant, ce cochon de chien ! A ta niche, caniche !

<small>Il lui lance un coup de pied. Cerbère grogne et sort honteux.</small>

SCÈNE III

LA CHIMÈRE.

Bien d'autres obstacles nous attendent chez Pluton ; te sens-tu le courage d'y pénétrer quand même ? Il est encore temps de retourner chez toi : regarde ! Voici encore une vilaine bête qui vient par là. C'est la Guivre, la Cocadrille, ou plutôt le Choléra ; allons-nous-en et crains de respirer les microbes dont il empoisonne l'air. Prends la première galerie à droite et va toujours jusqu'à ce que tu aies trouvé Proserpine, tu te recommanderas de moi. Si tu as besoin de mes services, tu n'as qu'à m'appeler, je t'attendrai à la station des Champs-Élysées, et je volerai vers toi, tu sais que je ne connais ni le temps ni l'espace !

<small>Elle retourne et sort.</small>

BALANDARD.

Elle ne connaît ni le temps, ni l'espace ; mais elle a peur des chiens. Ah ! c'est une jolie lâcheuse.

SCÈNE IV

LA COCADRILLE, sous la forme d'une tarasque ailée.

BALANDARD, à part.

Voilà, en effet, une vilaine bête. (Haut.) Le chemin des Enfers, s'il vous plaît, Madame ou monsieur? Ça ne parle pas. Quel microbe !

LA COCADRILLE attaque Balandard avec son bec et ses griffes.

BALANDARD.

Mais il est méchant. Attends, j'ai toujours un flacon de phénol dans ma poche ! Ça chasse les miasmes !

La Cocadrille avale la fiole, se tord et crève.

BALANDARD.

Elle se tord, elle crève, la voilà crevée ! Le passage semble libre... Profitons-en... Au petit bonheur !... Pas d'obstacles !

Il entre aux Enfers.

Troisième Tableau.

Changement à vue. A gauche du spectateur, le trône de Pluton avec un bureau. Au deuxième plan, le tribunal pour les juges, avec table. A droite une énorme chaudière, dont le foyer n'est pas encore allumé. Grille s'ouvrant sur un escalier.

Au fond, rochers et scories, pont suspendu sur les abîmes. Fond lumineux au loin.

SCÈNE PREMIÈRE

BALANDARD, le cordon de la cloche à la main.

A force de sonner, le cordon m'est resté à la main. La porte était d'ailleurs mal fermée. Drôle d'endroit! (Il regarde partout.) Il y fait chaud. Et personne à qui parler. Ça m'a l'air d'une maison assez mal tenue! (Voyant les démons endormis.) Ah! voilà des chauffeurs qui pioncent près de leur chaudière éteinte.

On entend sonner cinq heures sur le gong, puis la sonnette de Pluton (un gros grelot).

SATANAS, s'éveillant.

Le patron grelotte, je crois! (Voyant Balandard.) Que fais-tu là, toi, âme errante et flâneuse?

BALANDARD.

Je me promène en attendant à qui parler.

Deuxième coup du gros grelot.

SATANAS, à Balandard.

C'est encore le patron. Ah! c'est que le roi du sombre empire n'est pas de bonne humeur; le matin surtout, à jeun et quand la mortalité ne donne pas, il n'est pas à prendre avec des pincettes. Tu vas l'entendre grogner!

LA VOIX DE PLUTON.

Satanas! mes cothurnes, ma pourpre, ma couronne et ma fourche, — mon journal!

TROISIÈME TABLEAU.

SATANAS.

Voilà, Sire, voilà! Le temps de donner un coup de plumeau.

LA VOIX DE PLUTON.

Dépêchons nous un peu.

SATANAS, à Balandard.

Tu l'entends. C'est un tyran.

La barque à Caron passe au fond.

BALANDARD.

Quel est ce bateau chargé de passagers qui ne semblent pas gais?

SATANAS.

C'est la barque à Caron, le nocher des Enfers, qui amène une cargaison de damnés.

Il sort.

BALANDARD, à part.

Il n'a pas l'air d'un mauvais diable!

On entend grincer des verrous.

SCÈNE II

LUCIFER, entrant par la grille, DÉMONS, puis BELZÉBUTH.

Astaroth, Belzébuth, démons subalternes, réveillez-vous! tas de fainéants, allumez les feux! Vous avez laissé éteindre la chaudière.

Les démons sortent de derrière la chaudière.

BELZÉBUTH.

C'est le patron qui nous l'a commandé. Il dit que nous brûlons trop de charbon et que depuis les grèves on n'en peut plus avoir.

LUCIFER.

Des économies?... Quel pingre! Allumez! Voici des clients.

BELZÉBUTH.

Oh! ils ne sont pas pressés, je pense. Où sont les allumettes? Il n'y en a plus. C'est un peu fort!

LUCIFER.

C'est Pluton qui les prend toutes.

BELZÉBUTH.

Alors, s'il vole l'administration, autant vaut laisser tout le fourbi. Passez le soufflet.

BALANDARD, s'approchant d'eux.

Messieurs, voici des allumettes!

BELZÉBUTH.

Oh! des allumettes de fabrication française, il n'y en a pas une qui prenne!

BALANDARD.

Pardon! ce sont des suédoises!

BELZÉBUTH.

C'est différent, celles-là flambent de naissance.

Il allume. Fumée, flammes, éclairs.

BALANDARD.

Eh! je crois que votre poêle ronfle!

SATANAS, rentrant.

A vos postes, vous autres! Voici le roi Pluton!

SCÈNE III

PLUTON, LES PRÉCÉDENTS, puis CARON.

BALANDARD, à part.

C'est ça le roi du pays? Il a une sale gueule!

SATANAS, à Balandard.

Ah! tu es encore là, flâneur! Va donc à tes affaires.

Balandard remonte.

PLUTON.

Eh bien! Caron, le batelier des Enfers, est-il enfin arrivé avec son chargement?

LUCIFER.

Oui, Sire, le voici!

Caron entre.

PLUTON.

Arrivez donc! Vous êtes toujours en retard. Je vous attends depuis trois jours.

CARON.

Que voulez-vous? l'Achéron et le Cocyte sont presque à sec et la navigation est difficile, surtout à la rame.

PLUTON.

Dites donc que vous vous amusez à boire tout le long du fleuve avec les damnés; mais en voilà assez. J'ai fait établir un chemin de fer au-dessus des abîmes. Il faut se tenir au courant de son siècle. Ça rapporte bien davantage, ça nous amène beaucoup plus de monde, ça va plus vite, ça ne boit pas, ça n'est pas à sec. Il est vrai que j'ai plus de besogne; mais je ne m'en plains pas. Donc je supprime la navigation à la rame et je vous casse de votre emploi.

CARON.

Que vais-je devenir, alors? Faites-moi une position, j'ai de la famille!

PLUTON.

Vous serez cantonnier sur la voie ferrée métropolitaine. Allez! et ne brutalisez pas les voyageurs.

CARON.

Et ceux que j'amène, qu'en faire?

PLUTON.

Qu'enfer et damnation! Qu'ils entrent!

Caron sort.

SCÈNE IV

GRELUCHE, TRINGLET, GAMAHUT, UNE COCOTTE.

PLUTON.

Approchez!... Ah! je vous reconnais. Voici Tringlet, un gréviste! ce qui ne veut pas dire que vous soyez de l'école du président Grévy.

TRINGLET.

Je ne connais que le roi des Belges. Je ne suis pas Français, sais-tu? Je suis de Charleroi et j'ai été tué une fois par la troupe de ligne belge.

PLUTON.

A la chaudière!

<small>Tringlet est enlevé par Micromiconet et mis à la chaudière.</small>

PLUTON.

Quel est cet autre? Ah! c'est Greluche, le don Juan des ruelles. Vous avez déjà fait un temps ici, vous êtes des récidivistes. J'ai été trop indulgent pour vous, et je vous ai relâchés. Vous avez recommencé à faire des maladresses. Cette fois, pas de grâce!... En voilà un qui revient sans sa tête; comme si c'était convenable! (Le spectre montre sa tête au bout de son bras.) Tu ne peux répondre. La parole est d'argent, mais le silence est d'or. Ah! c'est Gamahut! Allons, mes bons démons, dépêchons ce menu fretin condamné d'avance! A la chaudière! Flambez! pilez! que j'aille déjeuner avant l'arrivée du tribunal.

<small>Les démons enfourchent, jettent dans la chaudière et pilent les damnés dont on voit les jambes sortir et s'agiter un instant.</small>

BALANDARD, à part.

C'est expéditif, ici. Je ferais bien de m'éloigner un peu de ce fourneau par trop chaud.

<small>Il s'éloigne.</small>

PLUTON, à la cocotte.

Et toi? qu'est-ce que tu vends?

LA COCOTTE.

Je vends... je vends... Vous me faites rougir, ô monarque!

PLUTON.

Suffit, je comprends!

LA COCOTTE.

La mort m'a tordu le cou au saut du lit. Je n'ai pas même eu le temps de faire un brin de toilette pour paraître devant Votre Majesté.

PLUTON.

Tu n'en es pas plus mal tournée. Je t'accorde un sursis. J'ai besoin d'une bonne à tout faire. Passe derrière le comptoir et descends à la cuisine.

LA COCOTTE.

Merci, mon vieux!

Elle sort du côté de Pluton.

SCÈNE V

PLUTON, LUCIFER, SŒUR CÉLESTE, BALANDARD

On entend le cornet du cantonnier, puis le sifflet de la locomotive. Le train passe lentement au fond sur le pont suspendu.

PLUTON.

Voici le Métropolitain. Nous allons peut-être avoir du monde plus propre. Lucifer! allez donc ouvrir.

LUCIFER.

Oui, Sire! à vos ordres! (Il sort. Bruit de serrures et de verrous.) Par ici, messieurs les voyageurs!

Frère Riboulard, moine; deux religieuses.

SŒUR CÉLESTE.

C'est bien ici le paradis?

PLUTON, railleur.

Sans doute, le paradis des damnés. (A part.) Elle est fort bien, cette épouse de Christ. (Haut.) Ton nom?

CÉLESTE.

Sœur Céleste.

PLUTON.

Joli nom, qui fait rêver. Femme, si tu veux sauver tes compagnons, viens déjeuner avec moi.

CÉLESTE.

Déjeuner? mais je ne vous connais pas. Qui êtes-vous?

PLUTON.

Je suis Pluton, le roi des Enfers, celui qui n'a pas de blanc dans l'œil, le roi qui ne rit pas.

CÉLESTE.

Ah! doux Jésus! *Vade retro, Satanas.*

PLUTON.

Tu ne sais pas ce que tu dis. Satanas, c'est mon domestique.

CÉLESTE, à Balandard, qui s'est rapproché.

Mais alors, ce monsieur qui nous a ouvert avec une grosse clef, ce n'est donc pas saint Pierre?

BALANDARD.

Non, belle religieuse, c'est le portier du sombre Empire.

CÉLESTE.

Ah! mon frère, ma sœur! nous nous sommes trompés de train.

PLUTON.

Tant pis pour vous! Il n'y a pas de billets de retour ici. Avez-vous émargé à votre entrée?

CÉLESTE.

Hélas! oui! mettons-nous en prière.

BALANDARD.

Chantez! ça embêtera Pluton. Il vous mettra dehors. (Ils s'agenouillent et chantent avec l'accordéon.) « Pater notaire qui tète in felix, ton petit-fils est turc, auvergnat rectum tuum et in secula seculorum. Amen! Alleluia. Gloria patri et filio et spiritu sancto. Kyrie eleison! »

PLUTON.

Oh! assez! avez-vous bientôt fini de chanter? Vous êtes embêtants comme la pluie. Sortez, tas d'idiots! Le tribunal n'est pas encore arrivé. Passez à la salle d'attente. Vous vous expliquerez plus tard.

BALANDARD, à part.

Le fait est qu'ils ne sont pas folichons!

LUCIFER.

Allez au purgatorium.

Il ouvre la grille.

BELZÉBUTH, les poussant avec sa fourche.

Au dépotorium!

Les dévots sortent en chantant de nouveau.

PLUTON.

Est-ce qu'il n'y avait pas autre chose dans le train?

LUCIFER.

Non, c'est un train maigre!

SCÈNE VI

PROSERPINE, Les Précédents

PLUTON.

Ah! voici enfin mon épouse! Eh bien, Proserpine, vous ne vous pressez guère. Je pense que vous avez bien dormi la grasse matinée?

PROSERPINE.

Allez-vous me reprocher mon sommeil? Avec ça que

vous faites beaucoup attention à moi. Croyez-vous que ce soit bien amusant pour une jeune femme d'avoir un vieux coureur comme vous?

PLUTON.

Pas de scène de ménage devant nos employés.

PROSERPINE.

Ils sont jolis nos employés. Il n'y a qu'à regarder les gueules qu'ils ont.

PLUTON.

Le fait est qu'ils ne sont pas beaux; mais je les choisis comme ça exprès.

PROSERPINE.

Par jalousie, vous craignez la comparaison.

PLUTON.

Assez, n'est-ce pas, nous nous expliquerons ailleurs. En attendant, veuillez tenir le bureau pendant que j'irai me réfecter l'estomac.

PROSERPINE.

Allez déjeuner, moi je n'ai pas encore faim.

PLUTON.

Quel est le menu du jour?

PROSERPINE.

Une gigue de bacchante aux petits pois.

PLUTON.

Aux petits pois? Ça marche ensemble! S'il vient du monde, vous me ferez avertir. (A part.) Je vais un peu tâter cette bonne sur ce qu'elle sait faire.

Il sort.

BELZÉBUTH, aux autres démons.

Le patron va béquiller, si nous en faisions autant.

LES DÉMONS.

Oui, oui, allons-y un brin!

Ils sortent.

SCÈNE VII

PROSERPINE, BALANDARD, dans un coin.

BALANDARD.

Bigre! voilà une belle femme qui tient le comptoir. L'air un peu diabolique; mais ça se comprend ici. (Haut.) Mademoiselle, votre serviteur!

PROSERPINE.

Ame errante, que veux-tu?

BALANDARD.

Je ne suis pas une âme errante, je suis un mortel, bien vivant, et qui n'a pas envie de casser sa pipe.

PROSERPINE.

Il ne s'agit pas de pipe. Tu dis que tu es vivant. Alors que viens-tu faire aux Enfers? Ce n'est pas un endroit banal où l'on vienne par partie de plaisir, et depuis Orphée, personne n'a osé pénétrer ici.

BALANDARD.

Je croyais pourtant que Dante y était venu aussi.

PROSERPINE.

Jamais! Il a abusé de la crédulité de ses lecteurs avec un Enfer de son invention. Mais toi, que viens-tu faire dans mon sombre Empire?

BALANDARD.

Votre sombre Empire? Seriez-vous la reine Proserpine?

PROSERPINE.

Je suis elle-même. Approche et parle sans crainte. Je ne suis pas si méchante.

BALANDARD.

Belle reine des Enfers, c'est justement vous que je cherchais!

####### PROSERPINE.

Moi? Et que me veux-tu? qui es-tu?

####### BALANDARD.

Je suis Balandard, acteur et directeur de théâtre. Je viens sur les ailes de la Chimère qui m'a dit de me recommander d'elle auprès de vous; mais elle m'a lâché à l'entrée des Enfers. Elle a peur des chiens à trois têtes. Passons... Enfin je viens chercher l'âme du joyeux Anacréon, le poète grec, pour nous donner un coup de main à l'occasion d'une pièce en vers que mon ami Porel veut monter à l'Odéon.

####### PROSERPINE.

Quelle drôle d'idée! C'est la Chimère qui t'envoie, ça ne m'étonne pas de la part de cette folle! Permets-moi de consulter le Bottin des enfers. (Elle feuillette le livre.) Anacréon, notable commerçant!

####### BALANDARD.

Ce ne doit pas être celui-là.

####### PROSERPINE.

Anacréon, bottier! Anacréon, vidangeur. Il y en a cent cinquante-huit des Anacréons.

####### BALANDARD.

Je n'en demande qu'un, le vrai!

####### PROSERPINE, lisant toujours.

Anacréon de Théos en Ionie, poète lyrique, ami de Polycrate, tyran de Samos et qui mourut à l'âge de quatre-vingt et un ans en avalant un pépin de raisin.

####### BALANDARD.

C'est bien celui-là!

####### PROSERPINE sonne; Satanas paraît.

Satanas! Vous allez faire une course, allez aux champs Élysées me chercher le poète Anacréon et ramenez-le; un confrère le demande.

SATANAS.
Oui, patronne, j'y cours.

Il sort.

PROSERPINE, à Balandard.
Jeune mortel, c'est brave de descendre aux Enfers pour avoir un simple renseignement et j'aime les hommes courageux; car tu me parais être un gaillard!

BALANDARD.
Oui, reine pleine de grâces, j'ai beau être un simple mortel, je sais apprécier les charmes des divinités et vous avez des yeux qui font bondir le cœur, sans compter que vous êtes moulée.

PROSERPINE.
Ah! tu trouves?... Tu es drôle, tu m'amuses; mais voyons, parlons raisonnablement. Causons, veux-tu? J'aime assez le bavardage, car je suis très femme.

BALANDARD.
Je le vois bien et j'en suis ravi.

PROSERPINE.
Vraiment? Eh bien, dis-moi un peu ce qui se passe sur terre. Vois-tu, je m'ennuie ici à force d'y être enfermée. Cela n'est pas gai, je l'avoue.

BALANDARD.
Je vous crois, et si c'était possible, je vous proposerais bien un petit tour de terre, si le cœur vous en disait.

PROSERPINE.
Le cœur m'en dirait bien... Mais Pluton est d'une jalousie...

BALANDARD.
Ça se comprend, quand on a une jolie femme comme vous l'êtes.

PROSERPINE.
Je vois que tu m'apprécies.

BALANDARD,

Dites donc, vous n'avez pas un endroit où il fasse moins chaud qu'ici pour parler d'Anacréon.

PROSERPINE.

Si fait! mes appartements donnent sur le Styx où il fait plus frais.

BALANDARD.

L'eau doit être bouillante.

PROSERPINE.

C'est ce qui te trompe. Veux-tu venir y prendre un bain? Tu verras, nous déjeunerons après.

BALANDARD.

Vous baignez-vous, aimable déesse?

PROSERPINE.

Mais... sans doute!

BALANDARD, à part.

Ah! bigre! Prendre un bain et déjeuner en tête à tête avec la reine des Enfers, ce n'est pas banal. (Haut.) Allons-y gaiement!

PROSERPINE.

Ton bras!

BALANDARD.

Voici mon bras, avec mon cœur,

<small>Ils sortent du côté de la grille, à gauche.</small>

SCÈNE VIII

PLUTON, LES TROIS PARQUES; LES DÉMONS SUBALTERNES, puis les JUGES.

PLUTON, rentrant du côté par où il est sorti, à droite.

Ah! ça va mieux! je me sens tout guilleret et réconforté. Comment! il n'y a personne? la chaudière brûle pour rien? On ne peut s'absenter un instant, sans que tout mon monde file. Et ma femme? où est-elle? (Les trois Parques entrent.) Voici les Parques! Bonjour, mesdames, je crois que vous en prenez à votre aise. Vous mangez fort et longtemps. (Les démons entrent.) Allons, messieurs, à votre poste! Quel tas de flâneurs! quelle maison!

L'HUISSIER.

Messieurs, la cour!

Les trois juges entrent et s'assoient au fond. Minos a une tête de veau, Rhadamante celle d'un âne, Eaque une tête de cochon. Ils sont vêtus de rouge, en rabat blanc.

PLUTON.

Enfin! c'est pas malheureux. Séiez-vous!

MINOS.

L'audience est-elle chargée?

EAQUE.

Il fait bien chaud ici! Si on donnait un peu d'air? Je prendrais bien un bock d'ambroisie ou de nectar.

PLUTON.

Mon bon Lucifer, ouvrez donc le vasistas du nord.

LUCIFER, sort. On entend un roulement de tonnerre. (Il revient.

Le système joue mal; il aura besoin d'un coup d'huile.

SCÈNE IX

ANACRÉON, SATANAS, entrant par la grille.

PLUTON.

Que veut ce vieux birbe?

ANACRÉON.

Je suis Anacréon, le joyeux poète; j'étais en train de faire une partie de palestre avec Homère et Pindare, et vous m'avez dérangé. Que me voulez-vous?

PLUTON.

Moi, rien. Allez vous asseoir près de la chaudière.

ANACRÉON.

Il y fait bien chaud !

PLUTON.

Ça cuira votre rhume.

Anacréon disparaît derrière la chaudière.

SATANAS.

C'est madame qui l'a demandé pour aller à l'Odéon avec un nommé Balandard, faire une pièce pour un autre nommé Porel.

PLUTON.

Balandard ! Porel ! Qu'est-ce que c'est que ces gens-là ? des farceurs !

LUCIFER.

Voici la reine Proserpine et son ami qui pourront vous renseigner mieux que nous.

SCÈNE X

PROSERPINE, BALANDARD, entrant du côté par où ils avaient quitté la scène.

BALANDARD.

Ce bain de Styx était délicieux, ni trop chaud, ni trop froid. Je ne suis presque plus enrhumé du cerveau. Le climat me convient, et j'y reviendrai faire une saison.

PROSERPINE, à Balandard.

Mon petit mortel, tu ne vas pas t'en aller encore ?

BALANDARD.

Oh ! non, ma petite déesse. Il faut bien que je retrouve Anacréon.

TROISIÈME TABLEAU.

PROSERPINE.

Ah ! Anacréon ? avoue que ce n'était qu'un prétexte.

PLUTON, jaloux.

De quoi parlent-ils ? je la trouve familière avec cet intrus. (Haut.) Dites donc, là-bas ! je suis là ! je vous vois faire !

PROSERPINE, surprise, à Balandard.

C'est Pluton ! mon mari.

BALANDARD.

Je l'ai déjà vu ! c'est un vilain coco.

PROSERPINE.

Ne l'irrite pas ! Il a l'air furieux. Tu ferais mieux de t'en aller pour éviter toute explication. Tu reviendras bien sûr un jour ou l'autre. En attendant, je t'écrirai.

BALANDARD.

M'en aller, comme un fouinard ! Ton époux croirait bien que j'ai peur de lui !

PLUTON, s'avançant.

Je trouve incroyable l'audace de ce farceur. Oser parler ainsi à ma femme, c'est de la dernière outrecuidance.

BALANDARD.

Je ne dis pas que ce soit très moral; mais ici la la morale n'a que faire.

PLUTON.

Misérable ! on ne sort plus des Enfers quand on y est entré. Tu y es venu, tu y resteras !

BALANDARD, calme.

Je me ris de ta colère, j'ai pris un bain de Styx, et je suis devenu invulnérable comme Achille.

PLUTON.

Atropos, coupez-lui donc le fil.

ATROPOS.

Il faudrait d'abord que le tribunal l'ait jugé.

BALANDARD.

Dites donc, Pluton, je crois que cette belle dame vous envoie promener.

PLUTON.

Tu la trouves belle, tu aimes les antiquailles; elle a trois mille ans.

BALANDARD.

Je ne lui en aurais pas donné plus de vingt-cinq. On n'a jamais que l'âge qu'on paraît avoir.

PLUTON.

Va donc l'embrasser.

BALANDARD.

Si elle le permettait?...

ATROPOS.

Mon fils, tu es galant avec les dames et tu as raison. Voici le fil de ta vie. Bien loin de le couper, je vais le garder dans ma chevelure et je t'assure que tu as pour longtemps à vivre. A ton dernier jour, je me souviendrai de ton amabilité.

PLUTON.

Ta ta ta! En attendant, à la chaudière cet audacieux, ce flâneur, ce séducteur!... Démons! flambez-le, pilez-le, soignez-le.

PROSERPINE.

Un instant, Pluton, vous n'êtes qu'un roi constitutionnel; vous avez le droit de faire grâce, mais non celui de punir sans que la cour ait décidé du sort de mon ami Balandard.

PLUTON.

Vous l'entendez, elle l'avoue : pour son ami. Or, un ami pour une femme, on sait ce que ça veut dire.

MINOS.

La reine des Enfers parle d'or. Pluton, allez vous asseoir. Démons, tenez-vous en repos : que nous jugions avec calme et impartialité. (A Balandard.) Prévenu, votre nom, âge, demeure et qualité.

BALANDARD.

Pierre Balandard, trente-quatre ans, l'âge des passions, auteur, acteur et directeur de théâtre, domicilié à Paris-Passy.

MINOS.

Levez la main droite et jurez de dire la vérité, toute la vérité, rien que la vérité. Dites : je le jure.

BALANDARD.

Je le jure !

MINOS.

Qu'avez-vous à dire pour votre défense ?

BALANDARD.

Il faudrait d'abord savoir de quoi je suis accusé.

MINOS.

C'est juste ! allez vous asseoir. (A un juge, Éaque, qui s'endort.) Dites donc, Éacus, vous dormez ?

ÉAQUE.

Ne faites pas attention ; c'est nerveux.

MINOS.

Quel gros porc ! (Rhadamante s'endort.) Rhadamante ! vous dormez aussi ?

RHADAMANTE.

Hi han ! hi han ! c'est si peu intéressant. Il dort

MINOS.

Quel âne ! quel bottom ! Messieurs, l'affaire Balandard est appelée ; qui se porte accusateur ?

PLUTON.

Moi.

MINOS.

Vous ne pouvez pas être juge et partie. Huissier, lisez l'acte d'accusation.

L'HUISSIER, avec un accent gascon.

Le 1º avril de l'année courante 1886, un homme du nom de Pierre Balandard a osé pénétrer, avec l'assistance d'une folle fille connue sous le sobriquet de la Chimère, dans le royaume du roi Pluton, à l'instar d'Orphée, de noble mémoire; mais Orphée venait chercher Eurydice son épouse, tandis que ce farceur de Balandard, sous prétexte de venir demander quelques vers grecs à ce vieux crétin d'Anacréon qui s'est conservé dans un bocal, ne vient ici que pour donner des distractions à la reine des Enfers. Deuxièmement : le sieur Balandard, entrepreneur de succès de son état, non content de faire manquer à tous ses devoirs conjugaux la susdite Proserpine, s'est plu à faire périr par le poison appelé phénol, la Cocadrille, dite Choléra morbus, animal favori du roi Pluton. Troisièmement : il a forcé la porte des Enfers en frappant d'un instrument contondant, dit coup de pied, le chien Cerbère qu'il a traité de caniche. Donc, ce Balandard est accusé de rapt, de détournement de femme mariée, d'empoisonnement, de violence et d'avoir pénétré dans une maison habitée en cassant les cordons de sonnette et brisant les portes. Pour résumer, l'accusé est coupable et ne mérite aucune indulgence de la part de la cour.

BALANDARD.

Je crois le moment venu d'appeler la Chimère à mon aide. A moi, Chimère, ma mie!

SCÈNE XI

LA CHIMÈRE, LES PRÉCÉDENTS.

LA CHIMÈRE.

Que me veux-tu, ami Balandard ?

MINOS.

Est-ce toi la défense ?

LA CHIMÈRE.

Oui, Minotaure !

MINOS.

Votre nom ?

LA CHIMÈRE.

Je suis la Chimère.

MINOS.

Votre âge ?

LA CHIMÈRE.

Je suis aussi vieille que l'humanité, et pourtant je suis toujours jeune et belle.

MINOS.

Je ne le nie point ; votre demeure et vos qualités ?

LA CHIMÈRE.

Je demeure dans la cervelle de tous les hommes. Quant à mes qualités, je suis folle, dévergondée, sans freins ni lois, ne me souciant que de mon caprice et me livrant à toutes les débauches de mon imagination en délire.

MINOS.

La déposition du témoin promet d'être intéressante. (Aux juges qui dorment.) Éaque, Rhadamante, éveillez-vous !

ÉAQUE.

Ah ! voilà une belle lionne !

MINOS.

Levez la patte, pas celle-ci, la droite. Jurez de dire la

vérité, toute la vérité, rien que la vérité; dites : je le jure.

LA CHIMÈRE.

La vérité? Êtes-vous encore plus bêtes que vous n'en avez l'air; mais si j'évoquais la Vérité et si elle paraissait devant vos figures d'âne, vous seriez tous anéantis sous les décombres des Enfers!

ÉAQUE.

Passons, passons. Est-ce vous, grande folle, qui avez introduit ici l'accusé?

LA CHIMÈRE.

Oui, gros cochon!

MINOS.

Et... dans quel but?

LA CHIMÈRE.

Une fantaisie... Pour rire un instant et me moquer de Pluton, qui a fait son temps, qui ennuie son épouse Proserpine et qui me semble aussi nul qu'inutile.

LES DÉMONS.

Oui, la Chimère parle bien! A bas Pluton, vive la Chimère!

MINOS, aux juges.

Messieurs, ça sent la révolution, consultons-nous.

Ils se consultent.

LA CHIMÈRE.

Pluton, au lieu de me recevoir dans ton empire avec les honneurs qui me sont dus, tu m'envoies des sales chiens pour m'empêcher d'entrer, tu me le payeras!

LES DÉMONS.

Vive la Chimère!

PLUTON, furieux.

A la chaudière! cette bête puante, ainsi que son protégé. Ce sont des libres penseurs, des importunistes.

BALANDARD.

Ah! Il finit par m'agacer. Proserpine, si je lui flanquais une tripotée, m'en voudriez-vous?

PROSERPINE.

Oh! non, au contraire.

BALANDARD.

Alors! c'est moi qui vais te coller à la marmite.

LES DÉMONS.

Oui, oui, passez-nous-le. Il y a assez longtemps qu'il nous embête.

BALANDARD.

Et moi qui croyais les Enfers un pays tranquille, c'est comme sur terre : « C'est pas toujours les mêmes qu'auront l'assiette au beurre. » Pluton, à la chaudière! (Il prend Pluton qui résiste et l'envoie aux démons.) A la chaudière! pilez-le, flambez-le avec les égards dus à une tête couronnée.

Pluton est enlevé par les démons et jeté dans la chaudière; tonnerre, gong.

MINOS.

C'est très bien! Mais il nous faut un roi. L'Enfer ne peut s'en passer. (A Balandard.) Tu sembles fait pour régner, et puisque tu viens ici pour la reine des Enfers, la voici veuve, épouse-la et tu seras roi.

BALANDARD.

Aimable et irrésistible Proserpine, prononcez sur notre sort commun.

PROSERPINE.

J'aimerais mieux aller prendre un peu d'air de terre ; j'ai la nostalgie des blondes moissons de ma mère Cérès et des rayons d'or du divin Apollon.

BALANDARD.

Je vous comprends. Alors, je suis à vos ordres. Messieurs, vous demandez un roi, permettez-moi de vous en offrir un de ma main. J'abdique en faveur de la Chimère.

MINOS.

La Chimère? En effet, c'est une idée lumineuse! La Chimère règne aux Enfers. Viens ici, belle déesse, et accepte le sceptre!

LA CHIMÈRE, prenant la place de Pluton.

Balandard, j'accepte la fourche des Enfers (Elle la brandit d'une main), et je n'oublierai jamais que c'est à toi que je la dois.

PROSERPINE.

Nous n'avons plus rien à faire ici. Allons-nous-en.

BALANDARD.

Oui, partons?

SATANAS.

Et Anacréon, vous ne l'emmenez pas?

BALANDARD.

Ah! c'est juste! j'étais venu pour ça... (Il cherche Anacréon.) Mais où est-il passé?

SATANAS, ramassant un bout d'homme ratatiné.

Ça doit être lui, on l'a oublié près de la chaudière. Il est cuit et même rissolé; mais tu peux l'emporter.

BALANDARD.

Et que veux-tu que je fasse de cette grillade? Je t'en fais cadeau. Ma foi! Porel dira ce qu'il voudra; mais au lieu de lui ramener un poète grec, je lui rapporte une jeune première qui n'est pas des plus mal tournées.

Sifflet du chemin de fer.

PROSERPINE.

Dépêchons-nous si nous ne voulons pas manquer le train.

TROISIÈME TABLEAU.

BALANDARD.

Proserpine s'impatiente et l'on ne doit jamais faire attendre les dames. Messieurs des Enfers, votre serviteur !

LA CHIMÈRE.

Démons, reconduisez mon ami et sa compagne.

PROSERPINE.

Inutile de déranger personne. Je connais le chemin.

Elle sort avec Balandard.

MINOS.

Messieurs, l'audience est levée.

<small>Feux de Bengale rouges. La toile tombe et se relève presque à l'instant pour laisser voir un coin de la villa et du jardin de Foin-la-Folie au premier tableau.</small>

Quatrième Tableau.

BALANDARD, endormi sur un banc ; LA CUISINIÈRE.

LA CUISINIÈRE, entrant.

Voilà trois fois que je sonne ! (A Balandard.) Monsieur ne veut donc pas déjeuner ?

BALANDARD, s'éveillant.

Hein ? Qu'est-ce que c'est ?

LA CUISINIÈRE.

C'est le déjeuner, votre côtelette est brûlée.

BALANDARD.

Comme Anacréon. Et Proserpine, où est-elle ?

LA CUISINIÈRE.

Connais pas ces gens-là.

BALANDARD.

Ah ! j'ai rêvé.

Rideau.

FIN

TABLE

LE FLAGEOLET (avril 1863). 1
NOUS DINONS CHEZ LE COLONEL (27 janvier 1867) . 29
LA CLÉMENCE DE TITUS (20 novembre 1867). . . . 49
FUNESTE OUBLI, FATALE BAIGNOIRE (20 déc. 1868). 77
JOUETS ET MYSTÈRES (18 juin 1871). 111
LES ESPRITS FRAPPEURS (5 novembre 1871). . . . 139
LE CANDIDAT DE TRÉPAGNY (28 novembre 1874). . 155
LE LUNDI DE LA COMTESSE (31 décembre 1874) . . 181
UNE NUIT A CHATEAUROUX (26 mars 1875) 217
LA CHAMBRE BLEUE... (4 avril 1875). 247
J'AI OUBLIÉ MON PANIER (10 avril 1875). 272
LA ROSIÈRE DE VIREMOLLET (18 octobre 1879). . . 300
ZUT !... (8 février 1884). 329
BALANDARD AUX ENFERS (19 avril 1886). 355

Paris. — Imprimerie J. Cathy, 3, rue Auber.

www.ingramcontent.com/pod-product-compliance
Lightning Source LLC
Chambersburg PA
CBHW052137230426
43671CB00009B/1286